Ronaldo Zacharias
(organizador)

SEXUALIDADE VIRTUDES

Por uma ética da sexualidade à luz das virtudes

Autores

CARLO CALLEJA • FABRÍCIO VELIQ • JAMES F. KEENAN
JULIE HANLON RUBIO • KAREN PETERSON-IYER
LETÍCIA FERRUZZI SACCHETIN • MARY M. DOYLE ROCHE
MICHAEL G. LAWLER • ROGER BURGGRAEVE
RONALDO ZACHARIAS • SUZANNE MULLIGAN
THIAGO CALÇADO • TODD A. SALZMAN

Testemunho
J. FILHO

EDITORA
SANTUÁRIO

Z16s Zacharias, Ronaldo

Sexualidade e virtudes: por uma ética da sexualidade à luz das virtudes / Ronaldo Zacharias. - Aparecida : Editora Santuário, 2024.
312p. ; 14cm x 21cm.

Inclui bibliografia.
ISBN: 978-65-5527-395-3

1. Religião. 2. Virtude. 3. Sexualidade. 4. Ética. I. Título.

CDD 240
2024-24 CDU 24

Elaborado por Vagner Rodolfo da Silva - CRB-8/9410

Índice para catálogo sistemático:
1. Religião : Cristianismo 240
2. Religião : Cristianismo 24

1ª impressão

Rua Pe. Claro Monteiro, 342 – 12570-045 – Aparecida-SP
Tel.: 12 3104-2000 – Televendas: 0800 - 0 16 00 04
www.editorasantuario.com.br
vendas@editorasantuario.com.br

Sumário

Apresentação
RONALDO ZACHARIAS
Entre virtudes sexuais e sexualidades virtuosas 5

Cap. 1
JAMES F. KEENAN
Ética das Virtudes e Ética Sexual 13

Cap. 2
MICHAEL G. LAWLER e TODD A. SALZMAN
Ética sexual católica: de normas e atos para virtudes e caráter 39

Cap. 3
RONALDO ZACHARIAS
Por uma ética da sexualidade informada pelas virtudes:
a prática das virtudes como caminho de realização
da pessoa sexual 67

Cap. 4
FABRÍCIO VELIQ e LETÍCIA FERRUZZI SACCHETIN
Florescimento pessoal e ética das virtudes: questões
para a teologia contemporânea 91

Cap. 5
MARY M. DOYLE ROCHE
Ética das virtudes para a saúde sexual: aprendendo com a
mulher curada em meio a uma multidão (Mc 5,25-34) 107

Cap. 6
THIAGO CALÇADO
Os corpos caídos pelo caminho: o cuidado de si e do outro nas perspectivas gregas e cristã e a possibilidade da corporeidade como fundamento ético à luz da sexualidade 125

Cap. 7
CARLO CALLEJA
Propondo o florescimento humano: aspectos pastorais da educação sexual à luz da Ética das Virtudes 143

Cap. 8
JULIE HANLON RUBIO
A beleza do sexo na vivência do matrimônio cristão 171

Cap. 9
ROGER BURGGRAEVE
Crescendo no amor: passos para uma ética de crescimento relacional e sexual para os jovens à luz da "lei da gradualidade" (Francisco - *Amoris Laetitia*) 203

Cap. 10
KAREN PETERSON-IYER
Objetificação e bem-estar das mulheres: um entendimento entre feminismo e pornografia à luz das virtudes 235

Cap. 11
SUZANNE MULLIGAN
A violência sexual contra mulheres, o pecado social e a virtude da resistência 269

Testemunho
J. FILHO
Ser virtuoso no amor e na dor 299

APRESENTAÇÃO

ENTRE VIRTUDES SEXUAIS E SEXUALIDADES VIRTUOSAS

Os vários capítulos desta Obra abordarão a relação entre Sexualidade e Virtudes, ou melhor, a contribuição que a Ética das Virtudes pode oferecer para questões ligadas à compreensão e vivência da sexualidade. As estudiosas e os estudiosos convidados debruçaram-se sobre temas que desafiam a proposta educativo-pastoral que, como Igreja, somos chamados a propor aos fiéis e à sociedade. Provenientes de realidades muito diversas, mas comprometidas/os com o processo de autêntica humanização das filhas e dos filhos de Deus, as autoras e os autores convidados ousaram promover o diálogo entre a realidade concreta e a genuína tradição evangélica e eclesial. O resultado é uma 'viagem' instigante pelos desafios que uma leitura e interpretação da sexualidade à luz das virtudes pode proporcionar.

Considerando que a riqueza da abordagem do tema será resultado da leitura de cada um dos capítulos e, portanto, do diálogo com cada uma das autoras e com cada um dos autores, ofereço, aqui, algumas provocações para estimular a leitura e promover tal diálogo. Sugiro que sejam tomadas apenas como chaves de leitura de toda a Obra.

Abordar a sexualidade com base na ética das virtudes permite-nos colocar no centro da reflexão o sujeito e priorizar, no juízo moral, o tipo de pessoa que ele se torna por meio das escolhas que faz e das relações que estabelece com os outros.

Da prioridade dada ao sujeito derivam algumas consequências práticas para a reflexão ética, tais como: a) priorizar a busca da excelência e do florescimento humano; embora os atos sejam importantes, eles não podem ser avaliados isolada e independentemente da opção fundamental do sujeito; isso implica assumir que a eticidade não pode ser reduzida a obrigações a serem cumpridas ou a consequências a serem evitadas, b) transcender a exclusiva dependência das normas na orientação e no juízo sobre a ação; além do fato de a ética normativa prescindir do desenvolvimento do sujeito, ela não nos diz como as normas morais podem ser aplicadas em situações específicas; c) inserir na orientação e no juízo ético a noção de caráter; o foco da reflexão passaria, assim, das ações e suas consequências para as virtudes entendidas como as qualidades humanas adquiridas que capacitam, orientam e dispõem a pessoa a alcançar a excelência ética; d) incorporar na reflexão ética a noção de crescimento e as categorias de desenvolvimento e mudança; a história da pessoa e/ou da comunidade não pode ser ignorada, a ponto de comprometer a validade da orientação e do juízo ético.

Em síntese, na perspectiva da ética das virtudes, nenhum ato ou comportamento sexual deveria ser entendido e avaliado isoladamente ou em abstrato, prescindindo do nível de maturidade da pessoa e do seu projeto de vida. Isso significa que uma proposta de ética teológica da sexualidade deveria superar a perspectiva de apenas recordar a 'doutrina constante' da Igreja ou se reduzir a prover o sujeito com normas e princípios objetivos e/ou absolutos para que possa resolver dilemas difíceis. A ética das virtudes incentiva buscar a excelência durante toda a vida e, como o processo de amadurecimento afetivo-sexual nunca se conclui; o caminho para alcançar o ideal projeta-se como possibilidade até a última etapa da própria existência.

Abordar a sexualidade com base na ética das virtudes implica situar as virtudes no contexto das práticas e reconhecer que, seja qual for a prática em questão, ela sempre envolve ideais, normas e, sobretudo, a obtenção de bens. Mais ainda, como cada prática tem sua própria história, as virtudes também têm uma dimensão histórica e devem ser entendidas no seu contexto histórico, pois não há outro modo de aprender a exercitá-las.

Da prioridade dada à prática do sujeito derivam algumas consequências práticas para a reflexão ética, tais como: a) seja qual for a prática, ela sempre requer um *telos* e isso implica que um dos elementos centrais da crítica ética deve ser o que é bom para esse sujeito nessa situação específica, o que significa viver bem e realizar plenamente a própria humanidade; b) as virtudes também têm um caráter teleológico e, por isso mesmo, elas são tanto um meio para alcançar o objetivo de a pessoa se tornar o que almeja ser quanto o elemento central do próprio objetivo a ser alcançado; assim como o *telos* é constituído pela prática das virtudes, as virtudes são essenciais ao próprio *telos*; c) é o *telos* que provê critérios de avaliação das práticas, que orienta a aquisição de capacidades e hábitos e constitui, desse modo, uma instância de discernimento sobre o que convém ou não ao sujeito virtuoso; d) o fato de sermos seres sociais e nos realizarmos como pessoas-em-relação significa que o *telos* inclui também uma dimensão comunitária, a ponto de podermos dizer que as práticas que realizam o sujeito estão intimamente relacionadas com a abertura à mutualidade; assim como podemos descobrir quem somos através da mutualidade, podemos também nos tornar melhores – ou piores – do que somos por meio dos relacionamentos que estabelecemos com os outros; e) nem todas as práticas podem ser aprovadas em todas as circunstâncias; elas devem sempre estar sujeitas à crítica ética.

Em síntese, qualquer compreensão do *telos* precisa estar aberta ao desenvolvimento e à mudança. Não há dúvida de que, para prover critérios de avaliação e orientação para a aquisição de virtudes, o *telos* precisa ser especificado, embora isso não seja sinônimo de possuir os meios para realizá-lo. Por isso, precisamos de uma compreensão do *telos* que favoreça que as virtudes se incorporem numa variedade de formas de vida. No que se refere à vivência da sexualidade, a realização do *telos* não pode ser reduzida a uma única possibilidade de ação/opção proposta – e/ou imposta – ao sujeito. O sujeito pode ser bom, visar o bem e crescer como pessoa virtuosa nos mais variados contextos, inclusive naqueles que se caracterizam pela fragilidade ou pelo distanciamento objetivo do ideal que lhe é proposto.

Abordar a sexualidade com base na ética das virtudes implica reconhecer que tal ética pode, sim, prover uma orientação para o bem. Embora a prioridade seja o ser e não o fazer, a ética das virtudes se fundamenta na convicção de que, o que o sujeito é não apenas precede, mas também informa as suas ações. Por outro lado, também é verdade que as ações do sujeito ajudam a moldar quem ele é e, portanto, as suas práticas futuras.

Da prioridade dada ao ser derivam algumas consequências práticas para a reflexão ética, tais como: a) a perspectiva de futuro deve fazer parte do processo de discernimento sobre a melhor decisão a ser tomada; o que o sujeito almeja vir-a-ser conta muito para que suas escolhas não sejam influenciadas apenas pelo que já viveu ou está vivendo; b) no processo de se tornar virtuoso, o sujeito precisa de alguns pontos de referência, tais como normas e leis relativas a comportamentos que não deveriam ser tolerados; embora não sejam centrais para o juízo ético, normas e leis são guias práticos para moldar o caráter individual e comunitário e recursos com os quais se pode contar; em outras palavras, têm uma função pedagógica na aquisição e desenvolvimento do caráter virtuoso; c) se o ponto focal da ética das virtudes é o de se tornar certo tipo de pessoa – se o *telos* buscado pela ética das virtudes é um certo tipo de excelência humana –, então temos de considerar que as pessoas e comunidades não podem ser indiferentes às consequências de suas ações e escolhas, porque nem todas as ações são compatíveis com a busca de uma vida virtuosa e do bem comum.

Em síntese, reconhecer que a ética das virtudes é capaz de orientar para o bem implica afirmá-la como uma ética que integra ser e agir. É pela prática das virtudes que nos tornamos pessoas virtuosas; isto é, por meio da prática, as virtudes se tornam, progressivamente, parte da nossa identidade. O fato de termos uma vida inteira para nos deixarmos afetar e transformar por essa prática confirma que a integração entre ser e agir é um processo que dura a vida toda. Por isso, não podemos ser indiferentes, na esfera da sexualidade, com propostas que incentivam a dicotomia entre ser e viver e, muito menos, dar uma motivação espiritual a propostas que vão na contramão da integração entre ser e agir. Se pessoas realizadas são pessoas sexualmente realizadas, a frustração provocada pela dicotomia entre ser e viver precisa ser superada pela integração da sexualidade na própria personalidade e no próprio projeto de vida, de modo que as pessoas não tenham receio de ser o que são nem precisem justificar por que precisam sair dos diversos 'armários' a que foram confinadas.

Abordar a sexualidade com base na ética das virtudes permite-nos dar a devida importância às relações às quais as próprias virtudes servem. As virtudes não são meras qualidades morais ou mesmo capacidades que podemos possuir ou não possuir. Pelo contrário, como expressão do nosso caráter e identidade moral, são de natureza relacional e se referem, portanto, ao modo como nos relacionamos uns com os outros. Sendo, por natureza, relacionais, as virtudes só podem ser bem entendidas e atingir o propósito a que servem por meio das relações e nas relações.

Da prioridade dada às relações derivam algumas consequências práticas para a reflexão ética, tais como: a) a função das virtudes é de nos levar à excelência moral, excelência que é plural; assim, como a maneira de encarar a existência, também a compreensão do papel das virtudes difere de cultura para cultura; b) como disposições do caráter, as virtudes nos capacitam a selecionar e praticar o bem de modos diferentes, e é esse processo que nos transforma continuamente; consequentemente, não há um modo único de experienciar e apreciar qualquer virtude, mas modos múltiplos que situam o desenvolvimento das virtudes e sua prática em diferentes contextos de avaliação; c) isso não significa que tudo seja relativo e dependa de gostos pessoais e bons sentimentos momentâneos; por serem as virtudes de natureza relacional, e sermos nós seres relacionais vivendo numa comunidade global, o processo de selecionar e praticar o bem deveria ser também o resultado de tomar decisões juntos, pois uma vida virtuosa não pode apontar exclusivamente para o bem da pessoa, mas deve ser vista como o cultivo do bem para todas as pessoas, dentro da comunidade global.

Em síntese, dar prioridade às relações implica assumir o diálogo como postura de vida. Por meio do diálogo, podemos aprender e até mesmo redefinir nossa percepção de ser virtuoso. Embora esse processo dialógico dependa dos recursos pessoais das pessoas envolvidas, nunca podemos, num engajamento real, prever totalmente o que vai acontecer. Ao nos envolvermos com pessoas, envolvemo-nos também com culturas e tradições específicas. A disposição de acolhermos o outro e de nos apropriarmos da riqueza de nossa cultura e tradições são fatores que transformam a pluralidade numa fonte de riqueza em vez de um impedimento para o diálogo. Isso nos leva a reconhecer que uma série de categorias sexuais que usamos para compreender a sexualidade humana – tais como homem ou mulher, cisgênero ou transgênero, heterossexualidade ou homossexualidade, sexo e gênero etc. – não dão mais conta da enorme diversidade humana que só pode ser pensada no plural. Se a vivência da sexualidade implica autotranscendência, os seus significados mais profundos são experienciados nas relações com os outros. É em relação ao quanto expressam e promovem de mutualidade/reciprocidade que a vivência da sexualidade deveria ser avaliada.

Abordar a sexualidade com base na ética das virtudes implica reconhecer o poder de transformação por meio da prática das virtudes. Ela pode nos tornar melhores do que somos, fazer-nos crescer como pessoas, humanizar-nos. Do ponto de vista cristão tudo isso expressa o significado de uma vida em plenitude.

Da prioridade dada à transformação derivam algumas consequências práticas para a reflexão ética, tais como: a) embora tenhamos a capacidade de crescer em bondade, não a alcançamos automaticamente; se quisermos ser bons, temos de nos esforçar para isso e nos abrir à ação do Espírito; b) considerando que fomos criados por amor e para o amor, alcançamos plenitude de vida na maneira como acolhemos o amor que nos foi dado e nos esforçamos por modelá-lo à perfeição; c) a integração entre ser e agir vai além da mera coincidência entre integridade interna e externa, pois torna-se uma questão de viver em diálogo com o Amor que nos criou e nos chamou por amor; d) precisamos das virtudes porque elas nos modelam na bondade, aproximam-nos da plenitude à qual somos destinados; d) para vivermos numa relação de intimidade com Deus, somos chamados a fazer escolhas e a aprender a lidar com as renúncias que delas derivam, em vista de nos conformarmos cada vez mais à vontade divina a nosso respeito.

Em síntese, dar prioridade à transformação implica reconhecer o papel dinâmico das virtudes. Se a integração entre ser e agir supõe um tipo de constância em nossas opções e perseverança quanto ao sentido particular que damos à nossa vida, são as virtudes, pela própria dinamicidade inerente a elas, que nos capacitam a nos conformarmos progressivamente aos sentimentos de Jesus e nos tornarmos, dentro dos nossos limites, imagens semelhantes dEle. À parte o fato quase impossível de ser plenamente o que devemos ser, somos chamados a desenvolver um modo de viver que nos capacite a realizar a esperança à qual fomos chamados e, porque as virtudes compreendem o modo de vida por meio do qual crescemos, desenvolvemo-nos e mudamos em direção à perfeição, elas nos ajudam a aceitar esse desafio. No que se refere à ética teológica da sexualidade, o reconhecimento de que, ao fazer-se carne, o Verbo assumiu um modo de viver profundamente radicado no amor e que o amor é, na sua essência, inclusivo, leva-nos à conclusão de que o amor pode encarnar-se em múltiplos estilos de vida e relação. Caminhar rumo à perfeição, nesse sentido, significa optar por aquelas virtudes que informam todas as demais, como a compaixão, a ternura e a misericórdia e deixar-se transformar por elas, independentemente da própria identidade de gênero e orientação afetivo-sexual e das configurações nas quais o amor se expressa como possibilidade de salvação.

É pelos caminhos da prioridade dada ao sujeito, à prática, ao ser, à relação e à transformação que as autoras e os autores dessa Obra nos conduzirão. Alguns temas serão mais espinhosos do que outros; outros, por sua vez, mais ousados do que alguns. O fato é que todos eles nos ajudarão a compreender que podemos aproximar-nos de questões sexuais com outras lentes, lentes essas que poderão abrir para nós outros caminhos de leitura e interpretação da realidade e, consequentemente, levar-nos a compreender que saber, sabor e sabedoria são dimensões da leitura e da interpretação que se integram, interagem, complementam-se. Não há sabor algum um saber frio, calculista, rigorista, impessoal, mesmo se revestido de 'eternidade'. É muito distante da sabedoria um saber que sequer se preocupa com o fato de ser significativo na história sofrida de tantas pessoas e ser para elas uma palavra 'divina', mesmo no caos em que se encontram. O sabor que uma vida sábia proporciona requer um saber que, além de itinerante, faça-se samaritano àqueles aos quais se destina.

Ronaldo Zacharias
(organizador)

Cap. 1

ÉTICA DAS VIRTUDES E ÉTICA SEXUAL

James F. Keenan[1]

À luz das recentes controvérsias decorrentes dos escândalos de abuso sexual que eclodiram em todo o mundo, leigos e clérigos vêm pedindo uma articulação mais urgente e crível da ética sexual católica. Atualmente, debates intransigentes ocorrem em toda a Igreja sobre a legitimidade moral de determinadas práticas sexuais.[2] Nós, que trabalhamos com a ética das virtudes, estamos mais interessados, no entanto, em propor uma reflexão teológica que se refira principalmente ao tipo

---

1 **James F. Keenan** é Doutor em Teologia (Pontificia Università Gregoriana – Roma), Docente no Boston College (Chestnut Hill, MA – USA) e Diretor do The Jesuit Institute (Boston College). Foi fundador presidente e, atualmente, é membro da Catholic Theological Ethics in the World Church. Este artigo foi traduzido com permissão escrita da parte de Peeters Publishers Order Department (24.03.2022); originalmente publicado em: KEENAN, James F. Virtue Ethics and Sexual Ethics. *Louvain Studies* 30/3 (2005): 180-197. DOI: 10.2143/LS.30.3.2005019. Tradução do inglês: Tarcísio dos Santos, sdb. Algumas das referências, já traduzidas em português, serão adicionadas às citações originais.

2 Joseph Selling nos interpela a nos distanciarmos de uma moral sexual centrada em atos e a assumirmos uma ética do cuidado mais positiva e relacional, e considera o livro de Lisa Sowle Cahill – *Sex, Gender and Ethics* (Cambridge: Cambridge University Press, 1996) – como ilustrativo da sua proposta, exposta no capítulo "*The Development of Catholic Tradition and Sexual Morality*" do seu livro *Embracing Sexuality: Authority and Experience in the Catholic Church* (Aldershot: Ashgate, 2001, p. 149-162). Ver também: CAHILL, Lisa Sowle. Sexuality: Personal, Communal, Responsible. In: SELLING, Joseph (ed.). *Embracing Sexuality*, p. 165-172; CAHILL, Lisa Sowle. *Between the Sexes: Foundations for a Christian Ethics of Sexuality*. New York: Paulist Press, 1985. Este último texto certamente foi fundamental para os trabalhos de: DOMINIAN, Jack. *Proposals for a New Sexual Ethic*. London: Darton, Longman and Todd, 1977; GUDORF, Christine. *The Body, Sex and Pleasure: Reconstructing Christian Sexual Ethics*. Cleveland, OH: Pilgrim Press, 1994; KELLY, Kevin T. New Directions in *Sexual Ethics: Moral Theology and the Challenge of AIDS*. London: Geoffrey Chapman, 1998.

de pessoa que devemos nos tornar. Não evitamos a discussão sobre ações particulares, mas acreditamos que, se quisermos ter uma ética teológica crível, em geral, e uma ética sexual igualmente crível, em particular, precisamos começar, como povo de Deus, a refletir juntos sobre as verdades e percepções geralmente aceitas. Acreditamos que há muito mais que nos une do que nos divide.

Para alcançar esse objetivo, proponho uma ética das virtudes para a sexualidade que vá além da castidade. Num primeiro momento, refletirei brevemente sobre a virtude da castidade. Em seguida, analisarei a ética das virtudes e sua relevância para a educação moral. Depois, proporei um conjunto atual de virtudes cardeais num contexto especificamente católico. Por fim, desenvolverei uma ética sexual que tenha como fundamento tais virtudes.

1. Castidade

Quando pensamos em ética sexual católica, naturalmente pensamos em castidade. O *Catecismo da Igreja Católica* aborda o tema da castidade no contexto do sexto mandamento (n. 2331-2400), reconhecendo especificamente a referência da castidade à sexualidade. Segundo o *Catecismo*, a castidade nos ajuda a integrar o dom da sexualidade. No nível prático, ela exerce duas funções: convida a entender que, toda vez que buscamos integrar nossa sexualidade como pessoas relacionais, estamos melhorando nossa vida, e oferece consistentes e regulatórias normas de abstinência.

A primeira função é uma valorização positiva da sexualidade, da corporeidade, da relacionalidade e do amadurecimento da intimidade sexual. Apreciando a sexualidade como dom, a castidade é um convite para que o fiel compreenda os diversos modos pelos quais a sexualidade nos une no amor de Deus. A castidade é um chamado para que o fiel desenvolva essa apreciação positiva e a incremente ao longo de sua vida.

A segunda função promove a abstinência em dois sentidos: estritamente, em termos de castidade conjugal, segundo a qual os cônjuges católicos devem abster-se de relações sexuais fora do matrimônio ou de qualquer atividade sexual que em si seja antiprocriativa; mais amplamente, opondo-se a quaisquer expressões sexuais de intimidade genital fora do casamento.

A castidade favorece um considerável realismo cristão sobre os desafios da sexualidade no mundo moderno. A castidade cristã é particularmente importante para ajudar aqueles que estão crescendo a perceber que o dom da sexualidade requer muito apreço e reflexão prudencial e que a inclinação inata para realizar os desejos sexuais precisa ser verificada por uma avaliação realista da própria maturidade e da disposição para se comprometer com o outro. Em suma, a castidade cristã sempre proporcionou um senso de realidade às discussões sobre sexualidade, embora os fiéis, por sua vez, nem sempre tenham dedicado tempo suficiente para considerar o quanto a sexualidade é um grande dom.[3]

A castidade, portanto, ajuda a traçar uma variedade de linhas basilares sobre a liceidade ou iliceidade moral das expressões sexuais, fronteira que as outras virtudes nem sempre conseguem facilmente realizar. Por essa razão, ela é sempre relevante para a ética sexual, precisamente porque fornece diretrizes morais básicas, especialmente na sua usual função propedêutica.

Mas isso é suficiente para o ensinamento da ética sexual? Para uma ética sexual contemporânea, não precisamos ir além da mera castidade? Acredito que sim e inspiro-me no próprio *Catecismo*, que sugere que nos voltemos para as virtudes como base para a educação moral.[4]

2. Em que consiste a Ética das Virtudes?

Interesses renovados pela ética das virtudes surgem de uma insatisfação com a maneira como fazemos ética hoje. A maioria das discussões sobre ética contemporânea se concentra nas principais ações controversas: aborto, guerra nuclear, terapia genética etc. Essas discussões basicamente dominam a ética contemporânea.

---

[3] Isso está sendo retificado pela teologia do corpo, de João Paulo II. JOHN PAUL II. *The Theology of the Body.* Boston, MD: Daughters of St. Paul, 1997 [JOÃO PAULO II. *Homem e mulher o criou: catequeses sobre o amor humano.* Bauru: EDUSC, 2005]. Ver também: CURRAN, Charles; MCCORMICK, Richard (eds.). *Dialogue about Catholic Sexual Teaching.* Mahwah, NJ: Paulist Press, 1993.

[4] John Grabowski também propõe algumas virtudes para a educação sexual – a começar pela castidade – e amplia sua proposta em: *Sex and Virtue: An Introduction to Sexual Ethics.* Washington, DC: Catholic University of America, 2004.

Os proponentes da ética das virtudes têm preocupações mais abrangentes.[5] Acreditam que a verdadeira discussão ética não deve ser principalmente a questão sobre quais ações são moralmente admissíveis, mas, sim, que tipo de pessoa devemos nos tornar. Na realidade, ampliam essa questão em outras três questões-chave, intimamente relacionadas: Quem somos nós? Quem devemos nos tornar? Como vamos chegar lá?[6] Vejamos cada uma delas.

Nenhuma questão é mais central para a ética das virtudes do que a autocompreensão da própria identidade: "Quem somos nós?".[7] Para os eticistas das virtudes, essa questão poderia ser expressa deste modo: "Somos virtuosos?". Para responder à primeira pergunta, devemos focar em duas outras, igualmente importantes. Primeira, com quais critérios nos avaliamos? Segunda, como saber se estamos nos avaliando de forma justa?

Em relação ao primeiro aspecto, dois dos trabalhos mais importantes sobre ética procuram nos ajudar nomeando as virtudes básicas. Na *Ética a Nicômacos (EN)*, Aristóteles apresenta onze virtudes diferentes, necessárias para os cidadãos. Amizade, magnanimidade, sabedoria prática são algumas delas. Na *Suma Teológica (ST)*, Tomás de Aquino inspira-se em Platão, Cícero, Ambrósio, Gregório e Agostinho no que se refere às quatro virtudes cardeais: prudência, justiça, temperança e fortaleza. A essas quatro, ele acrescenta as três virtudes teologais. Para Tomás, podemos adquirir as quatro primeiras através de ações corretas habituais deliberadamente desejadas e assumidas; as três últimas são dons de Deus. Essas virtudes nos ajudam a responder à questão da autocompreensão: somos justos, prudentes, temperantes e fortes?

---

[5] KEENAN, James F. *Virtues for Ordinary Christians.* Kansas City, MO: Sheed and Ward, 1996; KEENAN, James F. Virtue Ethics. In: HOOSE, Bernard (ed.). *Basic Christian Ethics: An Introduction.* London: Chapman, 1997, p. 84-94; KOTVA JR., Joseph. *The Christian Case for Virtue Ethics.* Washington, DC: Georgetown University Press, 1996; MEILAENDER, Gilbert. *The Theory and Practice of Virtue.* Notre Dame, IN: University of Notre Dame Press, 1984; PORTER, Jean. *The Recovery of Virtue: The Relevance of Aquinas for Christian Ethics.* Louisville, KY: Westminster Press, 1990; SPOHN, William. The Return of the Virtues. *Theological Studies* 53 (1992): 60-75.

[6] MACINTYRE, Alasdair. *After Virtue: A Study in Moral Theory.* Notre Dame, IN: University of Notre Dame Press, 1981 [*Depois da virtude. Um estudo em teoria moral.* Bauru: EDUSC, 2001].

[7] KEKES, John. *The Examined Life.* Lewisburg: Bucknell University Press, 1988.

Como podemos saber se estamos respondendo à pergunta de forma objetiva? Como podemos ter certeza de que não estamos simplesmente nos enganando em relação à nossa autocompreensão? Aristóteles sugere que podemos nos conhecer considerando como agimos em situações espontâneas: nós "nos descobrimos" quando agimos no mundo não planejado da vida ordinária. Podemos acreditar que somos particularmente corajosos ou covardes, mas essa avaliação só é correta se estiver em conformidade com a forma como realmente nos comportamos numa situação imprevista e concreta (*EN* II.3; III.6-9). O autoconhecimento é fundamental, mas precisa ser um autoconhecimento crítico e honesto, não baseado em pios desejos.

A segunda pergunta – "Quem devemos nos tornar?" – implica a visão do tipo de pessoa que devemos vir a ser. Embora tenhamos usado as quatro virtudes cardeais de Tomás para compreender o quão, na realidade, somos virtuosos, poderíamos nos servir dessas mesmas quatro virtudes para determinar nossos objetivos na vida. Certamente, se somos honestos em relação à primeira pergunta, devemos admitir que algumas virtudes não são tão plenamente adquiridas por nós como outras. Na verdade, para a pessoa honesta, as virtudes não são o que adquirimos na vida; elas são o que buscamos.

Nós nos servimos das virtudes, portanto, para estabelecer as metas pessoais que nos encorajamos a buscar. Tomás e outros chamam esse objetivo de "finalidade", ou seja, a questão do meio define o fim que devemos buscar. Essa finalidade é alcançar o tipo de pessoa que pratica as virtudes cardeais. Definir esse fim significa que a tarefa fundamental da vida moral é desenvolver um tipo de ideal e se esforçar para alcançá-lo. Considerando que essa visão é quem devemos nos tornar, então, o ponto chave é que devemos sempre almejar crescer. Sendo uma ética orientada para a pessoa, a ética das virtudes insiste que, sem crescimento humano, não podemos agir moralmente bem.

A definição de tal fim revela outro modo pelo qual os eticistas das virtudes diferem de outros eticistas. Em vez de primeiro examinar as ações e perguntar se devemos realizá-las ou não, os eticistas das virtudes sugerem que devemos definir os fins para o tipo de pessoa que acreditamos que devemos nos tornar. Assim, na medida em que estamos avaliando nossa vida e buscando formas de melhorar a nós mesmos para o florescimento moral do nosso mundo, nessa medida é que estamos envolvendo a ética das virtudes.

Voltando-nos para a terceira pergunta, para alcançar o fim, precisamos de prudência. Por muitos anos, a prudência teve uma reputação terrível, sendo considerada como cautela ou interesse pessoal. "Ser prudente" significava "Não seja pego!", "Seja extremamente cuidadoso!", "Atenção!".

Para Aristóteles e Tomás, a prudência não é uma simples cautela. Prudência é, sobretudo, a virtude de uma pessoa com os pés no chão, que pensa tanto prática quanto realisticamente. A prudência é própria da pessoa que não apenas define fins realistas, mas se propõe a alcançá-los. A pessoa prudente é, precisamente, aquela que sabe crescer.[8]

Ser prudente não é tarefa fácil. Desde o período medieval até hoje, acreditamos que é mais fácil errar do que acertar. Mas ainda hoje afirmamos que, se apenas um componente da ação estiver errado, toda a ação está errada.

A prudência é ainda mais complicada quando tentamos descobrir as formas apropriadas de nos tornarmos mais virtuosos. Implica prestar atenção aos detalhes, antecipar dificuldades e avaliar corretamente. Além disso, como é do conhecimento de qualquer um que tenha observado crianças, não nascemos com prudência. Ao contrário, nós a adquirimos por meio de um processo muito longo.

Praticar a prudência é encontrar o ponto de equilíbrio: toda prudência é precisamente chegar ao ponto de equilíbrio ou ao "meio-termo" entre os extremos. Como Aristóteles e Tomás de Aquino nos lembram repetidamente, "a virtude está no meio-termo" (*EN* II.6; *ST* Ia IIae, q. 64, aa.1-3). O meio-termo está localizado onde há tensão adequada para o crescimento, nem pouca nem muita. Esse meio-termo não é fixo. O ponto médio da virtude não é algo gravado na pedra: ao contrário, ele é o meio pelo qual determinadas pessoas ou comunidades podem crescer. Essa é outra razão pela qual a prudência é tão difícil: não há dois meios parecidos.

---

[8] NELSON, Daniel Mark. *The Priority of Prudence*. University Park, PA: Pennsylvania State University, 1992.

Encontrar o ponto médio da tensão real depende de quem são as pessoas ou comunidades. Em outras palavras, uma virtude deve ajustar-se a uma pessoa do jeito que uma luva se ajusta à mão. Há uma certa percepção feita sob medida para uma virtude, que leva Tomás de Aquino a chamar a virtude de "segunda natureza" da pessoa (*ST* Ia Iae, q. 58, a.1).

A ética das virtudes é, portanto, um sistema ético proativo. Ela convida as pessoas a se verem como realmente são, se autoavaliarem e perceberem quem, de fato, podem se tornar. As virtudes ajudam as pessoas a se estimarem e a definirem as metas a serem alcançadas. Mais ainda, são elas que estabelecem não apenas o fim, mas também os meios para alcançá-lo. Ações virtuosas, como beber com temperança ou enfrentar corajosamente os próprios medos, são os meios prudenciais para alcançar o fim de tornar-se uma pessoa mais virtuosa. A ética das virtudes abrange toda a nossa vida. Ela considera cada momento como possibilidade de adquirir ou desenvolver uma virtude. Para sublinhar esse ponto, Tomás de Aquino afirma que toda ação humana é uma ação moral. Ou seja, qualquer ação que realizamos conscientemente é uma ação moral porque nos afeta como pessoas morais. Tudo o que fazemos nos faz tornar-nos o que somos.

Tomás de Aquino considerava cada ação humana como um "exercício" (*ST* Ia IIae, q. 65, a.1, ad 1). Embora alguns de nós passemos a vida toda sem nunca examinarmos os hábitos que assumimos, Tomás sugere que examinemos nossos modos de agir e nos perguntemos: esses modos de agir estão nos tornando mais justos, prudentes, temperantes e corajosos? Se estiverem, são práticas virtuosas.

Quando pensamos em exercício, pensamos em atletismo. A pessoa que se exercita correndo eventualmente se torna uma corredora, assim como aquela que dança se torna uma dançarina. A partir dessa intuição, tanto Tomás como Aristóteles, antes dele, perceberam que a atividade habitual pretendida na área esportiva não é diferente de qualquer outra área da vida. Se podemos nos desenvolver fisicamente, podemos também nos desenvolver moralmente por meio de práticas habituais almejadas.

Para a ética das virtudes, o ordinário é o terreno em que a vida moral se move. Enquanto a maioria das éticas reflete sobre questões polêmicas, a ética das virtudes se ocupa do dia a dia. Preocupa-se com o que ensinamos aos nossos filhos e como ensinamos; com o modo como nos relacionamos com amigos, familiares e vizinhos; com a forma como vivemos nossa vida. Mais ainda, ela se preocupa não apenas se um médico mantém a ética profissional, se guarda segredos profissionais ou se leva a sério o consentimento informado em relação aos seus pacientes. Ela também se preocupa com sua vida privada, se ele sabe respeitar a confiança dos seus amigos ou se respeita a privacidade dos membros de sua família. Em suma, antes de o médico ser médico, ele é uma pessoa. É a vida dele como pessoa que interessa à ética das virtudes.

A ética das virtudes olha para o mundo a partir de um ponto de vista totalmente diferente, avançando com menos *glamour* e dramaticidade, mas sempre considerando o agente não como reator, mas como ator, que conhece a si mesmo e define os fins e os meios pessoais e comunitários a serem alcançados, tanto na vida pessoal quanto profissional.

As virtudes são, portanto, guias teleológicas tradicionais (isto é, orientadas para um fim) que, coletivamente, orientam-se à correta realização da pessoa humana. Como teleológicas, elas precisam ser continuamente praticadas e redefinidas; sua expressão final visa à excelência. A pessoa madura está constantemente crescendo nas virtudes. Isso significa que a virtude está sempre em busca de expressar-se em ação e, quando praticada, torna a pessoa mais virtuosa. Assim, quanto mais crescemos em virtude, mais somos capazes de reconhecer nossa necessidade de crescermos ainda mais.

Esse tipo de crescimento não deve ser visto como um ciclo ou um círculo, mas como uma espiral que nos impulsiona na história.[9] A natureza das virtudes é, portanto, historicamente dinâmica; sendo em si mesmas orientadas para um objetivo, elas requerem ser continuamente ponderadas, compreendidas, adquiridas, desenvolvidas e reformuladas.

Salientar a natureza teleológica das virtudes implica acreditar sem reservas no progresso da reflexão ética, tanto na vida das pessoas quanto das comunidades. Por exemplo, à medida que cresço, vou me dando conta do quanto preciso empenhar-me na paciência e na reconciliação,

---

[9] KOPFENSTEINER, Thomas R. The Metaphorical Structure of Normativity. *Theological Studies* 58 (1997): 331-346.

embora antes eu não percebesse tais virtudes como necessárias, talvez porque me faltasse a prudência (e humildade) para reconhecê-las. Da mesma forma, vemos os Estados, à medida que se desenvolvem, redefinir o significado de justiça, de modo a ampliar as condições de igualdade. Vemos isso também na linguagem da "solidariedade" que, através de líderes religiosos e movimentos sociais, tornou-se cada vez mais relevante para a vida das pessoas, embora há trinta e cinco anos não fosse sequer considerada uma virtude.

Além disso, às vezes tentamos substituir a ênfase numa virtude por outra, com vistas a estabelecer o equilíbrio. Por exemplo, João XXIII abriu o Concílio Vaticano II, em 11 de outubro de 1962, convocando a Igreja a praticar mais a misericórdia do que a severidade. Mais recentemente, Anne Patrick apontou mudanças na sociedade quanto à consideração das virtudes. Para ela, a canonização de Maria Goretti propôs implicitamente a castidade da mulher como uma virtude social de maior importância do que a própria vida da mulher.[10] Depois, ela percebeu como a devoção das pessoas se voltou para a procura de outras heroínas que defendessem a vida e a justiça, como mulheres trabalhadoras. Entre outras, apontou Dorothy Day, uma mulher conhecida pela liderança, pela justiça e por uma vida longa e generosa. Para Patrick, houve um desenvolvimento ético ao passarmos da castidade como a virtude distintiva das mulheres para uma antropologia mais igualitária, segundo a qual a justiça é uma virtude significativa para ambos os gêneros.

Por essa razão, eticistas e moralistas têm várias tarefas: refletir criticamente sobre a situação contemporânea para ver se antropologias existentes, com suas correspondentes constelações de virtudes, inibem ou libertam os membros da comunidade global; perceber novos horizontes da possibilidade humana; expressar as formas possíveis pelas quais as virtudes podem alcançar esses horizontes; tornar politicamente possível a autocompreensão e a autorrealização. Essa tarefa final é muitas vezes negligenciada: muitas vezes, eticistas e moralistas pensam que o trabalho

[10] PATRICK, Anne. Narrative and the Social Dynamics of Virtue. In: MIETH, Dietmar; POHIER, Jacques (eds.). *Changing Values and Virtues*. Edinburgh: T. and T. Clark, 1987, p. 69-80.

termina com propostas escritas, mas, na medida em que intuições éticas, *para serem éticas,* devem ser traduzidas em práticas concretas, da mesma forma, a tarefa do eticista deve terminar em ação política, intuição essa afirmada constantemente por Aristóteles. Espero que, nesta reflexão, eu possa realizar essas quatro tarefas.

Um último comentário: a ética das virtudes se intersecciona com a lei natural.[11] A lei natural é o estudo universalmente acessível, por meio da razão humana, de uma antropologia normativa e de práticas que derivam de tal antropologia. Articular essa visão normativa é algo problemático, não obstante o fato de que cada pessoa compreenda a lei natural a partir do seu próprio contexto. Apesar da problemática, os eticistas cristãos tentam compreender o *humanum* com os olhos da fé. Com isso, acreditamos que nossa percepção será motivada por nossa fé e que, o que vemos, terá uma urgência particular por causa da narrativa da história da salvação. Como afirma Klaus Demmer: "Uma teologia genuína provoca uma mudança fundamental no nosso modo de pensar".[12] A ética das virtudes é, desse modo, a tentativa de articular a antropologia normativa da lei natural.

3. Propondo virtudes cardeais católicas

Nossas investigações hermenêuticas sobre a natureza da pessoa humana, o horizonte da nossa concepção antropológica e as virtudes que dela derivam dependem do lugar que ocupamos na história. Isso não significa que inventamos virtudes. Ao contrário, tornamo-nos mais capazes de ver o que, ou melhor, quem devemos nos tornar. Estamos sempre sendo desafiados a descobrir uma visão mais correta da personalidade humana e da comunidade.

A reivindicação de objetividade moral não é negada pelo reconhecimento do contexto histórico. Nossa exata percepção sobre o que a virtude

---

[11] Sobre a lei natural, ver: PORTER, Jean. *Natural and Divine Law: Reclaiming the Tradition for Christian Ethics.* Grand Rapids, MI: Eerdmans, 1999; *Nature as Reason: A Thomistic Theory of the Natural Law.* Grand Rapids, MI: Eerdmans, 2005.

[12] DEMMER, Klaus. Die autonome Moral – eine Anfrage an die Denkform. In: HOLDEREGGER, Adrian (ed.). *Fundamente der theologischen Ethik.* Freiburg: Herder, 1996, p. 262.

significa ou sobre o que hoje chamaríamos de objetivo antropológico de um particular traço de caráter depende, em primeiro lugar, da nossa capacidade de percebê-lo. É por isso que Aristóteles recomendava que procurássemos o meio-termo vendo como uma pessoa prudente o determinaria (*EN* II.6).

No entanto, Aristóteles partiu de Sócrates quanto ao fato de a prudência ser suficiente para a autorrealização e a autodeterminação. A prudência, advertia Aristóteles, dependia das outras virtudes, e essas virtudes eram dialeticamente dependentes da prudência (*EN* VI.13). Por essa razão, a competência da prudência está profundamente enraizada na natureza histórica dos seres humanos, de tal forma que os seres humanos só podem compreender bem o horizonte de suas possibilidades na medida em que se realizarem corretamente por meio das virtudes.

Se considerarmos as virtudes cardeais como são propostas em Tomás de Aquino (*ST* Ia IIae, q. 61), que se baseou nas intuições de Cícero, Ambrósio, Gregório e Agostinho, descobrimos que as quatro virtudes cardeais – prudência, justiça, temperança e fortaleza – aperfeiçoam quatro potências correspondentes: a razão prática, a vontade, a concupiscência e a irascibilidade. Tais virtudes têm uma hierarquia particular. A temperança e a fortaleza estão predominantemente a serviço da justiça. A prudência determina a escolha certa dos meios para cada uma das virtudes, além de, especialmente, sugerir a ação justa, uma vez que a justiça governa todos os princípios exteriores. Em outras palavras, a identidade antropológica da pessoa virtuosa é simplesmente aquela que for justa.

Tomás de Aquino *desenvolveu* a compreensão patrística das virtudes. Por exemplo, Agostinho sustentava que todas as virtudes reais estavam enraizadas na caridade, sem a qual não havia virtude real. Tomás modificou a afirmação de Agostinho: embora reconheça que justiça sem caridade não é justiça perfeita, para ele, a justiça sem caridade é, no entanto, virtude. Tomás, conforme ouvimos muitas vezes, serviu-se de Aristóteles para desenvolver Agostinho.

Essas virtudes cardeais clássicas e sua abrangente estrutura não são mais adequadas, além de endossarem uma antropologia que inibe muito a tarefa teológica atual. A meu ver, três razões justificam que sejam substituídas. Em primeiro lugar, escritores contemporâneos expressam repetidamente a insatisfação com a insuficiência da justiça. Na maioria das vezes, eles oferecem construções hifenizadas, sendo a mais famosa "amor-justiça", que tenta reconhecer que, enquanto trabalhamos pela igualdade de todas as pessoas, ainda mantemos relações parciais que precisam ser nutridas e sustentadas.[13]

Mas o hífen acaba nos distraindo. Em vez de reduzir uma virtude à outra ou acabar com ambas, Paul Ricoeur as situa numa "tensão entre duas reivindicações distintas e às vezes opostas".[14] A intuição de Ricoeur de que as virtudes são distintas e às vezes opostas contrasta com a proposta de Tomás de Aquino sobre as virtudes cardeais, segundo a qual a justiça é sustentada pela fortaleza e pela temperança, mas não moldada nem negada pelas duas virtudes auxiliares. Somente quando outra virtude se afirma como um guia heurístico totalmente correspondente pode haver uma tensão dialética em que as virtudes se desafiam e definem umas às outras e, como Ricoeur sugere, "pode ser até mesmo a ocasião para a criação de formas responsáveis de comportamento".[15]

Em segundo lugar, a era moderna insiste que os dilemas morais não se baseiam na simples oposição entre bem e mal, mas, mais frequentemente, no conflito entre bens. Desse modo, uma constelação de virtudes que atuam como guias heurísticos parciais – resolvendo, assim, a prioridade de uma virtude sobre outra numa estrutura hierárquica preconcebida – antecipa a realização desses valores. Não podemos propor guias heurísticos que pré-fabricam soluções quando os dados concretos ainda estão por vir. Precisamos de virtudes que vão além de proteger o

---

[13] KEENAN, James F. Proposing Cardinal Virtues. *Theological Studies* 56 (1995): 709-729; reimpresso na obra de: CURRAN, Charles; MCCORMICK, Richard (eds.). *The Historical Development of Fundamental Moral Theology in the United States.* Readings in Moral Theology, 11. Mahwah, NJ: Paulist Press, 1999, p. 281-306. Ver também: KEENAN, James F. Virtue and Identity. In: HÄRING, Hermann; JUNKER-KENNY, Maureen; MIETH, Dietmar (eds.). *Creating Identity: Biographical, Moral, Religious.* [Concilium 2000/2] (London: SCM Press, 2000): 69-77.

[14] RICOEUR, Paul. Love and Justice. In: JEANROND, Werner G.; RIKE, Jennifer L. (eds.). *Radical Pluralism and Truth: David Tracy and the Hermeneutics of Religion.* New York: Crossroad, 1991, p. 196.

[15] RICOEUR. Love and Justice, p. 197.

único bem da justiça e nos permitam interpretar, em cada caso, quais das virtudes primárias deveriam estar presentes.

Em terceiro lugar, a identidade primária de ser humano não é um indivíduo com poderes que necessita de perfeição, mas, sim, um ser racional relacional cujos modos de relacionalidade precisam ser corretamente realizados. Por isso, podemos começar a propor um conjunto de virtudes cardeais que nos permitam tentar falar transculturalmente e que respondam às nossas principais objeções.[16]

Nossa identidade é relacional de três maneiras: geral, específica e exclusivamente. Cada uma dessas formas relacionais de ser exige uma virtude cardeal: como seres relacionais, somos chamados, de modo geral, à justiça; como seres relacionais, especificamente, somos chamados à fidelidade; e, como seres relacionais, somos chamados, de modo exclusivo, ao autocuidado. Essas três virtudes são cardeais. Ao contrário da proposta de Tomás de Aquino, nenhuma é eticamente anterior à outra; elas têm reivindicações igualmente urgentes e devem ser perseguidas como fins em si mesmas: não somos chamados a ser fiéis e autocuidadosos a fim de sermos justos, nem somos chamados a ser autocuidadosos e justos para sermos fiéis. Nenhuma é auxiliar das outras. São virtudes distintas, sem que nenhuma seja um subconjunto ou subcategoria da outra. Elas são cardeais. A quarta virtude cardeal é a prudência, que determina o que constitui um modo de vida justo, fiel e autocuidadoso para o indivíduo. As duas virtudes mais antigas, fortaleza e temperança, permanecem auxiliares e existem para apoiar a realização das outras quatro.

Vejamos como essas quatro virtudes funcionam. Nossa relacionalidade geralmente é dirigida por uma apreciação ordenada pelo bem comum, em que tratamos todas as pessoas como iguais. Como membros da raça humana, espera-se que respondamos, igualitária e imparcialmente, a todos os membros em geral.[17]

Se a justiça implica tratar todas as pessoas igualmente, a fidelidade, por sua vez, reclama que as tratemos de forma distinta. A fidelidade é a

[16] Esse ponto importante é continuamente lembrado por Cahill, Selling e outros.

[17] RICOEUR. Love and Justice, p. 195.

virtude que alimenta e sustenta os laços das relações especiais que as pessoas desfrutam por sangue, casamento, amor, cidadania ou sacramento. Se a justiça se refere à imparcialidade e à universalidade, a fidelidade se refere à parcialidade e à particularidade.

A fidelidade, aqui, é como o amor na dialética "amor-justo". É o que afirma Carol Gilligan no seu importante trabalho *In a Different Voice*.[18] Gilligan criticou Lawrence Kohlberg por argumentar que o desenvolvimento moral completo foi encontrado na pessoa que tem condições de refletir corretamente sobre a justiça como imparcial e universal. Ela se opôs ao fato de que o ser humano deve visar tanto à imparcialidade da justiça quanto ao desenvolvimento de vínculos relacionais particulares.

Nenhuma dessas virtudes, no entanto, aborda a relação única que cada pessoa tem consigo mesma. O cuidado de si goza de um papel considerável em nossa tradição, como o mandamento de amar a Deus e o próximo como a si mesmo. Em seus escritos sobre a ordem da caridade, Tomás de Aquino, entre outros, discorreu longamente sobre o amor a si mesmo.[19]

Finalmente, a prudência tem a tarefa de integrar as três virtudes em nossas relações, assim como quando estava entre a lista clássica das virtudes cardeais. A prudência, portanto, é sempre vigilante ao olhar para o futuro, tentando não só responder às reivindicações da justiça, da fidelidade e do autocuidado aqui e agora, mas também nos chamando para antecipar ocasiões em que cada uma dessas virtudes pode ser mais plenamente adquirida. Desse modo, a prudência é claramente uma virtude que busca alcançar os fins e que, efetivamente, estabelece os passos para que a pessoa cresça nas virtudes. Mas esses fins não estão em oposição nem isolados um do outro. Ao contrário, a prudência ajuda cada virtude a moldar seu fim como mais inclusivo dos outros dois.

---

[18] GILLIGAN, Carol. *In a Different Voice: Psychological Theory and Women's Development*. Cambridge, MA: Harvard University Press, 1982.

[19] POPE, Stephen. Expressive Individualism and True Self-Love: A Thomistic Perspective. *Journal of Religion* 71 (1991): 384-399; VACEK, Edward C. *Love, Human and Divine. The Heart of Christian Ethics*. Washington, DC: Georgetown University Press, 1995, p. 239-273.

Visto que todas as pessoas, em todas as culturas, são constituídas por essas três formas de se relacionar, ao nomear essas virtudes como cardeais, temos um dispositivo para falar transculturalmente. Esse dispositivo é baseado, no entanto, em reivindicações modestas. As virtudes cardeais não pretendem oferecer uma imagem da pessoa ideal, nem esgotar todo o domínio da virtude. Em vez de serem a última palavra sobre as virtudes, elas estão entre as primeiras, provendo o essencial para se viver e agir bem. Como "dobradiças", as virtudes cardeais fornecem um arcabouço tanto do que as pessoas humanas deveriam basicamente ser quanto do que a ação humana deveria basicamente alcançar. Todas as demais questões sobre as virtudes derivam de um arcabouço de disposições corretamente integradas e de ações moralmente corretas.

Acredito que essas *magras* e esqueléticas virtudes tornam-se *consistentes* e encorpadas, em diferentes culturas, de diferentes maneiras.[20] Por exemplo, algum entendimento da justiça (a vontade de ser imparcial e dar a cada um o que lhe é devido) está presumivelmente presente em todas as culturas. A justiça nos Estados Unidos, no entanto, é consideravelmente influenciada pela estima americana da autonomia pessoal e do respeito pelos direitos pessoais. A autonomia reforça a justiça na medida em que não daríamos "o devido" a nenhuma pessoa sem o seu consentimento. Nosso sistema de saúde, por exemplo, protege plenamente os direitos do indivíduo, a ponto de não podermos imaginar a justiça num sistema de saúde que não privilegiasse o consentimento informado.

Essa compreensão americana da justiça se diferencia da justiça nas Filipinas, onde a ênfase em "relações interpessoais cordiais" rege a maioria das relações sociais. Da mesma forma, através da autonomia, a compreensão americana de fidelidade foca a importância do consentimento mútuo. Nas Filipinas, a forte ênfase em coesão, unidade e paz claramente fornece o fermento para que a fidelidade seja traduzida na vida do dia a dia.

---

[20] WALZER, Michael. *Thick and Thin: Moral Argument at Home and Abroad.* Notre Dame, IN: University of Notre Dame Press, 1996. Ver também: NUSSBAUM, Martha. Non-Relative Virtues: An Aristotelian Approach. In: FRENCH, Peter A. *et al.* (eds.). *Ethical Theory: Character and Virtue.* Midwest Studies in Philosophy, 13. Notre Dame, IN: University of Notre Dame Press, 1988, p. 32-53.

As culturas "dão carne" às esqueléticas virtudes cardeais. Esse "encorpamento" é o que diferencia uma virtude numa cultura de uma semelhante em outra. Justiça, fidelidade e autocuidado, numa cultura budista, têm alguns significados parecidos e outros diferentes do que num contexto liberal ou confucionista.[21]

Na cultura católica, esse "encorpamento" deve fazer recurso à virtude da misericórdia que, como tenho dito ao longo dos anos, é a marca registrada do catolicismo.[22] Nas culturas católicas, a misericórdia fundamenta o entendimento sobre as virtudes. Na medida em que a misericórdia é, como eu a defino, a vontade de entrar no caos do outro a fim de responder às suas necessidades, a misericórdia fortalece a justiça, levando em conta o caos dos mais marginalizados. A misericórdia não enfraquece a justiça, como muitos acreditam; ao contrário, a misericórdia nos leva a ver que a justiça se aplica a todos, especialmente àqueles mais frequentemente injustiçados, abandonados ao caos das margens. Nas culturas católicas, a misericórdia impele a justiça tanto a ir ao encontro dos negligenciados, perseguidos e oprimidos, quanto a inseri-los na solidariedade da humanidade, auxiliando-os na busca de seus direitos.[23]

---

[21] YEARLEY, Lee H. *Mencius and Aquinas: Theories of Virtue and Conceptions of Courage.* Albany: State University of New York Press, 1990.

[22] HARRINGTON, Daniel; KEENAN, James F. *Jesus and Virtue Ethics: Building Bridges between New Testament Studies and Moral Theology.* Lanham, MD: Sheed and Ward, 2002 [*Jesus e a Ética da Virtude. Construindo pontes entre os estudos do Novo Testamento e a teologia da moral.* São Paulo: Loyola, 2007]; KEENAN, James F. *Moral Wisdom: Lessons and Texts from the Catholic Tradition.* Lanham, MD: Sheed and Ward, 2004; KEENAN, James F. *The Works of Mercy.* Lanham, MD: Sheed and Ward, 2005. Ver também: BURGGRAEVE, Roger. Une éthique de miséricorde. *Lumen Vitae* 49 (1994): 281-296; BURGGRAEVE, Roger. From Responsible to Meaningful Sexuality: An Ethics of Growth as an Ethics of Mercy for Young People in This Era of AIDS. In: KEENAN, James F. (ed.), assisted by Lisa Sowle Cahill, Jon Fuller and Kevin Kelly. *Catholic Ethicists on HIV/AIDS Prevention.* New York: Continuum, 2000, p. 303-316 [BURGGRAEVE, Roger. De uma sexualidade responsável a uma sexualidade significativa: uma ética de crescimento como ética de misericórdia pelos jovens nesta era de AIDS. In: KEENAN, James F. (org.). *Eticistas católicos e prevenção da AIDS.* São Paulo: Loyola, 2006, p. 309-323]; SPOHN, William. *Go and Do Likewise: Jesus and Ethics.* New York: Continuum, 1999.

[23] Apesar da tentativa de argumentar que a linguagem dos direitos é hostil à linguagem das virtudes ou mesmo à linguagem teológica, ver: TIERNEY, Brian. *The Idea of Natural Rights: Studies on Natural Rights, Natural Law and Church Law 1150-1625.* Atlanta, GA: Scholars Press, 1997.

Da mesma forma, a fidelidade, nas muitas relações que desfrutamos, é encarnada pela misericórdia. A misericórdia ajuda os católicos a verem, desde o início, que toda relação tem seu caos e requer, portanto, a misericordiosa prática da reconciliação. Nos matrimônios católicos, por exemplo, o bálsamo da misericórdia leva os cônjuges a entrar no caos um do outro e perdoar um ao outro não uma ou duas vezes, mas setenta vezes sete vezes.

Finalmente, a prática católica do autocuidado estimula cada pessoa, através da misericórdia, a entrar no profundo caos da própria vida, com suas distintas complicações. Por meio do exame de consciência, acreditamos que a luz amorosa e misericordiosa de Cristo ilumina todas as dimensões da alma e nos ajuda a ver o que precisamos fazer no cuidado de nós mesmos.

4 . Desenvolvendo uma ética sexual a partir das virtudes cardeais propostas

Quando essas virtudes são aplicadas a nós como seres sexuais relacionais, vemos como cada uma tem um significado relevante muito particular para a ética sexual. Juntas, elas oferecem uma ética sexual abrangente. Vi isso desenvolvido longamente por um dos meus alunos de doutorado, Ronaldo Zacharias, sdb, do Brasil, que empregou tais virtudes numa proposta educativa no campo da ética sexual cristã. Ele tomou as quatro virtudes que propus e, depois de vê-las como católicas, ou seja, como fortalecidas pela misericórdia, aplicou-as a casos particulares, assim como à elaboração de uma ética sexual católica.[24]

À luz das conversas que tive com ele, quero ampliar algumas intuições que compartilhamos. Em primeiro lugar, aplicada à ética sexual, a justiça implica aprender a apreciar o outro com uma dignidade que é própria do humano criado à imagem de Deus. Nas relações sexuais, a justiça deve nos levar a ver o outro como sujeito, e não como objeto; a reconhecer a importância de nunca tirar vantagem do outro

[24] ZACHARIAS, Ronaldo. *Virtue Ethics as the Framework for Catholic Sexual Education: Towards the Integration between Being and Acting in Sexual Education.* STD Dissertation. Cambridge, MA: Weston Jesuit School of Theology, 2002.

para satisfazer os próprios desejos ou necessidades. A justiça exige, portanto, que vejamos a pessoa pela qual nos sentimos atraídos e nos apaixonamos e com a qual nos envolvemos romanticamente ou namoramos como uma pessoa com uma dignidade que não pode ser comprometida.

A justiça, na ética sexual, não se aplica simplesmente à pessoa com quem estamos namorando ou com a qual nos casamos. A justiça, informada pela misericórdia, nos torna mais sensíveis a qualquer sentimento de desigualdade ou indignidade que aflige o outro. Uma justiça informada pela misericórdia é vigorosamente atenta aos que são particularmente vulneráveis. O abuso de crianças pelo clero é uma violenta violação da justiça católica. Ele nos faz lembrar continuamente por que a justiça é tão importante para a ética sexual. Do mesmo modo, o abuso sexual de adultos vulneráveis, por muito tempo negligenciado nas crises recentes, chama-nos para uma ética sexual que privilegie a justiça: o estupro de qualquer pessoa é um flagrante ato de injustiça.[25]

Na ética sexual, o senso católico de justiça interpela a reconhecer quando os outros são aviltados pela comercialização do sexo, em práticas que vão desde a prostituição até o sequestro e tráfico de menores. A justiça, no campo da ética sexual, leva-nos a entrar no caos daqueles cuja dignidade é comprometida também por iniquidades sexuais. Aqui pensamos especialmente no trabalho contínuo de tornar realidade a igualdade das mulheres, estabelecida pelo próprio Deus. A justiça, na ética sexual, exige que reconheçamos, apoiemos e promovamos a igualdade dos gêneros, tendo presente que muita coisa ainda deve ser feita.

A justiça é particularmente relevante na promoção de entendimentos mais igualitários quanto às relações heterossexuais, nas quais, como em quaisquer outras relações, as mulheres ainda não gozam do *status* de igualdade em tantos aspectos. Mas a justiça não se preocupa apenas com o abuso e o compromisso matrimonial. Um senso acurado de justiça

---

[25] Sobre a crise sexual, ver: AMMICHT-QUINN, Regina; HAKER, Hille; JUNKER-KENNY, Maureen (eds.). *The Structural Betrayal of Trust* [*Concilium* 2004/3] (London: SCM, 2004). Ver também: KEENAN, James F. Ethics and the Crisis in the Church. *Theological Studies* 66/1 (2005): 117-136.

deve ter presente o caos da vida das mulheres pobres e a sua falta de poder adequado, especialmente num mundo em que milhões de pessoas têm HIV/AIDS, e as taxas de infecção entre as mulheres, particularmente entre as adolescentes, continua a aumentar de forma assustadora.

Além disso, sendo a justiça uma virtude prospectiva, ela, prudentemente, antevê uma sociedade mais respeitosa com as pessoas, seus corpos, suas expressões sexuais. Uma justiça informada pela misericórdia olha para aqueles que, por causa da própria sexualidade (histórias de abuso, disfunção sexual, questões de orientação etc.), clamam por proteção, refúgio, apoio e hospitalidade. Quanto à orientação sexual, a expressão mínima de justiça deveria ser que os líderes da Igreja – especialmente dedicados ao ministério ordenado – pudessem aprender mais sobre as experiências e autocompreensão das pessoas *gays* e lésbicas.[26]

A justiça católica, informada pela misericórdia no contexto da ética sexual, pode ser ensinada nas salas de aula, nos programas de educação religiosa, ou até mesmo no púlpito. Ajuda-nos a ver que nossa sexualidade, "lugar" em que somos mais capazes de expressar, receber e compartilhar mutuamente o amor, é a encarnação das nossas dimensões mais vulneráveis. É o "lugar" em que, por meio da intimidade, abrimo-nos ao outro. Por isso, a longa tradição da Igreja de privilegiar a justiça deve abranger, também, o campo da ética sexual.

A justiça não está sozinha entre as virtudes. Todas as sociedades consideram ser importante a fidelidade às relações duradouras. A fidelidade difere da justiça; enquanto a justiça nos interpela a tratar todas as pessoas com imparcialidade, a fidelidade reconhece que cada um de nós é constituído por uma variedade de relações interpessoais específicas. Uma fidelidade informada pela misericórdia leva-nos a nos aproximar com prudência e destemidamente daqueles que amamos. Isso implica dar prioridade às relações particulares que desfrutamos.

A fidelidade requer que não terminemos ou abandonemos as relações amorosas, mas, sobretudo, que as defendamos e sustentemos. A fidelidade exige, ainda, que acolhamos a totalidade de cada um de nossos

---

[26] ALISON, James. *Faith Beyond Resentment.* New York: Crossroads, 1999 *[Fé além do ressentimento. Fragmentos católicos em voz gay.* São Paulo: É Realizações, 2010].

relacionamentos e que, informados pela misericórdia, sejamos capazes de ficar do lado daqueles que amamos, especialmente nos momentos mais difíceis.

A fidelidade nos ensina que, em nossas relações sexuais, devemos considerar o outro em toda a sua singularidade. Portanto, ela exige honestidade quanto à expressão sexual da relação. A fidelidade nos chama a nunca abandonar quem amamos, mas a reconhecer que, por meio da intimidade, o nosso amor sexual pode ser aprofundado, abraçado e prolongado no tempo.

Ao ser informada pela misericórdia, a fidelidade católica previne o caos da nossa sexualidade e relações sexuais. A fidelidade nos ensina a não sermos ingênuos ao entrarmos em relações sexuais. Lembra-nos de que entrar numa relação sexual com outra pessoa significa entrar numa complexidade íntima em que precisamos reconhecer os ainda imprevisíveis, mas inevitáveis, momentos de agitação e confusão próprios de tal intimidade.

A fidelidade católica, portanto, privilegia o diálogo. Ela procura fazer um casal ser capaz de partilhar suas necessidades, esperanças, medos e desejos da melhor forma possível. Essa fidelidade ajuda o cristão a crescer ainda mais no amor e na humanidade. Ela considera o sexo em si como uma linguagem que expressa, de várias maneiras, a abertura e a busca do outro, próprias da pessoa humana.[27]

A fidelidade torna-se particularmente relevante quando as crianças nascem dentro de um contexto de relação sexual. A fidelidade católica não significa apenas um "não" ao divórcio e à separação. Ela não se define, primariamente, pelo que é negativo, mas busca preservar o vínculo dentro do qual uma criança nasce. Por essa razão, os católicos estão muito interessados na natureza do matrimônio como o "lugar" em que o amor fiel e a procriação florescem concretamente.

O autocuidado é outra virtude segundo a qual a pessoa reconhece o chamado a ser responsável por si mesma. Isso implica especial competência para não se deixar manipular em qualquer relacionamento, seja

[27] GUIDON, Andre. *The Sexual Language: An Essay in Moral Theology.* Ottawa: University of Ottawa Press, 1976.

sexual ou não. O autocuidado implica o conhecimento das próprias capacidades, inclusive das condições de poder ou não manter uma relação sexual. Enquanto a fidelidade volta o olhar para o outro e para a relação, o autocuidado nos lembra de que devemos ser responsáveis por nós mesmos também nas relações sexuais.

Frequentemente as pessoas entram em relações sexuais sem estarem preparadas para mantê-las. Com isso, fazem mal a si mesmas e aos outros. Por essa razão é que os mais jovens são encorajados a adiar as experiências sexuais e os relacionamentos, não porque o sexo é ruim, mas porque as relações sexuais são exigentes e requerem uma maturidade que engloba não apenas justiça e fidelidade, mas também autocuidado. O autocuidado impele as pessoas a não ceder aos desvalores culturais que incentivam experiências sexuais casuais.

Por outro lado, o autocuidado também pode nos levar a reconhecer que, por muito tempo, fomos inibidos e sentimo-nos receosos em relação à intimidade, ao toque ou à expressão sexual. O autocuidado prudencial, informado pela misericórdia, leva algumas pessoas a adiar uma intimidade sexual que poderia ser precipitada e, outras, a buscar o amor sexual que, por muito tempo, fora objeto de medo e pavor.[28]

O autocuidado, informado pela misericórdia, estimula-nos a cuidar das nossas próprias histórias pessoais, sobretudo quando áreas de particular necessidade ou vulnerabilidade precisam ser reconhecidas, mais do que reprimidas. Curiosamente, muitos de nós estamos mais dispostos a nos interessar e enfrentar o caos do outro do que o nosso. O orgulho basicamente nos impede de ver o lado mais complicado de nós mesmos, em que estão nossas esperanças, necessidades e vulnerabilidades. O autocuidado nos convida a ser pacientes conosco como somos com os outros e a não olhar para as experiências sexuais como uma forma, por exemplo, de resolver problemas de autoestima. O autocuidado nos interpela a considerar a sexualidade e as relações sexuais como bens a serem buscados, mas num contexto virtuoso.

---

[28] HARTWIG, Michael. *The Problem of Abstinence and the Poetics of Sexual Intimacy.* New York: Peter Lang, 2000.

Não apenas a sexualidade e as relações sexuais são bens, mas, por uma questão de autocuidado, somos chamados a nos autocompreender como pessoas encarnadas e, portanto, a viver com paixão, o que também é um bem na nossa vida. As virtudes nos levam a não ser indulgentes, mas a tomar esses bens a sério, a considerar se os apreciamos como bens e a desenvolver a ascese ou disciplina necessária para crescermos apaixonadamente, corporalmente e sexualmente até a maturidade.

Considerações finais

O retorno à ética das virtudes abre para nós um espaço para que, como comunidade de fé, possamos falar sobre traços básicos de caráter, disposições e atitudes que os membros da comunidade devem desenvolver para que sejam católicos fiéis e amorosos. Esse espaço, quando tomado a sério, inevitavelmente levará à discussão sobre quais práticas, derivando das virtudes a serem cultivadas, deveriam ser vividas. Mas, agora, precisamos, pelo menos, refletir sobre quem deveríamos nos tornar como comunidade de fé e, a partir daí, desenvolver uma antropologia para a ética sexual. Proponho que comecemos sendo um povo moldado pela misericórdia na busca da justiça, da fidelidade, do autocuidado e da prudência.

Referências

ALISON, James. *Faith Beyond Resentment.* New York: Crossroads, 1999 [*Fé além do ressentimento. Fragmentos católicos em voz gay*. São Paulo: É Realizações, 2010].

AMMICHT-QUINN, Regina; HAKER, Hille; JUNKER-KENNY, Maureen (eds.). *The Structural Betrayal of Trust* [*Concilium* 2004/3] (London: SCM, 2004).

BURGGRAEVE, Roger. Une éthique de miséricorde. *Lumen Vitae* 49 (1994): 281-296.

BURGGRAEVE, Roger. From Responsible to Meaningful Sexuality: An Ethics of Growth as an Ethics of Mercy for Young People in This Era of AIDS. In: KEENAN, James F. (ed.), assisted by Lisa Sowle Cahill, Jon Fuller and Kevin Kelly. *Catholic Ethicists on HIV/AIDS Prevention.* New York: Continuum,

2000, p. 303-316 [De uma sexualidade responsável a uma sexualidade significativa: uma ética de crescimento como ética de misericórdia pelos jovens nesta era de AIDS. In: KEENAN, James F. (org.). *Eticistas católicos e prevenção da AIDS*. São Paulo: Loyola, 2006, p. 309-323].

CAHILL, Lisa Sowle. *Sex, Gender and Ethics*. Cambridge: Cambridge University Press, 1996.

CAHILL, Lisa Sowle. Sexuality: Personal, Communal, Responsible. In: SELLING, Joseph (ed.). *Embracing Sexuality: Authority and Experience in the Catholic Church*. Aldershot: Ashgate, 2001, p. 165-172.

CAHILL, Lisa Sowle. *Between the Sexes: Foundations for a Christian Ethics of Sexuality*. New York: Paulist Press, 1985.

CURRAN, Charles; MCCORMICK, Richard (eds.). *Dialogue about Catholic Sexual Teaching*. Mahwah, NJ: Paulist Press, 1993.

CURRAN, Charles; MCCORMICK, Richard (eds.). *The Historical Development of Fundamental Moral Theology in the United States*. Readings in Moral Theology, 11. Mahwah, NJ: Paulist Press, 1999.

DEMMER, Klaus. Die autonome Moral – eine Anfrage an die Denkform. In: HOLDEREGGER, Adrian (ed.). *Fundamente der theologischen Ethik*. Freiburg: Herder, 1996, p. 261-276.

DOMINIAN, Jack. *Proposals for a New Sexual Ethic*. London: Darton, Longman and Todd, 1977.

GILLIGAN, Carol. *In a Different Voice: Psychological Theory and Women's Development*. Cambridge, MA: Harvard University Press, 1982.

GRABOWSKI, John. *Sex and Virtue: An Introduction to Sexual Ethics*. Washington, DC: Catholic University of America, 2004.

GUDORF, Christine. *The Body, Sex and Pleasure: Reconstructing Christian Sexual Ethics*. Cleveland, OH: Pilgrim Press, 1994.

GUIDON, Andre. *The Sexual Language: An Essay in Moral Theology*. Ottawa: University of Ottawa Press, 1976.

HARRINGTON, Daniel; KEENAN, James F. *Jesus and Virtue Ethics: Building Bridges between New Testament Studies and Moral Theology.* Lanham, MD: Sheed and Ward, 2002 [*Jesus e a Ética da Virtude. Construindo pontes entre os estudos do Novo Testamento e a teologia da moral.* São Paulo: Loyola, 2007].

HARTWIG, Michael. *The Problem of Abstinence and the Poetics of Sexual Intimacy.* New York: Peter Lang, 2000.

JOHN PAUL II. *The Theology of the Body.* Boston, MD: Daughters of St. Paul, 1997 [JOÃO PAULO II. *Homem e mulher o criou: catequeses sobre o amor humano*. Bauru: EDUSC, 2005].

KEENAN, James F. *The Works of Mercy.* Lanham, MD: Sheed and Ward, 2005.

KEENAN, James F. *Moral Wisdom: Lessons and Texts from the Catholic Tradition.* Lanham, MD: Sheed and Ward, 2004.

KEENAN, James F. Proposing Cardinal Virtues. *Theological Studies* 56 (1995): 709-729.

KEENAN, James F. *Virtues for Ordinary Christians.* Kansas City, MO: Sheed and Ward, 1996.

KEENAN, James F. Virtue Ethics. In: HOOSE, Bernard (ed.). *Basic Christian Ethics: An Introduction.* London: Chapman, 1997, p. 84-94.

KEENAN, James F. Virtue and Identity. In: HÄRING, Hermann; JUNKER--KENNY, Maureen; MIETH Dietmar (eds.). *Creating Identity: Biographical, Moral, Religious.* [*Concilium* 2000/2] (London: SCM Press, 2000): 69-77.

KEENAN, James F. Ethics and the Crisis in the Church. *Theological Studies* 66/1 (2005): 117-136.

KEKES, John. *The Examined Life.* Lewisburg: Bucknell University Press, 1988.

KELLY, Kevin T. *New Directions in Sexual Ethics: Moral Theology and the Challenge of AIDS.* London: Geoffrey Chapman, 1998.

KOPFENSTEINER, Thomas R. The Metaphorical Structure of Normativity. *Theological Studies* 58 (1997): 331-346.

KOTVA JR., Joseph. *The Christian Case for Virtue Ethics.* Washington, DC: Georgetown University Press, 1996.

MACINTYRE, Alasdair. *After Virtue: A Study in Moral Theory.* Notre Dame, IN: University of Notre Dame Press, 1981 [*Depois da virtude. Um estudo em teoria moral.* Bauru: EDUSC, 2001].

MEILAENDER, Gilbert. *The Theory and Practice of Virtue.* Notre Dame, IN: University of Notre Dame Press, 1984.

NELSON, Daniel Mark. *The Priority of Prudence.* University Park, PA: Pennsylvania State University, 1992.

NUSSBAUM, Martha. Non-Relative Virtues: An Aristotelian Approach. In: FRENCH, Peter A. *et al.* (eds.). *Ethical Theory: Character and Virtue.* Midwest Studies in Philosophy, 13. Notre Dame, IN: University of Notre Dame Press, 1988, p. 32-53.

PATRICK, Anne. Narrative and the Social Dynamics of Virtue. In: MIETH, Dietmar; POHIER, Jacques (eds.). *Changing Values and Virtues.* Edinburgh: T. and T. Clark, 1987, p. 69-80.

POPE, Stephen. Expressive Individualism and True Self-Love: A Thomistic Perspective. *Journal of Religion* 71 (1991): 384-399.

PORTER, Jean. *Nature as Reason: A Thomistic Theory of the Natural Law.* Grand Rapids, MI: Eerdmans, 2005.

PORTER, Jean. *Natural and Divine Law: Reclaiming the Tradition for Christian Ethics.* Grand Rapids, MI: Eerdmans, 1999.

PORTER, Jean. *The Recovery of Virtue: The Relevance of Aquinas for Christian Ethics.* Louisville, KY: Westminster Press, 1990.

RICOEUR, Paul. Love and Justice. In: JEANROND, Werner G.; RIKE, Jennifer L. (eds.). *Radical Pluralism and Truth: David Tracy and the Hermeneutics of Religion.* New York: Crossroad, 1991, p. 187-202.

SELLING, Joseph. *Embracing Sexuality: Authority and Experience in the Catholic Church* Aldershot: Ashgate, 2001.

SPOHN, William. The Return of the Virtues. *Theological Studies* 53 (1992): 60-75.

SPOHN, William. *Go and Do Likewise: Jesus and Ethics.* New York: Continuum, 1999.

TIERNEY, Brian. *The Idea of Natural Rights: Studies on Natural Rights, Natural Law and Church Law 1150-1625.* Atlanta, GA: Scholars Press, 1997.

VACEK, Edward C. *Love, Human and Divine. The Heart of Christian Ethics.* Washington, DC: Georgetown University Press, 1995.

WALZER, Michael. *Thick and Thin: Moral Argument at Home and Abroad.* Notre Dame, IN: University of Notre Dame Press, 1996.

YEARLEY, Lee H. *Mencius and Aquinas: Theories of Virtue and Conceptions of Courage.* Albany: State University of New York Press, 1990.

ZACHARIAS, Ronaldo. *Virtue Ethics as the Framework for Catholic Sexual Education: Towards the Integration between Being and Acting in Sexual Education.* STD Dissertation. Cambridge, MA: Weston Jesuit School of Theology, 2002.

Cap. 2

ÉTICA SEXUAL CATÓLICA: DE NORMAS E ATOS PARA VIRTUDES E CARÁTER

Michael G. Lawler
Todd A. Salzman[1]

Historicamente, a ética sexual católica tem ensinado normas absolutas que proíbem certos atos: não cobiçar a mulher do próximo, não ter relações sexuais com alguém que não seja seu cônjuge heterossexual, não usufruir do prazer sexual sozinho. Essa abordagem – provinda de Aristóteles e Tomás de Aquino e codificada nos manuais de teologia moral que treinavam padres para ouvir confissões – perdurou até o Concílio Vaticano II, embora tenha sido amplamente ignorada por grande parte da tradição moral católica. A partir do Vaticano II, começou a ocorrer uma mudança gradual e até mesmo uma renovação da ética sexual católica, graças ao resgate e à integração da ética das virtudes no discurso teológico moral. Na perspectiva da ética das virtudes, a prioridade é dada ao caráter da pessoa, que se forma numa comunidade ética, e não às ações da pessoa, embora haja uma dialética contínua entre caráter, comunidade e ação. Na reflexão que segue, analisaremos a transformação gradual da ética sexual católica, no que se refere à passagem de uma ética normativa

---

[1] **Michael G. Lawler** é Doutor em Teologia (Aquinas Institute of Theology – St. Louis, MO – USA) e Docente Emérito da Creighton University (Omaha, NE – USA).
Todd A. Salzman é Doutor em Estudos Religiosos (Catholic University of Leuven – Leuven – Bélgica) e Docente da Creighton University (Omaha, NE – USA). Ambos são membros da Catholic Theological Ethics in the World Church. Tradução do inglês: Tarcísio dos Santos, sdb.

para uma ética de virtudes, e faremos a comparação entre dois tipos de ética católica das virtudes.

1. Um começo, mas não no que se refere à passagem de normas para virtudes

Em seus documentos, o Concílio Vaticano II introduziu várias mudanças metodológicas na teologia, em geral, e na teologia moral, em específico. Tais mudanças, no entanto, não alteraram fundamentalmente as abordagens magisteriais sobre a ética sexual até o evento da *Amoris Laetitia*, do Papa Francisco, chamada pelo Cardeal Pietro Parolin de "mudança de paradigma" que exige um "novo espírito", uma "nova abordagem" e até mesmo um novo método na ética teológica católica.[2] No documento *Gaudium et Spes*, o Concílio Vaticano II já tinha mostrado uma mudança metodológica na ética teológica católica. Durante séculos antes do Concílio, a abordagem metodológica do Magistério católico em relação à ética sexual emergiu do que é conhecido como método classicista. Numa visão de mundo classicista, a realidade é estática, necessária, fixa e universal. O método ético utilizado e as normas éticas ensinadas são atemporais, universais e imutáveis, e qualquer ato condenado por tais normas é condenado para sempre. A *Gaudium et Spes* ofereceu um princípio que desafiava essa abordagem classicista. As necessidades humanas urgentes deveriam ser consideradas "à luz do Evangelho e da experiência humana".[3] A experiência humana está inseparavelmente ligada à história humana: "A humanidade passa, assim, de uma concepção predominantemente estática da ordem das coisas para uma outra, preferentemente dinâmica e evolutiva".[4] Dada essa

---

[2] VATICAN NEWS. Entrevista ao secretário de Estado vaticano sobre temas candentes de 2018 para o Papa e a Santa Sé (11.01.2018). Disponível em: https://www.vaticannews.va/pt/papa/news/2018-01/parolin--o-2018-do-papa-francisco-no-signo-de--jovens-e-familia.html. Acesso em: 10 out. 2023.

[3] DOCUMENTOS DO CONCÍLIO ECUMÊNICO VATICANO II (1962-1965). *Gaudium et Spes*. Constituição Pastoral sobre a Igreja no mundo de hoje. 3 ed. São Paulo: Paulus, 1997, n. 46, p. 595. Daqui em diante = GS.

[4] GS 5, p. 545.

mudança de enfoque da história humana, a maioria dos eticistas e teólogos católicos substituiu a abordagem classicista da ética por uma abordagem dinâmica da consciência histórica.

A consciência histórica desafia fundamentalmente a visão classicista da realidade e, na teologia moral, sua ênfase em normas absolutas e imutáveis. Ela considera a realidade como dinâmica, em evolução, em mudança e contextualmente particular. As normas éticas ensinadas dentro dessa visão histórica de mundo são contingentes, contextualmente particulares e mutáveis, assim como os atos condenados por elas. Essa mudança metodológica impactou a definição de matrimônio assumida pelo Concílio. A *Gaudium et Spes* – na qual o Concílio apresenta seu ensinamento sobre matrimônio – descreve o matrimônio como uma "comunidade de amor"[5] e como uma "íntima comunidade de vida e de amor conjugal".[6] Diante das exigências minoritárias para relegar o amor dos cônjuges ao seu tradicional lugar secundário no casamento, os Padres Conciliares declararam pertencer o amor conjugal à própria essência do matrimônio. O Concílio também ensinou que, "por sua própria natureza, a *instituição matrimonial e o amor conjugal* estão ordenados para a procriação e educação da prole, que constituem a sua coroa".[7] Damos destaque a essa citação para ressaltar o ensinamento do Concílio e de toda a tradição católica anterior à *Humanae Vitae*, do Papa Paulo VI, ou seja, que o *matrimônio*, e não *qualquer ato matrimonial* – como Paulo VI ensino[8] –, deve estar aberto à procriação. Uma vez mencionada a procriação, seria de se esperar uma discussão sobre os fins hierárquicos tradicionais do matrimônio, mas, apesar das insistentes demandas em contrário por parte da minoria, os Padres Conciliares rejeitaram a dicotomia entre fim primário e fim secundário. O matrimônio e o amor conjugal "destinam-se por sua própria natureza à geração e educação da prole"; "sem pôr de lado os outros fins do matrimônio", é preciso ter presente que "o matrimônio não foi instituído só

---

[5] GS 47, p. 596.

[6] GS 48, p. 596.

[7] GS 48, p. 597.

[8] PAULO VI, Papa. *Humanae Vitae*. Carta Encíclica sobre a regulação da natalidade. 9 ed. São Paulo: Paulinas, 2001, n. 11.

em ordem à procriação da prole".[9] Na segunda metade do século XX, a Igreja Católica renovou sua concepção sobre matrimônio para integrar, na essência e no fim do matrimônio, o amor conjugal e a comunhão dos cônjuges. Essa ênfase no amor e na comunhão sinalizou uma mudança no foco das normas para as virtudes, tanto no matrimônio quanto na ética sexual. Infelizmente, as implicações normativas dessa mudança não foram alcançadas; antes, foram desconsideradas na norma absoluta da *Humanae Vitae*, que condena o uso de contracepção artificial na relação conjugal.

A transição de uma abordagem classicista para uma abordagem historicamente consciente da realidade é claramente expressa num segundo documento transformacional do Concílio, a *Dei Verbum*. Nesse documento, o método proposto pelo Magistério para interpretar os textos bíblicos exige que sejam lidos nos "gêneros literários", "segundo o sentido que o hagiógrafo pretendeu exprimir e de fato exprimiu em determinadas circunstâncias, segundo as condições do seu tempo e da sua cultura".[10] Esse método histórico-crítico de interpretação de textos bíblicos já está solidificado na teologia católica, embora o Magistério continue a usar os textos bíblicos para comprovar e justificar - conforme o modelo classicista dos manuais pré-Vaticano II - normas absolutas que condenem determinados atos sexuais. O *Catecismo da Igreja Católica*, por exemplo, apresenta Gênesis 19,1-29 - a história de Sodoma - como base bíblica para a proibição absoluta de atos homossexuais.[11] A maioria dos estudiosos bíblicos, baseando-se no método histórico-crítico, interpreta a passagem como referindo-se à lei judaica da hospitalidade[12] argumenta que não tem nada a ver com as mulheres e os homens homossexuais de hoje. Embora o Magistério reconheça a importância

[9] GS 50, p. 601-602.

[10] DOCUMENTOS DO CONCÍLIO ECUMÊNICO VATICANO II (1962-1965). *Dei Verbum*. Constituição Dogmática sobre a revelação divina. 3 ed. São Paulo: Paulus, 1997, n. 12, p. 357 (daqui em diante = DV). Ver também: PIO XII, Papa. *Divino Afflante Spiritu*. Carta Encíclica sobre os estudos bíblicos. In: *Acta Apostolicae Sedis* 35 (1943): 297-325.

[11] CATECISMO DA IGREJA CATÓLICA. Novíssima edição de acordo com o texto oficial em latim. 4 ed. Brasília: Edições CNBB; Embu: Ave-Maria; Petrópolis: Vozes; São Paulo: Paulinas, Paulus, Loyola, 2017, n. 2357. Daqui em diante = CIgC.

[12] Ver: Gn 19,8: "... mas nada façais a estes homens, pois vieram acolher-se sob o meu teto".

do método histórico-crítico para a interpretação dos textos bíblicos e a integração das descobertas da ciência moderna no seu ensinamento,[13] ele continua a citar certos textos bíblicos para confirmar a condenação absoluta de certos atos sexuais, apesar de o seu próprio método conciliar afirmar a irrelevância de tais textos para os atos que está condenando. No entanto, em ao menos um caso, o Magistério reconheceu essa inconsistência – na citação que Pio XI faz de Agostinho e de Gênesis 38, a história de Onan – para condenar o uso de contracepção artificial, visto que nem a *Humanae Vitae* nem o *Catecismo* servem-se de tal citação para condená-la.[14] O Magistério, contudo, não estendeu o método histórico-crítico a outras interpretações questionáveis de trechos usados para justificar suas normas absolutas, como a condenação dos atos homossexuais.

Um terceiro documento transformacional é a *Dignitatis Humanae.* A sua compreensão a respeito da autoridade e inviolabilidade da consciência enfatiza a responsabilidade, a liberdade e a autonomia moldadas pelas virtudes. Já no século XIII, Tomás de Aquino estabeleceu a autoridade e a inviolabilidade da consciência, argumentando que "aquele ao qual a autoridade eclesiástica, por ignorar a verdade dos fatos, impuser uma exigência que ofenda sua consciência limpa, deve preferir perecer na excomunhão a violar a consciência".[15] Quase 700 anos depois, o Concílio Vaticano II ensinou inequivocamente que "o homem ouve e reconhece os ditames da lei divina por meio da consciência, que ele deve seguir fielmente em toda a sua atividade, para chegar ao seu fim, que é Deus. Não deve, portanto, ser forçado a agir contra a própria consciência. Nem deve também ser impedido de atuar segundo ela, sobretudo em matéria religiosa"[16] e, acrescentamos, também em questões morais. O Papa Francisco refere-se a essa tradição conciliadora e reconhece a prioridade da consciência sobre o ensinamento

[13] DV 62.

[14] PIO XI, Papa. *Casti Connubii.* Carta Encíclica sobre o matrimônio cristão, n. 54. In: DOCUMENTOS DE PIO XI (1922-1939). São Paulo: Paulus, 2004, p. 232.

[15] THOMAS AQUINAS. *Commentary on the Sentences*, Book IV, 26-42. Translated by: Beth Mortensen. Steubenville, OH: Emmaus Academic, 2018, d. 38, q. 2, a. 4 q. a3.

[16] DOCUMENTOS DO CONCÍLIO ECUMÊNICO VATICANO II (1962-1965). *Dignitatis Humanae.* Declaração sobre a liberdade religiosa. 3 ed. São Paulo: Paulus, 1997, n. 3, p. 415.

magisterial quando ensina que "somos chamados a formar as consciências, não a pretender substituí-las",[17] e que "a consciência das pessoas deve ser melhor incorporada na práxis da Igreja em algumas situações que não realizam objetivamente a nossa concepção do matrimônio".[18] Sua recusa em condenar todas as "situações irregulares" de relações sexuais e conjugais – que ele condenaria caso seguisse uma estrita ética sexual baseada em normas – destaca a autoridade da consciência. Seguindo Tomás de Aquino, ele também insiste que o "diabo mora nos detalhes" da situação, e não nos princípios éticos gerais ou nas normas absolutas.[19] Essa ênfase na consciência desloca o foco da autoridade e da inviolabilidade das normas às quais a consciência apenas obedece para a consciência como componente essencial da dignidade humana, que deve ser bem-informada e exercida através do discernimento, das virtudes e da formação do caráter.

Um quarto documento – sobre a formação sacerdotal, *Optatam Totius* – pede a renovação da teologia moral, "cuja exposição científica, mais alimentada pela Sagrada Escritura, deve revelar a grandeza da vocação dos fiéis em Cristo e a sua obrigação de dar frutos na *caridade* para a vida do mundo".[20] A ênfase posta na caridade implica uma mudança para virtudes e caráter, que deveria ser o objetivo do discipulado cristão e da teologia moral. No ensinamento oficial católico e, por extensão, na formação no seminário, esse apelo à renovação nunca foi plenamente realizado, uma vez que, no campo da ética sexual, tal ensinamento continua enfatizando uma abordagem totalmente baseada em normas, centrada em atos e de "tamanho único" para todos.

1.1 *Veritatis Splendor*: a "sentença de morte" aos avanços metodológicos e éticos do Vaticano II

Embora a maioria dos teólogos católicos da moral tenha assumido e integrado os avanços metodológicos e éticos do Concílio Vaticano II

[17] FRANCISCO, Papa. *Amoris Laetitia*. Exortação Apostólica Pós-Sinodal sobre o amor na família. São Paulo: Loyola, 2016, n. 37. Daqui em diante = AL.

[18] AL 303.

[19] AL 304. Francisco cita, aqui, *Summa Theologiae*, I-II, q. 94, art. 4.

[20] DOCUMENTOS DO CONCÍLIO ECUMÊNICO VATICANO II (1962-1965). *Optatam Totius*. Decreto sobre a formação sacerdotal. 3 ed. São Paulo: Paulus, 1997, n. 16, p. 314.

na revisão da ética sexual católica, o Papa João Paulo II rejeitou fundamentalmente vários desses desenvolvimentos e suas implicações antropológicas e normativas em sua Encíclica de 1993, *Veritatis Splendor*, na qual abordou o método ético católico. A *Veritatis Splendor* reconheceu a grande divisão provocada na ética teológica católica – em grande parte por causa das discordâncias teológicas sobre o ensinamento da *Humanae Vitae* contra a contracepção artificial – e procurou enfrentá-la. Ao fazê-lo, reconheceu implicitamente e confirmou essa divisão, mas de forma alguma a resolveu. Reconheceu a divisão ao abordar um enfoque contemporâneo da ética teológica conhecido como proporcionalismo.[21] Embora tenha claramente condenado tal enfoque como equivocado, a *Veritatis Splendor* não dirimiu o debate entre os eticistas católicos.[22] O que fez foi enfatizar a necessidade de uma clara compreensão conceitual das duas interpretações predominantes da teoria ética da lei natural dentro da Igreja Católica. Para João Paulo II, a preocupação com a dissidência sobre questões éticas sexuais e biomédicas era grave, pois não se tratava apenas "de contestações parciais e ocasionais, mas de uma discussão global e sistemática do patrimônio moral".[23]

A Encíclica é dividida em três capítulos. O primeiro introduz a fonte bíblica da ética católica, especificamente o diálogo de Jesus com o jovem rico (Mt 19,16-21). O jovem coloca a questão: "Que devo fazer de bom para ter a vida eterna?" (v. 16). Jesus responde: "observa os mandamentos" (v. 17) [...] "vai, vende os teus bens, dá o dinheiro aos pobres" [...] "depois, vem e segue-me" (v. 21). Segue-se uma reflexão meditativa sobre o discipulado e o convite para entrar numa relação profunda e altamente virtuosa com Cristo,[24] fonte primordial da ética católica das virtudes. O segundo capítulo é

---

[21] JOÃO PAULO II, Papa. *Veritatis Splendor*. Carta Encíclica sobre algumas questões fundamentais do ensinamento moral da Igreja. São Paulo: Loyola, 1993, n. 75. Daqui em diante = VS.

[22] Os proporcionalistas nunca aceitaram o retrato desta teoria ética feito pela *Veritatis Splendor* e, portanto, rejeitaram a sua condenação.

[23] VS 4.

[24] Ver: MELINA, Livio. *Sharing in Christ's Virtues: For the Renewal of Moral Theology in Light of* Veritatis Splendor. Washington, DC: Catholic University Press of America, 2001.

radicalmente diferente em estilo e conteúdo. Muda de uma base bíblica que fundamenta uma ética tipicamente virtuosa – centrada na pessoa humana em relação amorosa e a serviço do próximo – para uma reflexão filosófica sobre pressupostos antropológicos e éticos. O pressuposto antropológico separa a liberdade da verdade objetiva e universal, dando origem ao relativismo. Os pressupostos éticos que criaram e fomentaram o relativismo são rotulados de "teleologismo" (*sic*) e incluem "consequencialismo" e "proporcionalismo". A falha ética nesses métodos "para a descoberta da norma moral"[25] é que eles "negam a existência de normas morais negativas referentes a determinados comportamentos e válidas sem exceção".[26] João Paulo II afirma que o proporcionalismo sustenta que se pode justificar um ato moralmente errado com uma boa intenção. Tal método é inaceitável, pois nega a existência de atos intrinsecamente maus, que são designados de acordo com o objeto do ato.[27]

O terceiro capítulo aborda as implicações lógicas que derivam do segundo capítulo e inclui um aviso aos Bispos, o que revela bem o método da Encíclica: "Temos o dever, como Bispos, de *vigiar a fim de que a palavra de Deus seja fielmente ensinada.* Meus Irmãos no Episcopado, faz parte do nosso ministério pastoral vigiar sobre a transmissão fiel deste ensinamento moral e recorrer às medidas oportunas para que os fiéis sejam preservados de toda doutrina e teoria a ele contrária".[28] Mais ainda: "Esta verdade da lei moral [...] explicita-se ao longo dos séculos: as normas que a exprimem permanecem válidas em sua substância, mas devem ser precisadas e determinadas '*odem sensu eademque sententia*' conforme as circunstâncias históricas *do Magistério da Igreja*".[29] Esse imperativo, combinado com a ênfase dada no capítulo segundo às normas absolutas e ao objeto que define a moralidade do ato, qualifica o "Magistério da Igreja" como supervisor e garantidor de uma ética baseada em normas,

[25] VS 75.

[26] VS 90.

[27] VS 80.

[28] VS 116.

[29] VS 53 (itálico nosso).

especialmente no seu ensinamento sobre normas proibitivas absolutas na esfera da ética sexual e biomédica.

1.2 O Papa Francisco e a *Amoris Laetitia*

Em sua recente Exortação Apostólica sobre o matrimônio e a família - *Amoris Laetitia* -, o Papa Francisco introduziu uma revolução copernicana na prática pastoral da Igreja no campo da ética conjugal e sexual. Primeiro, ele questiona uma abordagem do matrimônio e da família estritamente baseada em normas.[30] Historicamente, o ensinamento da Igreja sobre matrimônio e sexualidade tem sido, em grande parte, orientado por normas, focado em atos, estático e dedutivo. Em geral, começa com normas absolutas – por exemplo, o não uso de contracepção artificial dentro de uma relação conjugal – e, depois, aplica a norma numa perspectiva "tamanho único" para todas as pessoas, em todos os lugares, sem se importar com aspectos históricos, culturais, relacionais ou de desenvolvimento. Para Francisco, vale exatamente o contrário: "Se se tiver em conta a variedade inumerável de situações concretas [...] é compreensível que se não devia esperar do Sínodo ou desta Exortação uma nova normativa geral de tipo canônico, aplicável a todos os casos".[31] Ele repropõe o ensino de Tomás de Aquino, segundo o qual, "quanto mais se desce ao particular, tanto mais aumenta a indeterminação", visto que as normas gerais, "na sua formulação, não podem abarcar absolutamente todas as situações particulares".[32] Para o Papa, "é ingênuo pensar que os princípios éticos possam ser apresentados de modo puramente abstrato, desligados de todo o contexto".[33] O mesmo se aplica às normas: elas são importantes, mas secundárias em relação aos valores e às virtudes.[34] Na educação dos jovens, a força do testemunho e de uma vida virtuosa é

---

30 AL 35.

31 AL 35

32 AL 304.

33 FRANCISCO, Papa. *Laudato Si'*. Carta Encíclica sobre o cuidado da casa comum. São Paulo: Paulus/Loyola, 2015, n. 199.

34 AL 201.

mais eficaz na formação de um caráter virtuoso do que o uso da autoridade e de normas que obrigam a obedecer.[35]

Em segundo lugar, Francisco rejeita uma abordagem autoritária das normas[36] e propõe que sejam apresentadas razões e motivações fundamentadas em virtudes e valores para a escolha do matrimônio, por exemplo. Tais razões e motivações ajudam as pessoas a estarem "mais bem preparadas para responder à graça que Deus lhes oferece".[37] O método de Francisco afasta-se radicalmente do método de seus antecessores imediatos, para os quais as virtudes servem dedutivamente para reforçar normas magisteriais absolutas. Trata-se de um método orientado à virtude, relacional, dinâmico, evolutivo, etnográfico e indutivo, que foca as realidades contextuais particulares dos casais em todo o mundo. O foco de Francisco não está nas normas a serem obedecidas e nos atos que elas prescrevem, mas nas formas virtuosas de estar no mundo. Os membros da Igreja são convidados a viver uma vida como a de Cristo, a serviço de Deus, do cônjuge, da família, do próximo e da sociedade, e perceber que a misericórdia de Deus é infinita se e quando ficam aquém desse convite.

O capítulo 4 da *Amoris Laetitia* – "O amor no matrimônio" – é uma bela reflexão sobre a passagem de São Paulo a respeito da natureza do amor verdadeiro (1Cor 13,4-7) e das virtudes associadas a ele. A virtude da castidade – que, no *Catecismo*, enfatiza a obediência às normas absolutas –, tão central à ética católica sobre sexualidade e matrimônio, é mencionada apenas uma vez em todo o documento, apenas para insistir que ela é "condição preciosa para o crescimento genuíno do amor interpessoal".[38]

Em terceiro lugar – e central para o método de Francisco – está a ideia de um crescimento gradual ao longo da vida no que se refere às virtudes. Por isso, ele assume a mesma perspectiva de João Paulo II sobre a *lei da gradualidade*: o ser humano "conhece, ama e cumpre o

---

[35] AL 288.

[36] AL 35

[37] AL 35

[38] AL 206.

bem moral segundo etapas de crescimento".[39] Para Francisco, o direito canônico da Igreja - no que se refere ao matrimônio e à vida ética em geral - colocou sobre as pessoas um "peso tremendo".[40] Passar de uma abordagem normativa para uma virtuosa implica reconhecer que o matrimônio é um desafio para a vida toda, "que avança gradualmente com a progressiva integração dos dons de Deus".[41] Podemos dizer a mesma coisa sobre a vida ética em geral, que avança gradualmente na prática das virtudes do amor, da justiça, do compromisso, da fidelidade, da misericórdia, da compaixão, da paciência,[42] da ternura[43] e da "linguagem amável de Jesus".[44] Em vez de reiterar regras antigas ou propor novas, Francisco procura destacar o tipo de caráter virtuoso que os cristãos são chamados a *ter* para que eles possam *fazer* o que é necessário para ser como Jesus. Ele não muda a *doutrina* na *Amoris Laetitia*, mas prescreve uma mudança metodológica na *prática pastoral*, distante da mera obediência às normas, com vista a um crescimento gradual nas várias virtudes que ele mesmo propõe no quarto capítulo.

2. Ética das virtudes conservadora e progressista

Teólogos católicos da moral, conservadores e progressistas, acolheram metodologicamente a ética das virtudes no campo da ética sexual. No entanto, há diferenças fundamentais entre as duas perspectivas. Os teólogos da moral que são mais conservadores continuam, em consonância com a *Veritatis Splendor*, priorizando normas absolutas, fundamentadas numa definição predeterminada do ato humano. Eles dão primazia à virtude do dever e à obrigação de seguir as normas sobre todas as outras virtudes. Os teólogos da moral que são mais progressistas fizeram uma mudança copernicana da norma e do ato para as virtudes e o caráter;

---

[39] JOÃO PAULO II, Papa. *Familiaris Consortio*. Exortação Apostólica sobre a missão da família cristã no mundo de hoje. 15 ed. São Paulo: Paulinas, 2001, n. 34.

[40] AL 122.

[41] AL 122.

[42] AL 2.

[43] AL 3.

[44] AL 100.

para eles, é a consciência e o discernimento, informados pelas virtudes e pelo caráter, que ajudam a formular e justificar as normas e orientar os julgamentos morais. Essas diferenças são mais evidentes na epistemologia de cada perspectiva, que veremos a seguir.

2.1 Epistemologia e Ética das Virtudes

A diferença epistemológica mais marcante entre eticistas católicos conservadores e progressistas é que os primeiros não abraçaram plenamente a mudança metodológica do objeto para o sujeito. Essa mudança, argumenta John Greco, é essencial para a ética das virtudes,[45] pois altera totalmente a lente por meio da qual olhamos para os atos humanos em relação às virtudes e formulamos e justificamos normas de comportamento. Para definir a moralidade de um ato, uma abordagem metodológica conservadora, como a da *Veritatis Splendor,* foca o ato, e não a pessoa virtuosa que realiza o ato com todas as suas circunstâncias contextuais. Por exemplo, foca-se o ato de roubar um par de jeans de uma loja, e não a pessoa que o rouba; foca-se o ato da relação sexual, e não as pessoas que se envolvem nele. Romanus Cessario, um eticista católico conservador, afirma que o foco da ética de Tomás de Aquino, na *Suma Teológica,* estava sobre a pessoa virtuosa em ação, e não apenas sobre o seu ato, e que algo semelhante à ética das virtudes sempre esteve presente na ética teológica católica depois de Tomás de Aquino.[46] Essa afirmação é verdadeira. Também é verdade, no entanto, que o foco de Tomás de Aquino na pessoa virtuosa foi, em grande parte, perdido, devido ao foco posto pelos Manuais nos atos morais e não nas pessoas virtuosas. Essa tradição controlou a ética sexual católica até o Concílio Vaticano II e é apresentada no segundo capítulo da *Veritatis Splendor*.

[45] Ver: GRECO, John. Virtue Epistemology. *Stanford Encyclopedia of Philosophy*. Disponível em: http://plato.stanford.edu/entries/epistemology-virtue/. Acesso em: 10 out. 2023.

[46] CESSARIO, Romanus. The Meaning of Virtue in the Christian Moral Life: Its Significance for Human Life Issues. *Thomist* 53 (1989): 173-196.

Ela voltou à tona – a nosso ver – na década de 1990, após a revisão da ética teológica católica ter dado passos importantes no pós-Concílio.[47]

2.2 Atos e objetos

Ao apelo de renovação da ética teológica feito pelo Concílio, os eticistas analisaram criticamente os Manuais que moldaram a ética teológica do século XVI até o Concílio Vaticano II, no século XX, e reagiram tanto contra o foco posto pelos Manuais nos atos, e não nas pessoas em seu contexto, quanto contra a declaração de que certos atos eram intrinsecamente maus *ex objecto*. Nessa abordagem, o objeto era definido em sentido puramente material; era simplesmente o ato físico de contar uma falsidade ou de ter relações sexuais. Focar apenas no ato significava que cada ato de contar uma mentira devia ser declarado intrinsecamente mau, não obstante, em algumas ocasiões, fazê-lo pudesse ser moralmente justificado, como ao dizer uma mentira em resposta à pergunta de um soldado alemão sobre a presença de Anne Frank no sótão da própria casa. Para combater o absolutismo manualista e magisterial, os eticistas progressistas apontam para além do mero ato, isto é, para um "evento moral totalizante", segundo Joseph Selling.[48] Tal evento sempre inclui a consciência, as virtudes, a motivação, a finalidade, a intenção, as circunstâncias e a escolha. O legado manualista de priorizar o objeto e o ato – de mentir ou de praticar contracepção artificial, por exemplo – continua ainda hoje e é evidente no ensino magisterial sobre ética sexual e biomédica e no modo de pensar de eticistas católicos conservadores.

2.2.1 *Veritatis Splendor* e a primazia do objeto

No segundo capítulo, a *Veritatis Splendor* está fundamentalmente preocupada em explorar e definir critérios para a avaliação ética dos atos humanos: "Mas de que depende a qualificação moral do livre agir do homem? *Esta ordenação a Deus dos atos humanos,* por que é assegurada? Pela *intenção* do sujeito que age, pelas *circunstâncias* – e, em particular, pelas consequências

---

[47] Ver: SELLING, Joseph. *Reframing Catholic Theological Ethics*. Oxford: Oxford University Press, 2016, p. 153-155.

[48] SELLING. *Reframing Catholic Theological Ethics*, p. 166-167 e 170.

– do seu agir, pelo próprio *objeto* do seu ato?". Para João Paulo II, a resposta a essas perguntas é: "Este é o problema tradicionalmente chamado das 'fontes da moralidade'",[49] objeto, intenção ou finalidade e circunstâncias. O objeto é o ato externo; a finalidade é a intenção do sujeito ao escolher o ato; e as circunstâncias são aquelas variáveis – a saber, como, onde e quando o ato foi escolhido – que impactam, mas não mudam a moralidade do ato.[50] Se as circunstâncias são graves o suficiente para impactar a moralidade do ato – como roubar injustificadamente uma igreja em vez de uma loja de conveniência, tornando o ato um ato de roubo e sacrilégio em vez de apenas roubo –, elas são incorporadas na descrição do objeto. O objeto é primário na avaliação ética do ato; essa primazia é especialmente evidente em "atos intrinsecamente maus", atos que nunca podem ser moralmente justificados por intenção ou circunstâncias, uma vez que o objeto nunca pode ser ordenado para o bem. João Paulo II explica: "O elemento primário e decisivo para o juízo moral é o objeto do ato humano, o qual decide sobre a sua *ordenabilidade ao bem e ao fim último que é Deus*".[51] Ele observa que, "se o objeto da ação concreta não está em sintonia com o verdadeiro bem da pessoa, a escolha de tal ação torna a nossa vontade e nós próprios moralmente maus [...]".[52] A Encíclica também condena teorias éticas que negam a existência de atos intrinsecamente maus, teorias que ela chama de *teleologismo*. Nas tentativas teleológicas de elaborar uma moralidade racionalista, afirma a Encíclica, "existem *falsas soluções, ligadas em particular a uma inadequada compreensão do objeto do agir moral*".[53]

---

[49] VS 74. Para uma análise histórica ampliada das *fontes moralitatis* e seu papel e função na teologia moral católica, ver: SALZMAN, Todd A. *Deontology and Teleology: An Investigation of the Normative Debate in Roman Catholic Moral Theology*. Leuven, Belgium: Peeters, 1995.

[50] VS 74.

[51] VS 79.

[52] VS 72.

[53] VS 75. Ver também: JOÃO PAULO II, Papa. *Reconciliatio et Paenitentia*. Exortação Apostólica Pós-Sinodal sobre a reconciliação e a penitência na missão da Igreja hoje. São Paulo: Paulinas, 1984, n. 17. João Paulo II faz uma afirmação semelhante em relação ao objeto do ato: "Alguns pecados, quanto à sua matéria, são intrinsecamente graves e mortais. Quer dizer, há determinados atos que, por si mesmos e em si mesmos, independentemente das circunstâncias, são sempre gravemente ilícitos, por motivo do seu objeto".

João Paulo II rejeita teorias éticas que sustentam "*que seria impossível qualificar como moralmente má segundo a sua espécie – o seu 'objeto' – a escolha deliberada de alguns comportamentos ou atos determinados, prescindindo da intenção com que a escolha é feita ou da totalidade das consequências previsíveis daquele ato para todas as pessoas interessadas*".[54] Em outras palavras, o objeto ou o ato sozinho define a escolha ética do sujeito em ação; nem a intenção nem as circunstâncias podem mudar a ética de tal escolha. Essa última afirmação vai na contramão da Tradição Católica e do ensinamento do *Catecismo da Igreja Católica* sobre a diminuição ou até mesmo a nulidade do efeito das circunstâncias sobre a pecaminosidade de um ato.[55] Por exemplo, embora haja evidências documentadas e inegáveis da correlação entre pobreza, abandono infantil e falta de acesso à contracepção artificial nas Filipinas, o uso da contracepção dentro de uma relação conjugal para regular a fertilidade é julgado como intrinsecamente mau com base no objeto ou no ato em si.

Os eticistas progressistas julgam que atos ou objetos externos *em si* não têm sentido ético sem a intenção do sujeito atuante e suas circunstâncias. Eles adquirem significado ético por meio da intenção do sujeito e também podem ser moralmente modificados pelas circunstâncias. As regras proibitivas absolutas do Magistério contra a contracepção artificial, os atos homossexuais e as tecnologias reprodutivas, bem como a defesa que os eticistas conservadores fazem dessas normas absolutas, falham a não se considerar a perspectiva dos reais sujeitos em ação e ao *assumir a priori* a intenção dos sujeitos quanto ao objeto.

A intenção, no entanto, não pode ser determinada sem conhecer a perspectiva do sujeito que age. A *Veritatis Splendor* infere que os eticistas progressistas afirmam que uma boa intenção pode justificar atos intrinsecamente maus, como a contracepção artificial.[56] Segundo a Encíclica, esses eticistas estão enganados porque interpretaram erroneamente a compreensão tradicional de objeto, finalidade e circunstâncias, dando à *intenção,* e não ao *objeto ou* ao *ato,* a posição proeminente.

---

[54] VS 79.

[55] CIgC 1754.

[56] Ver: VS 75.

2.2.2 Eticistas conservadores e a primazia do objeto

Apesar de os eticistas conservadores priorizarem o objeto e não o sujeito, eles têm pelo menos duas formas de conceituar o objeto em relação ao sujeito. A primeira é encontrada no livro de William Mattison III sobre virtudes e ética teológica. Embora enfatize a importância da intenção e da virtude como fundamentais para julgar as boas ações, Mattison afirma que o objeto, "o que é realmente feito",[57] é mais importante do que qualquer intenção ou virtude. Ele oferece um exemplo tirado de Aristóteles e Tomás de Aquino.[58] O capitão de um navio se depara com uma tempestade que põe em risco carga, navio e tripulação. Para salvar a tripulação e o navio do naufrágio, ele ordena que a tripulação jogue a carga ao mar, para diminuir o peso. Mattison usa esse cenário para descrever as *fontes moralitatis*, objeto, finalidade e circunstâncias. Nomear o objeto é complicado, ele admite, mas ele deve ser nomeado "da maneira mais específica possível, sem referência a objetivos de longo prazo".[59] O objeto no caso em questão é "jogar a carga ao mar. Isso nomeia a ação específica que é feita de forma significativa. [...] A *intenção* é o objetivo ou propósito que temos em mente para fazer uma ação. [...] As *circunstâncias* são características da situação que, embora secundárias, ajudam a determinar a moralidade do ato".[60] Ulteriormente, Mattison afirma que uma "virtude é nomeada para o tipo de atividade que está sendo bem realizada" e identifica a atividade como o objeto.[61]

Segundo Mattison, "jogar a carga ao mar" é uma definição de um objeto ou ato realizado de forma significativa. Não podemos saber, no entanto, se isso está sendo feito bem ou mal, a menos que *primeiro* saibamos

---

[57] MATTISON III, William C. *Introducing Moral Theology: Happiness and the Virtues*. Grand Rapids, MI: Brazos Press, 2008, p. 49.

[58] Ver: ARISTÓTELES. *Ética a Nicômacos*. *Tradução*: Mário da Gama Kury. 3 ed. Brasília: Universidade de Brasília, 1992, III:1110ª, p. 49-50; TOMÁS DE AQUINO. *Suma Teológica*. *A bem-aventurança, os atos humanos, as paixões da alma*. Seção I – Parte II. Questões 1-48. Vol. 3. São Paulo: Loyola, 2003, I-II, q. 6, a. 6, p. 128-130. Daqui em diante = ST.

[59] MATTISON III. *Introducing Moral Theology*, p. 49.

[60] MATTISON III. *Introducing Moral Theology*, p. 49.

[61] MATTISON III. *Introducing Moral Theology*, p. 65.

a intenção, o *porquê* de isso estar sendo feito. A intenção é evitar que o navio afunde e salvar a vida da tripulação ou é descartar contrabando ilegal a fim de evitar a prisão quando o navio chegar ao porto? A intenção do capitão é essencial para definir o objeto moral nesse caso e para julgar se "jogar a carga ao mar" é um ato moralmente bom, para salvar o navio e a tripulação, ou um ato moralmente mau, para evitar a prisão. Em geral, a intenção do sujeito que age deve ser conhecida *antes* para que possamos avaliar moralmente um objeto ou ato. A circunstância de que há uma tempestade pode ou não ser relevante nesse caso para determinar a moralidade do ato. Se a intenção é evitar a prisão, então a circunstância de que há uma tempestade e de que jogar a carga ao mar salvaria o navio e a tripulação é meramente acidental. Não muda a maldade da situação moral na sua globalidade.

Uma segunda conceituação de objeto vem de Martin Rhonheimer, que, argumentando contra os proporcionalistas, critica uma conceituação de objeto similar à que Mattison oferece. Em sua crítica, Rhonheimer apresenta a descrição que Joseph Fuchs faz sobre roubo em termos de *fontes moralitatis*: ação ("pegar o dinheiro de outro"), circunstância ("quem é muito pobre") e intenção ("ser capaz de dar prazer a um amigo"), e enfatiza que "pegar o dinheiro de alguém" não é uma boa descrição do ato ou do objeto.[62] Rhonheimer oferece uma melhor descrição de roubo: "Apropriar-se do dinheiro, tirá-lo do seu legítimo dono, contra sua vontade".[63] Se fôssemos seguir Rhonheimer, uma melhor descrição do objeto de Mattison seria: "Jogar a carga ao mar *para salvar o navio e a tripulação da morte*". A intenção faz parte da descrição do objeto, o que Rhonheimer chama de "conteúdo intencional básico, ou seja, o objeto".[64] O sujeito, primeiro, seleciona um fim e, em seguida, escolhe o ato ou objeto apropriado para realizar esse fim, e não vice-versa. O ato de pegar o dinheiro de outra pessoa ou jogar a carga ao mar é *moralmente* sem sentido *em si* até sabermos a intenção da escolha feita e as circunstâncias

[62] RHONHEIMER, Martin. Intentional Actions and the Meaning of the Object: A Reply to Richard McCormick. *Thomist* 59/2 (1995): 289.

[63] RHONHEIMER. Intentional Actions and the Meaning of the Object, p. 289.

[64] RHONHEIMER. Intentional Actions and the Meaning of the Object, p. 302.

sob as quais foi feita. Pode ser um ato que promove ou compromete a dignidade humana, mas, até sabermos a intenção e as circunstâncias, não podemos julgar sua moralidade.

2.2.3 Eticistas progressistas e a primazia do sujeito

Embora não use a linguagem da epistemologia das virtudes, Joseph Selling apresenta um modelo que ilustra bem a mudança copernicana na forma como analisamos e avaliamos o que ele chama de "situação moral", isto é, uma percepção integral e unificada do sujeito atuante ao optar por uma "ação circunstanciada" ou um comportamento.[65] Como vimos, os eticistas conservadores priorizam o objeto, e não o sujeito, na avaliação moral de um ato; os progressistas priorizam o sujeito, e não o objeto, na avaliação moral de uma situação.

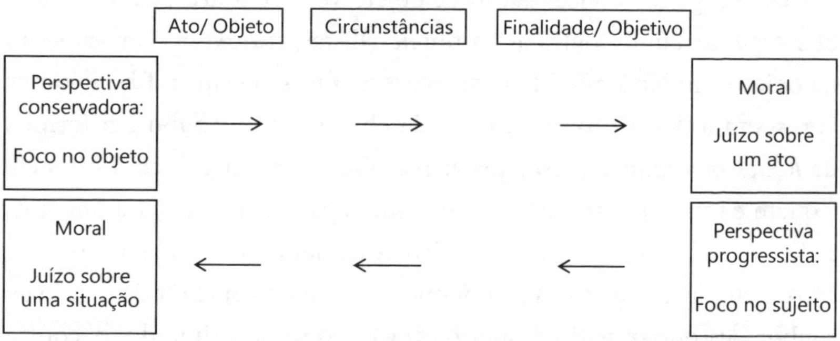

Na esteira da *Veritatis Splendor*, os conservadores priorizam o objeto no julgamento ético de um ato. Parte-se do objeto ou do ato – considerando as circunstâncias pertinentes, a intenção do agente – para se chegar ao julgamento moral do ato. Na perspectiva das virtudes, a direção é oposta: parte-se da intenção ou finalidade do agente – considerando as circunstâncias pertinentes para ato ou objeto – para se chegar ao julgamento moral de uma situação. O Magistério reconhece a importância do sujeito, mas afirma que "a moralidade do ato humano depende primária

[65] SELLING. *Reframing Catholic Theological Ethics*, p. 166-167 e 170. Ver também: SELLING, Joseph. The Fundamental Polarity of Moral Discourse. In: SALZMAN, Todd A. (ed.). Method and Catholic Moral Theology: The Ongoing Reconstruction. Omaha, NE: Creighton University Press, 1999, p. 22-45.

e fundamentalmente do objeto escolhido pela vontade deliberada"; o objeto é "o fim próximo de uma escolha deliberada".[66] O fim próximo é determinado a partir da perspectiva do sujeito que age. Rhonheimer confirma a *Veritatis Splendor*: "Para poder compreender o objeto de um ato, que caracteriza o ato moralmente, é necessário, portanto, colocar-se *na perspectiva da pessoa que atua*".[67] Concordamos plenamente com Rhonheimer, embora ele acuse abordagens teleológicas da ética de não considerarem essa perspectiva. Tal acusação é estranha, pois é precisamente "a perspectiva do sujeito atuante"[68] que pode, por exemplo, distinguir o uso da contracepção artificial como um ato para realizar a finalidade da paternidade responsável de uma ação que seja contrária à finalidade procriativa. O fato de a perspectiva do sujeito atuante priorizar o sujeito em relação ao objeto desafia fundamentalmente as reivindicações do Magistério e dos conservadores quanto às normas proibitivas absolutas, pois essas assumem a perspectiva e a intenção do sujeito, mas sem saber quais são. Normas absolutas que proíbem contracepção artificial, masturbação, tecnologias reprodutivas artificiais e atos homossexuais pressupõem a ótica do sujeito, *independentemente da sua real perspectiva*. Se a real intenção do sujeito equivale ao conteúdo intencional indicado na norma absoluta - por exemplo, uma vontade contrária à vida, no caso de contracepção artificial -, então o ato é moralmente mau. A perspectiva e a intenção do sujeito, no entanto, podem ou não coincidir com a intenção da norma. Sem conhecer a perspectiva do sujeito e sua real intenção, não podemos saber se um ato específico de contracepção artificial, masturbação, uso de tecnologias reprodutivas artificiais ou atividade homossexual é uma violação da norma. Tais normas absolutas priorizam o objeto, e não o sujeito e a sua intenção, e, essencialmente, reduzem o objeto a um ato intencional desvinculado do sujeito que age. Se desvinculados da perspectiva do sujeito atuante, não existem atos humanos ou morais.

---

[66] VS 78.

[67] RHONHEIMER, Martin. 'Intrinsically Evil Acts' and the Moral Viewpoint: Clarifying a Central Teaching of Veritatis Splendor. *Thomist* 58/1 (1994): 3. O autor cita, aqui, VS 78.

[68] RHONHEIMER. Intentional Actions, p. 282.

Para os eticistas progressistas, a avaliação ética de uma situação sempre começa com o sujeito "em busca de uma finalidade". Ou seja, no campo moral, o sujeito primeiro tem uma intenção ou um fim e, em seguida, busca o ato apropriado ou o objeto para alcançar esse fim. O fim é desejado, primeiro, pela mente do sujeito, mas é executado por último.[69] A vontade e o intelecto, juntos, visam um fim e escolhem os meios para alcançá-lo. Na realidade, o juízo moral vai na direção oposta à apresentada pelos eticistas conservadores.

A tentativa do Magistério e dos eticistas conservadores de identificar a compreensão e a intenção do sujeito atuante em normas absolutas apenas atribui uma intenção ao objeto, mas não procura saber se o objeto buscado coincide ou não com a visão e a intenção do sujeito atuante. Supõe-se que sim, mas, na realidade, ela condena absolutamente tais atos. Se a perspectiva e a intenção do sujeito coincidem com a norma absoluta, no entanto, isso deve ser determinado empiricamente caso a caso. Aqueles que abraçam uma perspectiva virtuosa conservadora nunca se voltam completamente para o sujeito; apenas acrescentam uma suposta intenção ao objeto *in abstracto*.

Uma perspectiva virtuosa progressiva parte do sujeito atuante, abordagem essa que reflete as perspectivas teleológicas de Aristóteles e Tomás de Aquino. Os seres humanos sempre agem em vista de um fim, seja esse fim o desabrochar humano ou a amizade com Deus, seja a promoção da dignidade humana. Os atos morais são meios para atingir um fim, e o fim sugere o ato apropriado para sua realização. A virtude, devemos nos lembrar, é um ponto de equilíbrio entre dois extremos, e, nesse ponto de equilíbrio, há uma variedade de atos apropriados para chegar ao fim pretendido, todos eles dependentes da perspectiva virtuosa e da intenção do sujeito.

As conceituações feitas pelos estudiosos conservadores, Mattison e Rhonheimer, ou não incluem a intenção do sujeito na descrição do objeto ("jogar a carga ao mar"), ou assumem uma intenção que não corresponde necessariamente à intenção do sujeito atuante. Em sua definição

---

[69] Ver: *ST* Ia IIae, q. 1, a. 1, ad 1, p. 31-33.

de roubo, Rhonheimer observa que a "descrição intencional de um ato chamado 'roubo' [...] tem sua forma moral *independentemente de a pessoa que atua ter esse ou outro 'propósito'* [....]".[70] Não, nós respondemos, não tem. Um ato tem sua forma moral a partir da perspectiva e intenção da pessoa atuante, que tanto Rhonheimer quanto a *Veritatis Splendor*, teoricamente, reconhecem. A nosso ver, a visão de Mattison é uma visão reducionista do objeto, enquanto as visões de Rhonheimer e do Magistério apenas presumem a intenção do sujeito. Para Selling, a motivação ajuda a identificar "objetivos específicos ou estado de coisas que refletem o tipo de vida a que se aspira"[71] e a definir a finalidade. A mudança epistemológica cartesiana na ética das virtudes aplica-se também à formulação e justificação das normas.

2.3 Ética Normativa e Ética das Virtudes

O modelo proposto por Selling ilustra bem a mudança epistemológica do objeto para o sujeito no processo de avaliação de uma situação moral na perspectiva das virtudes. James Keenan demonstra tal mudança contrastando uma abordagem normativa da ética com uma abordagem a partir das virtudes.[72] A ética, em geral, e a ética católica, em particular, têm se preocupado principalmente com a ética normativa, isto é, com a formulação de normas ou leis, tendo em vista o que se pode ou não moralmente fazer. Até mesmo as normas formais que tratam das virtudes – seja justo, seja casto, seja respeitoso – foram formuladas com base na prescrição ou proibição de atos identificados com determinadas virtudes. Ser justo proíbe roubar; ser casto proíbe adulterar; ser respeitoso prescreve honrar os próprios pais. Herbert McCabe assinala que, para Tomás de Aquino – e, acrescentamos, também para os eticistas progressistas como nós –, normas e leis derivam das virtudes.[73] Para os eticistas

---

[70] RHONHEIMER. Intentional Actions, p. 289 (itálico nosso).

[71] SELLING. *Reframing Catholic Theological Ethics*, p. 167.

[72] KEENAN, James F. Seven Reasons for Doing Virtue Ethics Today. In: WERPEHOWSKI, William; SOLTIS, Kathryn Getek (eds.). *Virtue and the Moral Life: Philosophical and Theological Perspectives*. Lanham, MD: Lexington Books, 2014, p. 3-18.

[73] MCCABE, Herbert. Manuals and Rule Books. In: WILKINS, John (ed.). *Considering* Veritatis Splendor. Cleveland, OH: Pilgrim Press, 1994, p. 67-68.

conservadores, as virtudes tornam-se "servas" das normas e leis e dos atos que prescrevem ou proíbem;[74] para eles, um ato pré-descrito define uma virtude ou um vício. Para os eticistas progressistas, uma virtude ou um vício indicam um *continuum* de atos entre a virtude e o excesso e a escolha pelo sujeito do ato mais apropriado dentro desse *continuum* à luz da sua intenção e das circunstâncias moralmente relevantes.

A preocupação com a ética normativa tem limitado a valorização das virtudes e seu papel e função na formulação e justificativa de princípios e normas. Na verdade, uma das principais críticas contra a ética das virtudes é que ela não oferece direção adequada para os atos que uma pessoa pode ou não realizar. Essa crítica, acreditamos, é a evidência de um legalismo subjacente que a ética normativa promoveu e que cria uma sensação de dependência de ser avisado claramente, por meio de normas absolutas, a respeito de quais atos podem ou não ser realizados. Kohlberg e outros psicólogos do desenvolvimento têm muito a dizer sobre isso, e, de fato, de certa forma, é uma abordagem "mais segura" para a vida moral. Para o legalismo, a responsabilidade ética implica seguir a norma; para as virtudes, implica uma escolha pessoal e responsável de fazer a coisa certa nesta ocasião, para esta determinada pessoa, e por causa desta intenção correta. A ética normativa, especialmente a ética deontológica, tende a oferecer uma abordagem ética que mais se assemelha à letra da lei; a ética das virtudes, uma abordagem mais ao "espírito da lei", mas não sem diretrizes. A necessidade de tais diretrizes levou William Frankena a afirmar que "virtudes, sem princípios, são cegas; princípios, sem virtudes, são impotentes".[75]

Duas questões importantes para a ética das virtudes e para uma perspectiva virtuosa são as seguintes: a ética das virtudes pode ajudar na formulação e justificativa de princípios e normas? Se sim, como isso acontece? Em resposta à primeira pergunta, Keenan afirma que princípios (regras, normas ou leis) e virtudes se complementam. As virtudes exigem princípios para especificar as ações que facilitam a obtenção de virtudes. Os princípios, por sua vez, exigem as virtudes, especialmente a virtude da prudência, para navegar em situações

[74] Ver: KEENAN, James F. *A History of Catholic Moral Theology in the Twentieth Century: From Confessing Sins to Liberating Consciences.* New York: Continuum, 2010, p. 129.

[75] FRANKENA, William. *Ethics.* 2nd ed. Englewood Cliffs, NJ: Prentice Hall, 1973, p. 65.

complexas, em que há princípios conflitantes ou ambiguidades contextuais que não permitem uma aplicação inequívoca de um determinado princípio ou exigem uma determinada virtude, como a fortaleza, para seguir tal princípio.[76] Reconhecendo a complementaridade entre virtudes e princípios, Keenan se pergunta qual dos dois vem primeiro.[77] A ética das virtudes pode auxiliar na formulação e justificativa de princípios, normas e leis, ou deduzimos princípios, normas e leis de outras abordagens éticas para, depois, contarmos com as virtudes para aplicá-los num determinado contexto?

Historicamente, a ética católica tendeu a focar na ética normativa, em princípios gerais e em normas e leis específicas. Ela ora esqueceu, ora assumiu as perspectivas virtuosas individuais e comunitárias que definem o bem e formulam e justificam princípios e normas que facilitam ou frustram sua realização. Esse foco na ética normativa impessoal foi o que, em grande parte, provocou o retorno à ética das virtudes. A ética normativa define atos certos ou errados e tenta codificar esses atos (deontologia) ou suas consequências (teleologia) em princípios, normas e leis. Se ignorarmos a perspectiva virtuosa que está na raiz da formulação e justificativa de princípios, normas e leis, tais princípios, normas e leis tornam-se sacrossantos. Na ética magisterial, por exemplo, a natureza sacrossanta das próprias normas, a pretensão de que sejam absolutas e as virtudes da submissão e obediência a elas interpuseram-se a uma perspectiva virtuosa historicamente consciente, guiada pela indução, pelos estudos etnográficos, pela narrativa vivida e por uma imaginação fundamentada na experiência humana que continua buscando respostas às complexas questões éticas enfrentadas pelos seres humanos.[78] De certa forma, a falha do Magistério em abraçar um método ético particular é uma indicação de sua opção pela natureza sacrossanta das próprias normas, para além do método de chegar a elas, seja por meio da ética normativa, seja por meio da ética das virtudes. A ética normativa e a ética das virtudes se complementam, mas a ética das virtudes – acreditamos nós – precede a ética normativa. A perspectiva virtuosa nos oferece uma lente para formular

[76] KEENAN. Seven Reasons for Doing Virtue Ethics Today, p. 8-9.

[77] KEENAN. Seven Reasons for Doing Virtue Ethics Today, p. 8.

[78] GS 44.

e justificar as normas. À medida que essa perspectiva virtuosa evolui e muda – como tem evoluído e mudado no decorrer da história –, também os princípios e as normas evoluem e mudam.

Considerações finais

O Cardeal Christoph Schönborn, de Viena, acredita que a *Amoris Laetitia* "é o grande texto de ética teológica que esperávamos desde o Concílio [Vaticano II]".[79] Argumentamos, aqui, que a visão metodológica do Concílio promoveu uma mudança fundamental que estabeleceu as bases para passar de uma ética centrada na norma e no ato para uma ética centrada nas virtudes e no caráter. A *Veritatis Splendor* do Papa João Paulo II frustrou essa visão focando o objeto do ato, estritamente definido, contido em normas proibitivas absolutas. Os eticistas conservadores continuam priorizando um objeto intencionalizado predeterminado em normas absolutas e construindo virtudes que adiram a esses atos e normas. Os eticistas progressistas fizeram uma mudança epistemológica cartesiana do objeto para o sujeito, guiado pela consciência. Os atos são moralmente avaliados através das lentes de uma perspectiva virtuosa, e as normas e os princípios são formulados e justificados a partir dessa perspectiva comum. Focando as virtudes, o discernimento, o acompanhamento, a autoridade e a inviolabilidade da consciência, acreditamos que o Papa Francisco está promovendo uma abordagem revisada da ética das virtudes. No discurso dirigido aos participantes de um Congresso Internacional de Teologia Moral sobre a *Amoris Laetitia*, realizado em Roma, Francisco chamou a atenção de todos para evitar uma atitude que "tanto prejudica a Igreja" e constitui uma tentação também para os teólogos da moral: "Voltar para trás".[80] Trata-se de uma tentação que não tem nada a ver com a necessária volta às raízes.

---

[79] SPADARO, Antonio. A Conversation with Cardinal Schönborn on *'Amoris Laetitia'*. *La Civiltà Cattolica* (March 1, 2017). Disponível em: https://www.laciviltacattolica.com/conversation-cardinal-schonborn-amoris-laetitia/. Acesso em: 10 out. 2023.

[80] FRANCISCO, Papa. Discurso aos participantes no Congresso Internacional de Teologia Moral, promovido pela Pontifícia Universidade Gregoriana e pelo Pontifício Instituto Teológico João Paulo II para as ciências do matrimônio e da família (13.05.2022). Disponível em: https://www.vatican.va/content/francesco/pt/speeches/2022/may/documents/20220513-convegno-teologia-morale.html. Acesso em: 10 out. 2023.

O neoescolasticismo dos manuais é inadequado para reconhecer a experiência das pessoas que vivem suas relações no século XXI. O apelo feito por Francisco expressa seu compromisso em apoiar a evolução contínua da ética teológica católica, em geral, e da ética sexual, em específico. A mudança de foco da priorização de normas absolutas e atos para virtudes e caráter é um componente importante dessa evolução. A ética das virtudes é, em primeiro lugar, uma ética do caráter e do ser, mas também é, seguindo o axioma "a ação deriva do ser", uma ética da ação. Acreditamos ser ela a melhor maneira de formar o caráter e informar a ação e as normas no processo de conformação com o Cristo Jesus.

Referências

ARISTÓTELES. Ética a *Nicômacos*. Tradução: Mário da Gama Kury. 3 ed. Brasília: Universidade de Brasília, 1992.

CATECISMO DA IGREJA CATÓLICA. Novíssima edição de acordo com o texto oficial em latim. 4 ed. Brasília: Edições CNBB; Embu: Ave-Maria; Petrópolis: Vozes; São Paulo: Paulinas, Paulus, Loyola, 2017.

CESSARIO, Romanus. The Meaning of Virtue in the Christian Moral Life: Its Significance for Human Life Issues. *Thomist* 53 (1989): 173-196.

DOCUMENTOS DE PIO XI (1922-1939). São Paulo: Paulus, 2004.

DOCUMENTOS DO CONCÍLIO ECUMÊNICO VATICANO II (1962-1965). 3 ed. São Paulo: Paulus, 1997.

FRANCISCO, Papa. *Amoris Laetitia*. Exortação Apostólica Pós-Sinodal sobre o amor na família. São Paulo: Loyola, 2016.

FRANCISCO, Papa. *Laudato Si'*. Carta Encíclica sobre o cuidado da casa comum. São Paulo: Paulus/Loyola, 2015.

FRANCISCO, Papa. Discurso aos participantes no Congresso Internacional de Teologia Moral, promovido pela Pontifícia Universidade Gregoriana e pelo Pontifício Instituto Teológico João Paulo II para as ciências do matrimônio e da família (13.05.2022). Disponível em: https://www.vatican.va/content/francesco/pt/speeches/2022/may/

documents/20220513-convegno-teologia-morale.html. Acesso em: 10 out. 2023.

FRANKENA, William. *Ethics*. 2nd ed. Englewood Cliffs, NJ: Prentice Hall, 1973.

GRECO, John. Virtue Epistemology. *Stanford Encyclopedia of Philosophy*. Disponível em: http://plato.stanford.edu/entries/epistemology-virtue/. Acesso em: 10 out. 2023.

JOÃO PAULO II, Papa. *Veritatis Splendor*. Carta Encíclica sobre algumas questões fundamentais do ensinamento moral da Igreja. São Paulo: Loyola, 1993.

JOÃO PAULO II, Papa. *Familiaris Consortio.* Exortação Apostólica sobre a missão da família cristã no mundo de hoje. 15 ed. São Paulo: Paulinas, 2001.

KEENAN, James F. Seven Reasons for Doing Virtue Ethics Today. In: WERPEHOWSKI, William; SOLTIS, Kathryn Getek (eds.). *Virtue and the Moral Life: Philosophical and Theological Perspectives*. Lanham, MD: Lexington Books, 2014, p. 3-18.

KEENAN, James F. *A History of Catholic Moral Theology in the Twentieth Century: From Confessing Sins to Liberating Consciences*. New York: Continuum, 2010.

MATTISON III, William C. *Introducing Moral Theology: Happiness and the Virtues.* Grand Rapids, MI: Brazos Press, 2008.

MCCABE, Herbert. Manuals and Rule Books. In: WILKINS, John (ed.). *Considering* Veritatis Splendor. Cleveland, OH: Pilgrim Press, 1994.

MELINA, Livio. *Sharing in Christ's Virtues: For the Renewal of Moral Theology in Light of* Veritatis Splendor. Washington, DC: Catholic University Press of America, 2001.

PAULO VI, Papa. *Humanae Vitae.* Carta Encíclica sobre a regulação da natalidade. 9 ed. São Paulo: Paulinas, 2001.

PIO XI, Papa. *Casti Connubii*. Carta Encíclica sobre o matrimônio cristão. In: DOCUMENTOS DE PIO XI (1922-1939). São Paulo: Paulus, 2004, p. 207-271.

RHONHEIMER, Martin. Intentional Actions and the Meaning of the Object: A Reply to Richard McCormick. *Thomist* 59/2 (1995): 279-331.

RHONHEIMER, Martin. 'Intrinsically Evil Acts' and the Moral Viewpoint: Clarifying a Central Teaching of *Veritatis Splendor*. *Thomist* 58/1 (1994): 1-39.

SALZMAN, Todd A. *Deontology and Teleology: An Investigation of the Normative Debate in Roman Catholic Moral Theology*. Leuven, Belgium: Peeters, 1995.

SELLING, Joseph. *Reframing Catholic Theological Ethics*. Oxford: Oxford University Press, 2016.

SELLING, Joseph. The Fundamental Polarity of Moral Discourse. In: SALZMAN, Todd A. (ed.). *Method and Catholic Moral Theology: The Ongoing Reconstruction*. Omaha, NE: Creighton University Press, 1999, p. 22-45.

SPADARO, Antonio. A Conversation with Cardinal Schönborn on '*Amoris Laetitia*'. *La Civiltà Cattolica* (March 1, 2017). Disponível em: https://www.laciviltacattolica.com/conversation-cardinal-schonborn--amoris-laetitia/. Acesso em: 10 out. 2023.

THOMAS AQUINAS. *Commentary on the Sentences, Book IV, 26-42*. Translated by: Beth Mortensen. Steubenville, OH: Emmaus Academic, 2018.

TOMÁS DE AQUINO. *Suma Teológica. A bem-aventurança, os atos humanos, as paixões da alma. Seção I – Parte II. Questões 1-48*. Vol. 3. São Paulo: Loyola, 2003.

VATICAN NEWS. Entrevista ao secretário de Estado vaticano sobre temas candentes de 2018 para o Papa e a Santa Sé (11.01.2018). Disponível em: https://www.vaticannews.va/pt/papa/news/2018-01/parolin--o-2018-do-papa-francisco-no-signo-de-jovens-e-familia.html. Acesso em: 10 out. 2023.

Cap. 3

POR UMA ÉTICA DA SEXUALIDADE INFORMADA PELAS VIRTUDES: A PRÁTICA DAS VIRTUDES COMO CAMINHO DE REALIZAÇÃO DA PESSOA SEXUAL

Ronaldo Zacharias[1]

Para a Igreja católica, o matrimônio é o único lugar lícito para relações de intimidade sexual. As pessoas não-casadas deveriam, portanto, abster-se de qualquer prática sexual. No entanto, não há como negar que uma parte significativa dos fiéis presta pouca atenção a esse ensinamento. Na prática, contestam a exclusividade do matrimônio como critério de liceidade para as práticas sexuais e a exclusividade da abstinência como condição para se alcançar excelência ética na vivência da sexualidade.

A imposição da abstinência sexual para os não-casados faz com que o foco da proposta eclesial seja a insistência no autocontrole como a virtude por excelência. O resultado é evidente: a ênfase é posta nas ações e, portanto, na conformação com as normas eclesiais e, não raras vezes, na pecaminosidade de qualquer tipo de atividade sexual fora do matrimônio. Na realidade, pouco contam tanto as disposições que as pessoas deveriam desenvolver para viver uma vida sexual significativa quanto a qualidade das relações de intimidade que deveriam edificar como expressão de uma autonomia responsável nesse campo.

---

[1] **Ronaldo Zacharias** tem Pós-Doutorado em Democracia e Direitos Humanos (Universidade de Coimbra – Portugal), é Doutor em Teologia Moral (Weston Jesuit School of Theology – Cambridge/USA), Coordenador da Pós-Graduação em Educação em Sexualidade (Centro Universitário Salesiano de São Paulo – UNISAL) e membro da Catholic Theological Ethics in the World Church.

Se, por um lado, a abstinência sexual é um valor importante a ser proposto em todo processo educativo, por outro, ela não pode ser imposta como único meio de realização da pessoa sexual. Continuar insistindo nesse caminho não ajudará a Igreja a superar a atual insignificância do seu ensinamento sobre a vivência da sexualidade. Por isso, proponho que a abordagem da sexualidade seja feita à luz das virtudes. Assumindo como ponto de partida não a classificação dos atos em certos ou errados, lícitos ou ilícitos, bons ou maus, mas o tipo de pessoa que alguém vai-se tornando ao fazer escolhas e tomar decisões,[2] a ética das virtudes parece-me ser o método mais adequado para favorecer a integração entre ser e viver como pessoa sexual e, ao mesmo tempo, mais eficaz em termos educativos. Na reflexão que segue, procurarei demonstrar o quanto a ética sexual sairia ganhando se assumisse a integralidade da pessoa sexual como seu fundamento e as categorias de desenvolvimento e mudança como constitutivas de todo processo educativo e, consequentemente, imprescindíveis em todo juízo ético.

1. Uma provocação e um desafio

A ética pode ser concebida como a ciência que capacita a pessoa a entender "como" se dá a transição do ser (o que a pessoa é) ao dever ser (o que a pessoa deveria ser), isto é, como a pessoa seria se realizasse sua natureza essencial.[3] Por isso, o cerne da questão ética pode ser sintetizado numa tríplice questão: quem somos? quem deveríamos ser? como chegamos lá?

Aplicada à ética sexual, essa tríplice questão poderia ser respondida da seguinte forma: somos pessoas sexuais, somos chamados a nos realizar como pessoas sexuais e o caminho para essa realização é um processo que dura a vida toda e depende de como vivemos como pessoas sexuais.

A compreensão da Igreja sobre sexualidade também pode ser considerada nessa tríplice perspectiva: – *somos pessoas sexuais:* a sexualidade é "uma componente fundamental da personalidade, um modo de ser,

---

[2] SPOHN, William C. *Go and Do Likewise: Jesus and Ethics. New York:* Continuum, 1999, p. 13.

[3] MACINTYRE, Alasdair. *Depois da virtude. Um estudo em teoria moral.* Bauru: EDUSC, 2001, p. 99.

de se manifestar, de comunicar com os outros, de sentir, de expressar e de viver o amor humano"[4] e, portanto, "caracteriza o homem e a mulher não somente no plano físico, como também no psicológico e espiritual marcando toda a sua expressão";[5] – *somos chamados a nos realizar como pessoas sexuais:* "o corpo, enquanto sexuado, exprime a vocação do homem à reciprocidade, isto é, ao amor e ao mútuo dom de si" e "reclama o homem e a mulher à sua constitutiva vocação à fecundidade, como um dos significados fundamentais do seu ser sexuado";[6] – *como nos realizarmos como pessoas sexuais:* por meio do amor virginal e do amor conjugal, "duas formas pelas quais se realiza a vocação da pessoa ao amor" e pelo "empenho em viver a castidade",[7] cada um conforme o próprio estado.

A resposta dada pela Igreja à segunda e terceira questões não é capaz de expressar toda a riqueza da resposta dada à primeira. Presumir serem a virgindade e o matrimônio os únicos meios por meio dos quais podemos nos realizar como pessoas sexuais é ignorar alguns valores inerentes à sexualidade que não são restritos a esses dois estados de vida, tais como prazer, intimidade, alegria, comunhão, reciprocidade, fecundidade. Mais ainda, soa no mínimo irrealista esperar que as pessoas-não casadas ou que não abraçaram a virgindade consagrada "fiquem no armário até que se casem", e que as pessoas homossexuais "fiquem para sempre dentro dele" pelo fato de não se ter o que propor a elas. Por isso, é urgente repensar a ética sexual.

Para James F. Keenan, a ética das virtudes pode ser uma contribuição significativa a esse desafio, pelo simples fato de dar prioridade ao sujeito e colocá-lo no centro da reflexão.[8] Interessam à ética das virtudes não os atos isolados, mas o modo como as ações estão conectadas e se inter-relacionam em algum tipo de unidade. Por isso, não é suficiente reduzir a

[4] CONGREGAÇÃO PARA A EDUCAÇÃO CATÓLICA. *Orientações educativas sobre o amor humano. Linhas gerais para uma educação sexual.* São Paulo: Salesiana Dom Bosco, 1984, n. 4. Daqui em diante = OEAH.

[5] OEAH 5.

[6] OEAH 24.

[7] CONSELHO PONTIFÍCIO PARA A FAMÍLIA. *Sexualidade humana: verdade e significado. Orientações educativas em família.* 3 ed. São Paulo: Paulinas, 2002, n. 16.

[8] KEENAN, James F. Proposing Cardinal Virtues. *Theological Studies* 56 (1995): 710.

eticidade a obrigações a serem cumpridas ou a consequências a serem evitadas. Trata-se de priorizar a busca da excelência e do desabrochar/ florescimento humano.[9]

Na perspectiva da ética das virtudes, a pessoa é considerada na sua integralidade e as categorias de desenvolvimento e mudança são assumidas como intrínsecas ao processo de desenvolvimento e amadurecimento pessoal. Isso significa que, no juízo ético, devem ser levadas em conta não somente a razão, mas também a imaginação, a estética, a afetividade, as singularidades e as diferenças pessoais, tendo presente que, numa mesma situação, o comportamento virtuoso pode diferir de pessoa para pessoa. Além disso, somente a especificidade dos contextos e das narrativas é capaz de expressar a singularidade de cada situação e de cada pessoa, consideradas em processo de contínua transformação.[10]

2. Significado da identidade sexual

Embora toda definição possa ser aprimorada e mudada com o tempo – pelo simples fato de ser uma construção humana que depende de novas descobertas científicas, reflexões filosóficas, movimentos políticos e sociais – é importante considerarmos o que entendemos por sexualidade e os construtos que dela fazem parte. Caso contrário, torna-se impossível compreender o conceito de 'identidade sexual'.

Segundo Saulo Vito Ciasca, Andrea Hercowitz e Ademir Lopes Junior, "sexualidade é um aspecto central da vida e do ser humano que abrange corpo, sexo, identidades, papéis e expressões de gênero, orientação sexual, erotismo, prazer, intimidade e reprodução. É vivenciada e expressa por pensamentos, fantasias, desejos, crenças, atitudes, valores, comportamentos, práticas, relacionamentos e relações de poder. É influenciada pela interação de fatores biológicos, psicológicos, sociais, econômicos, políticos, culturais, legais, históricos, religiosos e espirituais. A sexualidade abarca significados, ideias, desejos, sensações, emoções,

---

[9] SALZMAN, Todd A.; LAWLER, Michael G. *Virtue and Theological Ethics. Toward a Renewed Ethical Method.* Maryknoll, NY: Orbis Books, 2018, p. 75-78.

[10] DONAHUE, James A. The Use of Virtue and Character in Applied Ethics. *Horizon* 17 (1990): 228-243.

experiências, condutas, proibições, modelos e fantasias que são configurados de modos diversos em diferentes contextos sociais e períodos históricos. Trata-se, portanto, de um conceito dinâmico que pode se modificar e está sujeito a diversos usos, múltiplas e contraditórias interpretações, debates e disputas políticas".[11] Em síntese, na sua multiplicidade de dimensões e significados, a sexualidade é uma dimensão constitutiva da personalidade. Existimos como pessoas sexuais.[12]

Para bem compreender o que isso significa, precisamos considerar ao menos três construtos da sexualidade: o sexo biológico, o gênero e a orientação sexual.[13] Vejamos o significado de cada um deles. Em primeiro lugar, não podemos reduzir sexualidade a genitalidade. A sexualidade engloba o sexo que a pessoa tem, mas não se limita a ele. Para sermos mais precisos, sexo é tudo aquilo que está relacionado com as características físicas de um ser humano. Para determiná-lo, devemos considerar várias dimensões – genética, gonadal, fenotípica, hormonal e cerebral –, todas elas interrelacionadas e importantes pela influência que exercem no processo de autoconhecimento e autoaceitação das pessoas. Basta considerar a distinção entre pessoas endossexo e intersexo. As primeiras têm características anatômicas sexuais típicas de machos ou fêmeas, isto é, características corporais (cromossomos, gônadas e genitália) que se enquadram nas convenções de sexo masculino ou feminino. Trata-se de um desenvolvimento sexual considerado típico, limitado à categorização binária. No entanto, o desenvolvimento sexual pode ser atípico, isto é, envolver anormalidades nas estruturas e/ou função dos órgãos reprodutores internos e/ou órgãos genitais externos. É o caso das pessoas intersexo: elas nascem com uma anatomia sexual e/ou reprodutiva que não se enquadra nas definições típicas e binárias de sexo masculino ou

---

[11] CIASCA, Saulo Vito; HERCOWITZ, Andrea; LOPES JUNIOR, Ademir. Definições da sexualidade humana. In: CIASCA, Saulo Vito; HERCOWITZ, Andrea; LOPES JUNIOR, Ademir (eds.). *Saúde LGBTQIA+. Práticas de cuidado transdisciplinar. Santana de Parnaíba:* Manole, 2021, p. 12.

[12] SALZMAN, Todd A.; LAWLER, Michael G. *A pessoa sexual. Por uma antropologia católica renovada.* São Leopoldo: UNISINOS, 2012.

[13] Ver uma boa síntese desses elementos em: FURTADO, Maria Cristina S. *A inclusão de todas/os/es. Uma leitura teológica da violência de gênero: mulheres e LGBTQIA+. De Girard e Lévinas à ética da inclusão.* São Paulo: Recriar, 2022, p. 65-92.

feminino. Fica claro que a presença de um pênis ou de uma vagina não é suficiente para dizer se a pessoa é do sexo masculino ou feminino.[14]

Sexo também não é sinônimo de gênero nem se identifica com ele. Embora interajam, são conceitos diferentes. Gênero "é a dimensão social e histórica da construção e do entendimento dos significados do masculino/feminino (homem) e do feminino/feminilidade (mulher). Refere-se a papéis, comportamentos, atividades, atributos, responsabilidades e oportunidades que uma determinada sociedade considera apropriados para homens e mulheres".[15] É um conceito que independe do sexo da pessoa. Durante o processo de desenvolvimento, a pessoa vai-se identificando ou não com certo modo de ser e agir, culturalmente associado a um determinado gênero, sem que o sexo biológico seja o fator determinante. Quando a pessoa se identifica com o mesmo gênero do seu sexo biológico, temos uma pessoa cisgênero. Nela, coincidem a compreensão que ela tem de si com o que a sociedade projetou para que seja assumido por ela. Quando a pessoa se identifica com o gênero diferente do seu sexo biológico, temos uma pessoa transgênero. Nela, não há compatibilidade entre a identidade pessoal e as expectativas projetadas a seu respeito, o que leva a uma reivindicação de mudança na expressão de gênero. Não podemos, portanto, dividir as pessoas em gênero masculino ou feminino, sem cairmos na artificialidade e superficialidade da compreensão da identidade humana.

Gênero é, também, uma estrutura social que organiza as relações e condiciona inclusive divisões de poder entre homens e mulheres, endo ou intersexo, cis ou trans, com o todo da sociedade e, por isso, envolve todas as demais dimensões que fazem parte da vida das pessoas. Nesse sentido, gênero "intersecciona-se com outras estruturas sociais como raça e classe, produzindo diferenças na experiência de viver".[16] Gênero também se relaciona a identidades e papéis sociais. Para que compreendamos bem

---

[14] Para uma abordagem mais completa de todo esse processo, ver: SCHLÜTER, Karine; FERREIRA, Lucas Garcia Alves; SILVA, Magnus Regios Dias da. Determinação e diferenciação biológica do sexo e suas diversidades. In: CIASCA; HERCOWITZ; LOPES JUNIOR. *Saúde LGBTQIA+. Práticas de cuidado transdisciplinar*, p. 28-37.

[15] CIASCA; HERCOWITZ; LOPES JUNIOR. Definições da sexualidade humana, p. 13.

[16] CIASCA; HERCOWITZ; LOPES JUNIOR. Definições da sexualidade humana, p. 13.

o significado da identidade e dos papéis de gênero, devemos partir do gênero chamado 'designado'. Gênero 'designado' é aquele atribuído pelo profissional de saúde e, consequentemente, pela família e pela sociedade, a partir da visualização do sexo no ultrassom ou no nascimento. Chama-se de 'menino' àquele que tem pênis e testículos; de 'menina', àquela que tem vulva e ovários. Numa cultura binária – que compreende como padrão o binômio macho/homem/masculino e fêmea/mulher/feminina –, o gênero designado será binário (exceção feita às pessoas intersexo). A partir do gênero designado, cria-se uma série de expectativas – que se prolongam por muito tempo e até mesmo pela vida toda dependendo do contexto sociocultural – com relação à expressão de gênero, isto é, ao modo como 'eles' e 'elas' se devem comportar, as atitudes que devem ter, as funções que devem exercer, aos espaços que devem ocupar, as responsabilidades que devem assumir e aos poderes que devem considerar 'próprios' do masculino e do feminino. Tudo isso não passa de estereótipos, pois basta mudar o contexto para que tais expectativas ou expressões de gênero sejam relativizadas e questionadas.[17]

Além do fato de, no processo de autoidentificação cis ou transgênero, as pessoas se autocompreenderem como identidades de gênero que nem sempre se encaixam em algum extremo, devemos admitir que tais expressões podem ser alteradas a qualquer momento, em qualquer fase da vida. O que cada um faz para mostrar/revelar aos outros o seu "grau" de masculinidade/feminilidade ou de neutralidade ou não binariedade é relativo. Assim como o sexo, gênero não pode ser assumido como conceito definitivo. Há uma certa relatividade em ambos. São conceitos distintos, mas que se relacionam profundamente à percepção que a pessoa tem a respeito deles, percepção que pode mudar com o passar do tempo. Mais ainda, são conceitos que se referem à compreensão que a pessoa tem de si como homem ou mulher, cis ou trans, que pode ou não corresponder ao sexo designado no nascimento. São conceitos que se referem também ao

[17] Para compreender melhor o processo de formação da identidade de gênero, ver: HERCOWITZ, Andrea; MORIKAWA, Márcia; CIASCA, Saulo Vito; LOPES JUNIOR, Ademir. Desenvolvimento da identidade de gênero. In: CIASCA; HERCOWITZ; LOPES JUNIOR. *Saúde LGBTQIA+. Práticas de cuidado transdisciplinar, p. 38-43.*

senso pessoal do próprio corpo às várias expressões de gênero. Tudo isso é o que chamamos de 'identidade de gênero', que pode ser binária ou não binária. No primeiro caso, a pessoa se reconhece como homem ou mulher; no segundo, ela se posiciona entre ou fora de tais categorias.[18]

Além de sexo e gênero, a orientação afetivo-sexual é outro construto importante da sexualidade. Trata-se de uma atração/desejo pelo outro. Essa atração/desejo pode ser sexual, afetiva ou romântica, isto é, pode (ou não) envolver intimidade sexual, manutenção de vínculo e troca de afetos e sentimentos de amor e paixão. Quando esse outro é alguém diferente do próprio gênero, essa atração é chamada de heterossexual; quando é alguém do mesmo gênero, trata-se de uma atração homossexual; quando a atração é por mais de um gênero, ela é bissexual. Temos também de considerar a possibilidade de atração por pessoas que não dependa de gênero algum; nesse caso, trata-se da atração pansexual. Quando as pessoas não sentem ou sentem muito pouca atração/desejo por outras, apesar de poderem ter resposta a estímulos sexuais, elas são chamadas de assexuais. Tais categorias, embora sirvam para uma compreensão global da realidade de muitas pessoas, não dão conta da enorme diversidade humana. Basta pensar, por exemplo, que, em relação ao desejo sexual, uma pessoa heterossexual é tão diferente de uma pessoa homossexual quanto de outra hetero, o que nos leva a afirmar que seria mais acertado falar de tais atrações sempre no plural, isto é, heterossexualidades, homossexualidades etc.[19]

O fato de uma pessoa sentir atração por outra não significa, necessariamente, que ela se relacionará afetiva ou sexualmente com ela. O que caracteriza a orientação afetivo-sexual não é a intimidade sexual em si, mas a atração, o desejo. Que a atração e o desejo possam ser satisfeitos por meio da prática sexual, é uma possibilidade. Outras possibilidades são a abstinência sexual e a sublimação. É importante ter presente que ninguém escolhe a própria orientação afetivo-sexual. Todas as pessoas fazem uma descoberta do objeto do próprio desejo/atração à medida que vão crescendo e amadurecendo afetiva e sexualmente. Por isso, o reconhecimento e a aceitação da própria

[18] CIASCA; HERCOWITZ; LOPES JUNIOR. Definições da sexualidade humana, p. 14.

[19] CIASCA; HERCOWITZ; LOPES JUNIOR. Definições da sexualidade humana, p. 15.

orientação afetivo-sexual é condição para a realização pessoal, pois trata-se de um modo de ser, de sentir e de vivenciar o afeto que caracteriza quem a pessoa é e o seu modo de amar. Em outras palavras, integrar a orientação afetivo-sexual na própria personalidade é tarefa de primordial importância.[20]

Tendo presente tais elementos, podemos compreender melhor o significado de 'identidade sexual': ela engloba tanto a identidade de gênero quanto a orientação afetivo-sexual. Está relacionada com a percepção que cada pessoa tem de si mesma quanto ao gênero com o qual se identifica, ao modo como se expressa, às pessoas por quem se sente atraída e ao próprio comportamento sexual. "A diversidade sexual e de gênero pode ser caracterizada justamente por múltiplas combinações, que não são estanques, nem obrigatórias, nem exclusivamente determinantes entre cromossomos, hormônios, corpo, identidade de gênero, orientação sexual, comportamento sexual, identidade sexual e papéis sexuais".[21] Em outras palavras, a identidade sexual não pode ser pensada no singular. O que existe são 'identidades sexuais' que, além de estarem em constante mudança, questionam a ideia binária que temos de gênero e sexo e desconstroem os fundamentos sobre os quais muitas vezes elaboramos nossa reflexão ética sobre sexualidade. Por isso, diante da complexidade sobre a determinação e diferenciação sexual, ao desenvolvimento da identidade de gênero e da orientação afetivo-sexual, o conceito de dimorfismo sexual como referência antropológica precisa ser problematizado.[22] Nesse processo, há diversas

[20] Para uma consideração mais ampla de como se dá o desenvolvimento da orientação afetivo-sexual, ver: HERCOWITZ, Andrea; CIASCA, Saulo Vito; LOPES JUNIOR, Ademir. Desenvolvimento da orientação afetivo-sexual. In: CIASCA; HERCOWITZ; LOPES JUNIOR. *Saúde LGBTQIA+. Práticas de cuidado transdisciplinar*, p. 44-50.

[21] CIASCA; HERCOWITZ; LOPES JUNIOR. Definições da sexualidade humana, p. 16.

[22] Quando o dimorfismo sexual é assumido como referência antropológica, a sexualidade é vista como um divisor da totalidade do ser humano em metades que reclamam uma à outra – e somente uma à outra – por meio da complementaridade, isto é, o masculino existe somente em referência ao feminino – e vice-versa. Frequentemente essa referência é usada para justificar o porquê a sexualidade não pode ser o lugar em que a diferença seja abolida – como supostamente acontece na relação entre pessoas homossexuais e entre uma pessoa cis e uma pessoa trans – e o porquê a complementaridade caracteriza apenas relacionamentos entre pessoas de gêneros diferentes – como se numa relação homossexual e/ou transexual, por exemplo, as pessoas não fossem capazes de fazer a experiência de sincero dom de si e acolhimento do outro. O dimorfismo sexual acaba sacralizando a cisheterossexualidade.

características biológicas, cerebrais, comportamentais, culturais e sociais que não correspondem à cis-heteronorma binária.

Como comunidade eclesial, estamos avançando lentamente na compreensão da identidade de gênero e da orientação sexual e, sobretudo, das implicações que delas derivam para uma nova ética da sexualidade. Mas ainda precisamos ousar com relação à compreensão das identidades sexuais e suas relações com as culturas, ao entendimento da relação entre sexualidade e interseccionalidades, à abordagem inter-religiosa sobre sexualidade, gênero e orientação sexual. Ivone Gebara tem razão quando afirma que "não se trata mais de estabelecer papéis e responsabilidades a partir de uma sexualidade binária ordenada segundo a vontade divina. A sexualidade binária fixa – homem/mulher – segundo um modelo único patriarcal, com identidades préfixadas e papéis sociais delimitados, encontra-se desafiada pela irrupção da diversidade de comportamento e identidades, que exige uma análise das variações múltiplas que a vivência da sexualidade contém. [...] Hoje essas sexualidades impõem-se no seu direito cidadão de existir, de sair dos armários, de sair dos confessionários, de desocultar-se e exigir, inclusive da teologia, uma revolução epistemológica e ética radical. A teologia da sexualidade binária não dá mais conta de compreender a complexidade que descobrimos em nós. [...] Nossas ações, sentimentos e pensamentos são confrontados a uma nova fenomenologia dos seres humanos e a uma antropologia pluralista e, portanto, exigem nova teologia".[23]

3. Múltiplas formas de ser, viver e amar

Ser endo ou intersexo, ser cis ou ser trans, ser hetero ou ser homo não significa "ser" exclusivamente isso ou aquilo, mas 'existir' em referência a outros, pois nos tornamos o que somos num processo relacional bastante complexo. Ao mesmo tempo em que a sexualidade exprime a necessidade humana de se abrir e ir ao encontro do outro, ela também se torna o "lugar" em que isso acontece, isto é, o "lugar" da relação com o outro. Como afirma Anthony Kosnik, "assim a sexualidade, como todo

[23] GEBARA, Ivone. Teologia da Libertação e outras teologias na América Latina: desafios para hoje. In: GEBARA, Ivone; SUNG, Jung Mo. *Direitos Humanos e amor ao próximo. Textos teológicos em diálogo com a vida real.* São Paulo: Recriar, 2020, p. 50-51.

outro aspecto do ser humano, destina-se a servir as relações, não a subjugá-las". [...] Ela "é o modo por excelência pelo qual uma subjetividade isolada sai de si para a comunhão com o outro sujeito. A subjetividade corporificada sai de si para um outro sujeito-corpo, a fim de banir a solidão e experimentar a plenitude de ser-com-outro no projeto humano".[24] No esforço que fazemos para sair de nós mesmos, descobrimos o outro como possibilidade de relação de reciprocidade.[25] Essa descoberta não é prerrogativa de pessoas cisheterossexuais, assim como esse outro não precisa ser, necessariamente, alguém de outro gênero.[26]

De acordo com a antropologia sexual da Igreja, o dimorfismo sexual é a base e constitui a finalidade da abertura e transcendência da pessoa, isto é, no esforço de sair de si, o homem descobre o outro - a mulher - e vice-versa, e é essa diversidade que constitui o fundamento do seu relacionamento íntimo. Implícita nessa posição está a convicção de que nossas identidades sexuais incorporam totalmente a verdade sobre nós mesmos. No entanto, a verdade sobre nós mesmos não resulta, nem plena nem exclusivamente, do fato de termos este ou aquele sexo, de sermos deste ou daquele gênero ou de termos esta ou aquela orientação afetivo-sexual. Como afirma Margaret Farley, "há o risco de se esquecer de que as estruturas e os processos corporais [...] não podem prover a chave para toda a identidade pessoal".[27]

Para Farley, precisamos transcendê-los a fim de crescer em padrões de mutualidade no relacionamento.[28] Isso significa que masculino, feminino, heterossexual e homossexual são caracterizações que servem - como observa Jeffrey Weeks - para "simplificar a complexidade de nossos desejos" e para "ordenar a potencial multiplicidade de nossas

---

[24] KOSNIK. *A sexualidade humana*, p. 111 e 112, respectivamente.

[25] Ver a excelente contribuição de Todd Salzman e Michael Lawler sobre o conceito de complementaridade holística. SALZMAN; LAWLER. *A pessoa sexual*, p. 196-227.

[26] Ver: ELLISON, Marvin M. *Erotic Justice: A Liberating Ethic of Sexuality.* Louisville: Westminster John Knox Press, 1996, p. 87.

[27] FARLEY, Margaret A. New Patterns of Relationships: Beginnings of a Moral Revolution. *Theological Studies* 36 (1975): 638.

[28] FARLEY, Margaret A. *Just Love. A Framework for Christian Sexual Ethics.* New York: Continuum, 2006, p. 220-223.

identificações", mas isso não impede "a variedade de possíveis modos de ser" [...] até mesmo porque identidades "são sempre apenas provisórias".[29] A verdade a respeito de nós mesmos é algo que emerge somente quando nos relacionamos, no amor, com os outros, com toda a criação e com Deus. Nessa perspectiva, nossa sexualidade nos impele para a comunhão e, ao mesmo tempo, é o meio de descobrir quem somos por meio da comunhão. Pelo fato de a sexualidade humana ter um sentido interpessoal é que a finalidade para a qual ela se orienta é o amor, amor entendido como dom de si e acolhimento do outro. A sexualidade é um modo de existir e de amar.[30]

Se, por um lado, nosso sexo, nossa identidade de gênero e nossa orientação sexual não revelam completamente a verdade sobre nós mesmos, por outro, revelam – impelindo-nos muitas vezes à comunhão íntima – que somos chamados a descobrir quem somos pela mutualidade.[31] Isso significa, como afirma Kevin Kelly, que só descobrimos quem somos "através do processo de nos relacionar com outras pessoas; e relacionar-se com outras pessoas não é um processo intelectual puramente interno. Envolve comunicação por palavras e gestos".[32] A implicação concreta para a ética sexual é que ela não pode interessar-se apenas pelo que está acontecendo. Antes, a ética sexual precisa compreender "o que *deveria* estar acontecendo se quisermos viver de um modo que reflita mais verdadeiramente quem somos, toda a nossa riqueza como pessoas sexuadas".[33] Mais ainda, não podemos entender a verdade sobre nós mesmos à parte dos compromissos que nos dão uma identidade.

---

[29] WEEKS, Jeffrey. *Invented Moralities: Sexual Values in an Age of Uncertainty.* New York: Columbia University Press, 1995, p. 89. Ver também: BRITO, Alejandro. A incerteza parece ser o conceito dominante em nosso tempo. Entrevista com Jeffrey Weeks. *Instituto Humanitas Unisinos* (23.02.2016). Disponível em: https://www.ihu.unisinos.br/categorias/551868-a-incerteza-parece-ser-o-conceito-dominante-em-nosso-tempo-entrevista-com-jeffrey-weeks. Acesso em: 10 out. 2023.

[30] FARLEY. *Just Love,* p. 196-204.

[31] HARTWIG, Michael J. *The Poetics of Intimacy and the Problem of Sexual Abstinence.* New York: Peter Lang, 2000, p. 24.

[32] KELLY, Kevin T. *New Directions in Sexual Ethics. Moral Theology and the Challenge of AIDS.* London and Washington: Geoffrey Chapman, 1998, p. 138.

[33] KELLY. *New Directions in Sexual Ethics,* p. 138.

Se quisermos dar sentido às nossas vidas, como afirma Charles Taylor, "precisamos de uma orientação para o bem".[34] Há uma íntima conexão entre quem somos e nossa orientação para o bem. Para que possamos melhor captar o significado dessa conexão, é preciso que respondamos a duas questões: Onde estamos? Para onde vamos? Em outras palavras, se quisermos saber *quem somos* e o que *devemos vir a ser* devemos levar em consideração "os compromissos e identificações que compõem a moldura ou o horizonte dentro do qual podemos tentar determinar, caso por caso, o que é bom, ou valioso, ou o que deve ser feito, ou o que endossamos ou contestamos".[35]

Considerando o que foi dito, é evidente que nossa identidade sexual - que engloba nossa genitalidade, nossa identidade de gênero e nossa orientação sexual - não pode ser reduzida a um mero dado teórico, nem pode referir-se apenas à verdade sobre nós mesmos. Ela é, antes de tudo, um processo que nos abre para variados modos de ser. É nesse sentido que não podemos ignorar a conexão entre quem somos e nossa orientação para o bem: é essa conexão que define a unidade de nossas vidas. Como afirma Weeks, "identidades, pessoal e social, são ao mesmo tempo precárias e essenciais, historicamente modeladas e pessoalmente escolhidas, afirmações do 'eu' e confirmações de nosso ser social. Construímos narrativas do 'eu' a fim de negociar os riscos da vida cotidiana, e afirmar nosso senso de pertença num mundo social cada vez mais complexo. Mas isso implica decidirmos o tipo de vida que queremos viver - e, num mundo de múltiplos modos de vida, essa questão pode se tornar um forte foco de incerteza".[36]

A compreensão da nossa identidade - no âmago da qual está também nossa identidade sexual - exige que não ignoremos tais elementos. Como seres humanos e, portanto, como pessoas sexuais, estamos sempre em processo de vir a ser. Por isso, a verdade sobre nós mesmos não pode jamais ser definitiva. Como revela o processo de desenvolvimento,

[34] TAYLOR, Charles. *Sources of the Self: The Making of the Modern Identity.* Cambridge: Harvard University Press, 1989, p. 47.

[35] TAYLOR. *Sources of the Self,* p. 27.

[36] WEEKS. *Invented Moralities,* p. 33-34.

é apenas lentamente que crescemos e nos tornamos agentes autônomos, que vamos ocupando nosso próprio lugar no mundo. Até mesmo esse lugar é constantemente posto em xeque por tudo o que acontece em nossas vidas e, portanto, está constantemente em revisão, à medida que vamos adquirindo mais experiência e maturidade. A questão deve ser, portanto, não apenas *onde estamos*, mas *para onde estamos indo*.

4. Por uma nova ética da sexualidade

Ao reconhecer tudo o que foi afirmado até aqui, estamos expressando, de maneira diferente, duas das mais significativas contribuições que a ética das virtudes trouxe para o discurso ético contemporâneo: a) o 'eu' deve ser considerado como um todo, isto é, na sua integralidade, inserto num determinado contexto sociocultural (ser-histórico) e aberto a múltiplas relações (ser-em-relação); b) desenvolvimento e mudança são inerentes à vida ética e por isso, no juízo ético, não posso ater-me somente ao presente e, muito menos, ao passado, mas considerar também a imagem de mim mesmo projetada no futuro, isto é, o ideal a ser alcançado (o vir-a-ser-tão-desejado). Quais os significados dessas contribuições para a ética sexual é o que me interessa e, por isso, apresento aqui alguns deles.

Primeiro: é importante levar em consideração a realidade de todo o ser humano, na variedade e complementaridade de seus elementos e nas suas condições históricas concretas. O fundamento da ética sexual não pode ser somente as estruturas físicas e biológicas do nosso corpo, mas deve ser a autocompreensão global que temos desse corpo e da nossa sexualidade num tempo, lugar e cultura específicos. Isso significa que, por mais que o nosso corpo seja uma dimensão muito importante da nossa natureza como pessoas humanas, ele não é a única. Somos pessoas que pensam, avaliam, discernem, desejam, amam, criam e tudo isso também faz parte da nossa natureza. Portanto, "para sermos verdadeiramente humanos, precisamos mais do que um conhecimento e uma compreensão exata do nosso dado corporal. Precisamos também interpretar esse conhecimento e essa compreensão dentro do contexto mais amplo de nossos relacionamentos sociais e pessoais, de acordo com a melhor compreensão possível, para nós, na nossa cultura contemporânea".[37] Agir de acordo com a própria natureza significa levar em consideração todas essas dimensões da nossa personalidade humana. Não é possível, portanto, no campo da sexualidade, evocar o conceito de natureza para obrigar as pessoas a uma submissão resignada e totalmente passiva a estruturas e processos físicos e biológicos, como se fosse secundária a tarefa de prestar atenção à razão ordenando a fazer o bem e a evitar o mal e o discernimento que isso implica, com o consequente reconhecimento de que "uma reflexão adaptada à multiplicidade das condições de vida, conforme os lugares, as épocas e as circunstâncias"[38] pode resultar numa enorme variedade de concretização do bem, tendo presente que o bem a ser feito em relação a si mesmo é uma exigência ética de fundamental importância.

Segundo: a ética sexual é chamada a centrar-se na pessoa em vez de orientar-se para o ato e priorizar normas abstratas e impessoais. Considerando que o processo de amadurecimento sexual revela que a sexualidade é uma energia vital que deve ser continuamente integrada num projeto de vida e que tal integração dura a vida toda,[39] então não podemos confundir maturidade pessoal com dignidade pessoal, responsabilidade subjetiva com valores objetivos, vida virtuosa com conformidade com normas. O processo de crescimento difere de pessoa para pessoa, "passa por graus, marcados pela imperfeição e, muitas vezes, pelo pecado".[40] Por isso, a "ética sexual precisa estar aberta à modificação e reapreciação para levar em conta as mudanças significativas que ocorrem em nossa sexualidade",[41] que são, na realidade, mudanças no nosso modo de ser, de viver e de amar. Em outras palavras, o provisório e a experimentação

---

[37] KELLY. *New Directions in Sexual Ethics*, p. 32.

[38] CATECISMO DA IGREJA CATÓLICA. Novíssima edição de acordo com o texto oficial em latim. 4 ed. Brasília: Edições CNBB; Embu: Ave-Maria; Petrópolis: Vozes; São Paulo: Paulinas, Paulus, Loyola, 2017, n. 1957. Daqui em diante = CIgC.

[39] COELHO, Mário Marcelo. A sexualidade na formação dos jovens. In: TRASFERETTI, José Antonio; ZACHARIAS, Ronaldo (orgs.). *Sexualidade e pastoral: aos párocos e agentes de pastoral.* São Paulo: Paulus, 2022, p. 207-208.

[40] CIgC 2343.

[41] KELLY. *New Directions in Sexual Ethics*, p. 29.

deveriam ser levados em conta na ética sexual, sem que isso implicasse, *a priori*, um juízo negativo ou condenatório da pessoa. Além do mais, é preciso ter presente que a responsabilidade ética da pessoa pode, sim, ser atenuada pelas circunstâncias, assim como "um juízo negativo sobre uma situação objetiva não implica um juízo sobre a imputabilidade ou a culpabilidade da pessoa envolvida".[42] É progressivamente que a pessoa se torna virtuosa e o fato de estar distante de um determinado ideal não significa que ela seja incapaz de interiorizar e expressar-se por meio de um comportamento virtuoso.

Terceiro: se considerarmos que crescemos e amadurecemos como pessoas sexuais – pelo menos biologicamente – antes mesmo de assumirmos algum compromisso definitivo com alguém, então precisamos encontrar meios para expressar nossa sexualidade de um modo que seja virtuoso. Isso se aplica inclusive aos que não abraçaram o matrimônio ou a vida consagrada, pois também eles são chamados a se realizar como pessoas sexuais. Como afirma Antônio Moser, "pessoa realizada é pessoa sexualmente realizada; pessoa frustrada é pessoa sexualmente frustrada"[43] e isso independe do estado de vida abraçado. Além do mais, o resultado do processo de desenvolvimento e amadurecimento sexual não é o mesmo para todas as pessoas. Para algumas, a maturidade será sempre incerta e parcial.[44] Nessa perspectiva, o que importa não é nem a conformidade como esta ou aquela norma de comportamento, nem a mentalidade que reduz as questões sexuais ao que 'pode ou não ser feito' – que Lisa Cahill caracteriza como "infeliz" e "não-bíblica" –, mentalidade essa expressa com a pergunta: "que atos são permissíveis para quem, e em que circunstâncias?"[45] Prioridade deve ser dada ao esforço que as pessoas fazem para alcançar as melhores condições para viver – na própria situação em que se encontram – os significados positivos da

---

[42] FRANCISCO, Papa. *Amoris Laetitia.* Exortação Apostólica Pós-Sinodal sobre o amor na família. São Paulo: Loyola, 2016, n. 302. Daqui em diante = AL.

[43] MOSER, Antônio. *Casado ou solteiro, você pode ser feliz.* Petrópolis: Vozes, 2006, p. 11.

[44] KELLY. *New Directions in Sexual Ethics,* p. 174.

[45] CAHILL, Lisa S. *Between the Sexes: Foundations for a Christian Sexual Ethics.* Philadelphia: Paulist Press, 1985, p. 59.

sexualidade, com o consequente empenho para evitar os significados negativos. Esse esforço já expressa quão virtuosas conseguem ser. Mais do que fixar nossa atenção no comportamento sexual das pessoas – em termos de 'como, quando, com quem e onde' se realizam –, deveríamos ajudá-las a ter as devidas motivações e as energias necessárias para lutar contra situações de discriminação, desigualdade, exclusão e violação da dignidade e dos direitos humanos.

Quarto: se o corpo sexuado é um "lugar" de encontro e diálogo com outros e, portanto, de abertura e transcendência, então todo imperativo ético concernente à sexualidade deveria ser expressão e mediação desses valores. Embora princípios *a priori* e *status* jurídico sejam elementos importantes a serem considerados para a avaliação da eticidade de um comportamento sexual, eles não podem, entretanto, ser manipulados a fim de situar o exercício da sexualidade dentro dos limites de uma relação conjugal-heterossexual. Além disso, como afirma Kelly, "no seu nível mais profundo, a ética sexual cristã deveria tratar da qualidade dos relacionamentos entre pessoas sexuais".[46] Isso significa que a ética sexual cristã não pode ser reduzida à ética matrimonial. Ela precisa ser pensada como uma ética da sexualidade.[47]

Quinto: se a nossa identidade sexual é também uma identidade sociocultural, então as fontes da nossa narrativa são profundamente históricas e socioculturais. Tais fontes dependem de uma multiplicidade de vínculos que estabelecemos e de uma série de marcadores sociais de diferença a que somos continuamente submetidos. Tudo isso se integra na nossa narrativa pessoal a fim de moldar nossa identidade. Weeks corretamente afirma que nossa "identidade sexual envolve uma permanente invenção e reinvenção, mas num campo disputado por muitas histórias".[48] Não podemos ignorar, portanto, que tais categorizações interagem entre si e geram tanto formas de inclusão quanto de opressão. Nesse sentido, a ética sexual deve prestar

[46] KELLY. *New Directions in Sexual Ethics*, p. 38.

[47] ELLISON. *Erotic Justice*, p. 26. Ver: RIBEIRO JUNIOR, Nilo. Ética teológico-cristã da sexualidade. *Theologica Latinoamericana. Enciclopedia Digital.* Disponível em: https://teologicalatinoamericana.com/?p=158. Acesso em: 10 out. 2023.

[48] WEEKS. *Invented Moralities*, p. 92.

atenção tanto aos perigos de uma história única quanto aos perigos do controle narrativo sobre a história. Em outras palavras, cabe a uma ética sexual que pretenda ser justa denunciar a estratégia de apagamento, silenciamento e invisibilização de tantos sujeitos em vista de um padrão hegemônico com os quais os demais deveriam conformar-se. A reflexão ética não pode mais ser feita como se os "lugares de fala" não importassem. Importam, sim, porque alguns são privilegiados e outros marginalizados, comprometendo a equidade e o cuidado integral de todos.

Sexto: urge a edificação de uma nova ética sexual, pensada de modo interseccional, isto é, em interação como outras estruturas sociais – tais como raça e classe – que não apenas definem a personalidade, mas produzem diferenças no modo de vivê-la e, sobretudo, no juízo ético a respeito de tal vivência.[49] Tudo isso implica dar protagonismo narrativo a pessoas oprimidas, marginalizadas e até mesmo exclusas por causa do que são ou do modo como vivem; opor-se a um processo de subjetivação e socialização que causa muito sofrimento porque vivido e elaborado a partir da marginalidade; descobrir virtudes – tais como indignação, resistência, ousadia – que sejam significativas para sustentar as pessoas mais discriminadas e os grupos mais estigmatizados na luta que empreendem para reescrever a própria história. Essa nova ética também terá o seu lugar de fala; mas ele será determinado pela situação em que as pessoas se encontram e, sobretudo, pelo bem que, no contexto em que se encontram, podem fazer.

---

[49] Por causa do objetivo desta reflexão, não poderei deter-me, aqui, sobre o conceito de interseccionalidade, tão importante para uma compreensão mais integral e justa da sexualidade. Embora o foco não seja a ética da sexualidade, sugiro a leitura da Introdução do número especial da revista *Journal of Moral Theology* dedicado ao tema, escrita por CLARK, Meghan J.; PERKINS, Anna K.; REIMER-BARRY, Emily (vol. 12, Special Issue 1, 2023, p. 1-18). Não deixa de ser provocativo o que afirmam nas páginas 13-14, sobretudo se aplicarmos ao ensinamento do Magistério sobre sexualidade: "O pensamento interseccional corrige a tradição perguntando: Quem fala pela Igreja? De quem e por quem são as histórias contadas e interpretadas? Lembra-nos que cada santo, papa e teólogo do passado escrevia num contexto particular moldado pela cultura, geografia, gênero e outras instâncias de poder e identidade. Lembra-nos, portanto, que toda teologia é contextual e, em muitos aspectos, contingente. Com isso, não se pretende diminuir o envolvimento dos pensadores do passado, mas, sim, fazer um convite a abordagens mais críticas sobre como invocamos o passado para dele extrair algum significado para o presente".

Sétimo: uma ética sexual que pretenda ser cristã deve reconhecer, como afirma Nilo Ribeiro, que "a sexualidade [...] assume um caráter sacramental".[50] Ela é chamada a ser sinal concreto de um amor que pode se encarnar numa multiplicidade de estilos de vida e de relações que, mesmo distante do ideal e desejável, podem partilhar da mesma fecundidade do amor de Cristo pela humanidade. Quando se trata da vida matrimonial ou da vida celibatária não há nenhum estranhamento em admitir tal caráter. Mas, quando se trata da experiência de comunhão de vida e amor entre pessoas envolvidas em intimidade sexual antes do matrimônio ou fora dele, ou entre pessoas do mesmo gênero ou entre pessoas cis e transgênero, a primazia que deveria ser dada ao sentido humano e humanizador da sexualidade cede lugar à dimensão normativa da ética sexual, pois custa admitir que tais relações possam ser 'sinal' de algo que não seja apenas ilícito ou pecaminoso. Essa realidade constitui um desafio para a ética teológica da sexualidade que deveria, antes de mais nada, estar "atenta ao bem que o Espírito derrama no meio da fragilidade" e, ao mesmo tempo, disposta a correr o risco "de sujar-se com a lama da estrada"[51] ao percorrer o caminho do humano. É justamente no exercício dessa missão que as virtudes da compaixão, da ternura e da misericórdia poderão informar um juízo mais conforme ao modo de ser e viver daquele cujas palavras ditas ao doutor da Lei ressoam até hoje e constituem o caminho a ser percorrido por quem deseja segui-lo: "Vá e faça a mesma coisa!" (Lc 10,37).

Considerações finais

Preocupa-me o fato de que, quando nos referimos à pessoa sexual, corremos o risco de ficar olhando para o David de Michelangelo ou a Vênus de Botticelli[52] à custa de nos esquecermos de que a verdade sobre nós mesmos

[50] RIBEIRO JUNIOR. Ética teológico-cristã da sexualidade (2.2).

[51] AL 308. Francisco cita, aqui, *Evangelii Gaudium,* n. 45 e 46, respectivamente.

[52] Ver: ZACHARIAS, Ronaldo. Para além do Davi de Michelangelo e da Vênus de Boticelli: o que fazer quando a realidade não tem nada a ver com o ideal proposto. In: PESSINI, Leo; ZACHARIAS, Ronaldo (orgs.). *Ser e fazer. Teologia Moral: do pluralismo à pluralidade, da indiferença à compaixão.* Aparecida: Santuário; São Paulo: Centro Universitário São Camilo/Sociedade Brasileira de Teologia Moral, 2012, p. 247-251.

não se exaure em termos este ou aquele sexo, sermos deste ou daquele gênero, termos esta ou aquela orientação afetivo-sexual. O caminho que percorremos entre *quem somos* e *quem devemos vir a ser* não pode ser identificado com qualquer modo estático de ser, nem com qualquer forma particular de atividade sexual e, muito menos, com um estilo de vida específico. Somos chamados a encontrar meios de viver e amar que incorporem valores e virtudes que, ao informar uma variedade de estilos de vida e promover a unidade no respeito à diversidade, estejam enraizados na qualidade dos relacionamentos e na significatividade dos compromissos.

Referências

BRITO, Alejandro. A incerteza parece ser o conceito dominante em nosso tempo. Entrevista com Jeffrey Weeks. *Instituto Humanitas Unisinos* (23.02.2016). Disponível em: https://www.ihu.unisinos.br/categorias/551868-a-incerteza-parece-ser-o-conceito-dominante-em-nosso-tempo-entrevista-com-jeffrey-weeks. Acesso em: 10 out. 2023.

CAHILL, Lisa S. *Between the Sexes: Foundations for a Christian Sexual Ethics*. Philadelphia: Paulist Press, 1985.

CATECISMO DA IGREJA CATÓLICA. Novíssima edição de acordo com o texto oficial em latim. 4 ed. Brasília: Edições CNBB; Embu: Ave-Maria; Petrópolis: Vozes; São Paulo: Paulinas, Paulus, Loyola, 2017.

CIASCA, Saulo Vito; HERCOWITZ, Andrea; LOPES JUNIOR, Ademir (eds.). *Saúde LGBTQIA+. Práticas de cuidado transdisciplinar.* Santana de Parnaíba: Manole, 2021.

CIASCA, Saulo Vito; HERCOWITZ, Andrea; LOPES JUNIOR, Ademir. Definições da sexualidade humana. In: CIASCA, Saulo Vito; HERCOWITZ, Andrea; LOPES JUNIOR, Ademir (eds.). *Saúde LGBTQIA+. Práticas de cuidado transdisciplinar.* Santana de Parnaíba: Manole, 2021, p. 12-17.

CLARK, Meghan J.; PERKINS, Anna K.; REIMER-BARRY, Emily. Special Issue on Intersectional Methods and Moral Theology: Introduction. *Journal of Moral Theology* 12, Special Issue 1 (2023): 1-18.

COELHO, Mário Marcelo. A sexualidade na formação dos jovens. In: TRASFERETTI, José Antonio; ZACHARIAS, Ronaldo (orgs.). *Sexualidade e pastoral: aos párocos e agentes de pastoral.* São Paulo: Paulus, 2022, p. 203-222.

CONGREGAÇÃO PARA A EDUCAÇÃO CATÓLICA. *Orientações educativas sobre o amor humano. Linhas gerais para uma educação sexual.* São Paulo: Salesiana Dom Bosco, 1984.

CONSELHO PONTIFÍCIO PARA A FAMÍLIA. *Sexualidade humana: verdade e significado. Orientações educativas em família.* 3 ed. São Paulo: Paulinas, 2002.

DONAHUE, James A. The Use of Virtue and Character in Applied Ethics. *Horizon* 17 (1990): 228-243.

ELLISON, Marvin M. *Erotic Justice: A Liberating Ethic of Sexuality.* Louisville: Westminster John Knox Press, 1996.

FARLEY, Margaret A. *Just Love. A Framework for Christian Sexual Ethics.* New York: Continuum, 2006.

FARLEY, Margaret A. New Patterns of Relationships: Beginnings of a Moral Revolution. *Theological Studies* 36 (1975): 627-646.

FRANCISCO, Papa. *Amoris Laetitia.* Exortação Apostólica Pós-Sinodal sobre o amor na família. São Paulo: Loyola, 2016.

FURTADO, Maria Cristina S. *A inclusão de todas/os/es. Uma leitura teológica da violência de gênero: mulheres e LGBTQIA+. De Girard e Lévinas à ética da inclusão.* São Paulo: Recriar, 2022.

GEBARA, Ivone. Teologia da Libertação e outras teologias na América Latina: desafios para hoje. In: GEBARA, Ivone; SUNG, Jung Mo. *Direitos Humanos e amor ao próximo. Textos teológicos em diálogo com a vida real.* São Paulo: Recriar, 2020.

HARTWIG, Michael J. *The Poetics of Intimacy and the Problem of Sexual Abstinence.* New York: Peter Lang, 2000.

HERCOWITZ, Andrea; MORIKAWA, Márcia; CIASCA, Saulo Vito; LOPES JUNIOR, Ademir. Desenvolvimento da identidade de gênero. In: CIASCA, Saulo Vito; HERCOWITZ, Andrea; LOPES JUNIOR, Ademir (eds.). *Saúde LGBTQIA+. Práticas de cuidado transdisciplinar.* Santana de Parnaíba: Manole, 2021, p. 38-43.

HERCOWITZ, Andrea; CIASCA, Saulo Vito; LOPES JUNIOR, Ademir. Desenvolvimento da orientação afetivo-sexual. In: CIASCA, Saulo Vito; HERCOWITZ, Andrea; LOPES JUNIOR, Ademir (eds.). *Saúde LGBTQIA+. Práticas de cuidado transdisciplinar.* Santana de Parnaíba: Manole, 2021, p. 44-50.

KEENAN, James F. Proposing Cardinal Virtues. *Theological Studies* 56 (1995): 708-729.

KELLY, Kevin T. *New Directions in Sexual Ethics. Moral Theology and the Challenge of AIDS.* London and Washington: Geoffrey Chapman, 1998.

KOSNIK, Anthony *et al. A sexualidade humana. Novos rumos do pensamento católico americano.* Petrópolis: Vozes, 1982.

MACINTYRE, Alasdair. *Depois da virtude. Um estudo em teoria moral.* Bauru: EDUSC, 2001.

MOSER, Antônio. *Casado ou solteiro, você pode ser feliz.* Petrópolis: Vozes, 2006.

RIBEIRO JUNIOR, Nilo. Ética teológico-cristã da sexualidade. *Theologica Latinoamericana. Enciclopedia Digital.* Disponível em: https://teologicalatinoamericana.com/?p=158. Acesso em: 10 out. 2023.

SALZMAN, Todd A.; LAWLER, Michael G. *A pessoa sexual. Por uma antropologia católica renovada.* São Leopoldo: UNISINOS, 2012.

SALZMAN, Todd A.; LAWLER, Michael G. *Virtue and Theological Ethics. Toward a Renewed Ethical Method.* Maryknoll, NY: Orbis Books, 2018.

SCHLÜTER, Karine; FERREIRA, Lucas Garcia Alves; SILVA, Magnus Regios Dias da. Determinação e diferenciação biológica do sexo e suas diversidades. In: CIASCA, Saulo Vito; HERCOWITZ, Andrea; LOPES

JUNIOR, Ademir (eds.). *Saúde LGBTQIA+. Práticas de cuidado transdisciplinar.* Santana de Parnaíba: Manole, 2021, p. 28-37.

SPOHN, William C. *Go and Do Likewise*: *Jesus and Ethics.* New York: Continuum, 1999.

TAYLOR, Charles. *Sources of the Self: The Making of the Modern Identity.* Cambridge: Harvard University Press, 1989.

TRASFERETTI, José Antonio; ZACHARIAS, Ronaldo (orgs.). *Sexualidade e pastoral: aos párocos e agentes de pastoral.* São Paulo: Paulus, 2022.

WEEKS, Jeffrey. *Invented Moralities:* Sexual Values in an Age of Uncertainty. New York: Columbia University Press, 1995.

ZACHARIAS, Ronaldo. Para além do Davi de Michelangelo e da Vênus de Boticelli: o que fazer quando a realidade não tem nada a ver com o ideal proposto. In: PESSINI, Leo; ZACHARIAS, Ronaldo (orgs.). *Ser e fazer. Teologia Moral: do pluralismo à pluralidade, da indiferença à compaixão.* Aparecida: Santuário; São Paulo: Centro Universitário São Camilo/Sociedade Brasileira de Teologia Moral, 2012, p. 247-251.

Cap. 4

FLORESCIMENTO PESSOAL E ÉTICA DAS VIRTUDES: QUESTÕES PARA A TEOLOGIA CONTEMPORÂNEA

Fabrício Veliq
Letícia Ferruzzi Sacchetin[1]

A questão do corpo é recorrente nos diversos círculos teológicos e filosóficos. E isso não vem de agora. Ao observarmos a história do pensamento humano, principalmente o de matriz ocidental, é possível perceber, em diversos momentos, uma preocupação a respeito da corporeidade. Seja nos textos gregos, seja nos textos bíblicos – para citarmos aqueles que, de maneira mais contundente, formam as bases de grande parte do pensamento ocidental – o corpo se faz presente como objeto de reflexão.

Basta que nos lembremos, na filosofia antiga, dos textos de Platão e sua admoestação a respeito do cuidado para com o corpo que as pessoas mais instruídas deveriam ter, incentivando entre elas a prática da ginástica como primeiro estágio de seu desenvolvimento dentro da sociedade. Basta que consideremos, nos textos bíblicos, que o corpo aparece já nas primeiras páginas do livro do Gênesis. No mito da criação, Deus, ao criar o primeiro ser humano a partir da terra, sopra nele sua *ruah*, de

[1] **Fabrício Veliq** tem Pós-Doutorado em Teologia (Faculdade Jesuíta de Filosofia e Teologia – FAJE – Belo Horizonte), é Doutor em Teologia (FAJE e Katholieke Universiteit Leuven – Leuven – Bélgica) e Docente na Universidade Federal de Minas Gerais (Belo Horizonte); **Letícia Ferruzzi Sacchetin** é Mestra em Filosofia (Universidade Federal de Minas Gerais – Belo Horizonte) e Especialista em Saúde Pública com Ênfase em Saúde da Família (Centro Universitário Internacional UNINTER).

maneira que tal ser humano possa se tornar um ser vivo, sendo, portanto, uma unidade de corpo e espírito.

Tal concepção de ser humano presente na antropologia bíblica revela algo muito importante para pensarmos a corporeidade na contemporaneidade: o ser humano não possui um corpo, antes, é um corpo vivente, de maneira que a divisão dualista do ser humano (corpo e alma) ou até mesmo tripartite (corpo, alma e espírito) é estranha a um pensamento teológico de base bíblica. Nesse sentido, acreditamos que a Ética das Virtudes pode auxiliar a pensar num florescimento pessoal por meio da construção do caráter de cada pessoa.

Contudo, ainda hoje é muito comum pensar no ser humano como uma alma que possui um corpo, sendo a alma aquilo que realmente caracteriza esse humano e o corpo somente um fardo a ser carregado por ele, do qual é preciso se libertar para poder viver numa dimensão superior, o que, curiosamente, reaviva, na contemporaneidade, as ideias presentes no pensamento de Platão.

Nessa esteira, seria o pensamento teológico - sobretudo no que se refere às concepções de santidade e sacralidade - um empecilho para se pensar na valorização do corpo? Até que ponto tais concepções dificultam o florescimento pessoal e, consequentemente, o autoconhecimento dessa realidade - corpórea - que expressa e revela quem somos?

Nossa intenção, aqui, é discutir essa temática, partindo do pressuposto de que o florescimento da pessoalidade é de suma importância para a ética das virtudes e, mais ainda, para uma teologia que dialoga com as questões da contemporaneidade.

1. O florescimento pessoal e a Ética das Virtudes

A Ética das Virtudes contemporânea retoma Aristóteles, Tomás de Aquino e, em segundo plano, Platão e os estoicos, com o intuito de mudar de uma lógica de deveres ou da maximização do bem para uma lógica das virtudes, isto é, ela constituiria uma crítica direta à deontologia e ao utilitarismo.[2] Elizabeth Anscombe, Philippa Foot, Rosalind Hursthouse e Alasdair MacIntyre são nomes fundamentais para a construção dessa linha de pensamento.[3] Segundo Giovanna Borradori, as virtudes são qualidades da mente e do caráter, que possibilitam uma vida "ordenada" e a construção do bem público.[4]

Os aspectos pessoais, como emoções, planos de vida e desejos, passam a ser relevantes para a construção da vida ética, além de aproximá-la da vida particular de cada sujeito. Desse modo, para a construção do bem público, é necessário que se possa contar com o *florescimento* do caráter de cada indivíduo.[5] A preocupação é com o ser – antes do fazer –, pois, quando se possui um caráter virtuoso, as ações são consequentemente bem escolhidas. Nessa perspectiva, a linguagem dos deveres – bom/mau, certo/errado – passa a ser substituída pela linguagem das virtudes, que inclui termos como justo, corajoso, generoso etc. Um sujeito que apenas segue normas previamente definidas, quando se encontra em conflito e precisa tomar decisões morais, terá muita dificuldade de saber o que fazer, pois estas dificilmente serão expressão do seu ser.

Existem diversas concepções sobre a Ética das Virtudes, bem como diferentes listas de quais seriam as virtudes mais importantes. MacIntyre traça uma história das virtudes incluindo Homero, Aristóteles, o Novo Testamento, Jane Austen e Benjamin Franklin. Segundo ele, para Homero, bem como para Austen, as virtudes auxiliam a realizar o papel de cada pessoa na sociedade, enquanto Aristóteles defende que as virtudes e o

---

[2] HOBBUS, João. *Ética das virtudes*. Florianópolis: Editora da UFSC, 2011, p. 7.

[3] ANSCOMBE, Gertrude Elizabeth Margareth. A filosofia moral moderna. In: ZINGANO, Marco (org.). *Sobre a Ética Nicomaqueia de Aristóteles*. São Paulo: Odysseus, 2010, p. 19-41; FOOT, Philippa. *Virtue and Vices and Other Essays in Moral Philosophy*. New York: Oxford University Press, 2002; HURSTHOUSE, Rosalind. *Virtue Theory and Abortion. Philosophy & Public Affairs* 20/3 (1991), p. 223-246; MACINTYRE, Alasdair. *Depois da Virtude: um estudo sobre teoria moral*. Tradução: Pedro Arruda e Pablo Costa. Campinas: Vide Editorial, 2021.

[4] BORRADORI, Giovanna. Nietzsche ou Aristóteles? Alasdair MacIntyre. In: BORRADORI, Giovanna. *A filosofia americana: Conversações com Quine, Davidson, Putnam, Nozick, Danto, Rorty, Cavell, MacIntyre e Kuhn*. Tradução: Álvaro Lorencini. São Paulo: Editora UNESP, 2003, p. 191.

[5] BACKENDORF, Jonas Muriel. Ética das Virtudes na Contemporaneidade: uma breve introdução. *Occursus Revista de Filosofia*, Fortaleza 4/2 (2019): 220.

seu exercício são fundamentais para ter a boa vida, decorrente da ideia de *eudaimonia*. No Novo Testamento, as virtudes têm o dever de conduzir à realização do *telos* e, para Franklin, o de conduzir para a felicidade concebida como sucesso e prosperidade terrenos e celestes.[6]

É importante notar ainda que as virtudes são decorrentes da subjetividade de cada pessoa. Não é suficiente agir bem diante da sociedade sem levar em conta essa subjetividade e seu contexto, porque é isso que permite compreender as mudanças ao longo do tempo e a história de cada um. Para uma pessoa que tem medo de altura, por exemplo, exige-se coragem ao subir até o 20º andar de um prédio, ao passo que não se exige coragem para quem não tem tal medo. Esse "eu", ou essa individualidade, parte da ideia de uma unidade narrativa que enlaça nascimento, vida e morte enquanto começo, meio e fim dessa narrativa. E essa narrativa é dependente do contexto em que está inserida.

Quanto à lista das virtudes, cabe mencionar, segundo MacIntyre: amizade e generosidade para Aristóteles; fé, esperança, humildade e caridade para o Novo Testamento; coragem para Homero e o próprio MacIntyre; constância e amabilidade para Austen; silêncio e observância para Franklin.[7] Além dessas, temos ainda sabedoria, temperança e justiça para Foot.[8] Essas virtudes variam de acordo com o contexto de cada autor, pois, se o cavalheiro e a necessidade do *status* social elevado para ser virtuoso eram os moldes de Aristóteles, para Homero era o guerreiro. E, mais ainda, a virtude "coragem" para Homero é diferente da proposta por MacIntyre, ao defender que é uma necessidade para a preocupação e o cuidado com as pessoas, sendo o ser humano que se arrisca corajosamente aquele que se importa consigo mesmo e com terceiros.

Contudo, apesar do "caráter multifacetado, histórico e complexo da concepção fundamental de virtude" que MacIntyre pontua,[9] João Hobuss defende algumas características que são gerais: (1) as virtudes são boas em si mesmas, isto é, não são utilizadas como instrumentos, como o

---

[6] MACINTYRE. *Depois da Virtude.*

[7] MACINTYRE. *Depois da Virtude.*

[8] FOOT. *Virtue and Vices and Other Essays in Moral Philosophy.*

[9] MACINTYRE. *Depois da Virtude*, p. 276.

fazem os utilitaristas; e os bens intrínsecos podem ser próprios do agente; (2) a noção de bondade deve preceder a de "correção moral", porque o que vale é a bondade do caráter; (3) a ação é correta conforme o que o virtuoso faz; (4) agir de forma correta não pressupõe maximização do bem.[10]

Em outras palavras, a Ética das Virtudes propõe que o agir bem não deve ser uma obrigação moral, mas sim uma consequência da escolha de uma pessoa virtuosa, e que cada ação tem seu próprio fim, não podendo ser usada como um meio para se atingir algo. Por isso, as virtudes são boas em si mesmas. Contudo, para que uma ação seja virtuosa, é fundamental que se tenha "vontade", ou seja, a ação virtuosa deve partir de uma vontade do virtuoso. Atrelada a essa vontade deve estar a sabedoria, porque a sabedoria inclui fazer boas escolhas diante de um fim específico, ao contrário da inteligência, que implica boas escolhas para qualquer fim.

Uma última definição de virtude é a de MacIntyre, que diz ser "*uma qualidade humana adquirida, cuja posse e exercício costumam nos permitir alcançar aqueles bens que são internos às práticas e cuja ausência de fato nos impede de alcançar quaisquer desses bens*".[11] Isto é, para obter os bens internos, é necessário possuir virtudes e realizar habitualmente ações virtuosas, uma vez que, da mesma forma que se podem adquirir virtudes, é possível adquirir vícios.

Entre essas práticas de ações virtuosas está a obediência às regras e às autoridades, de modo a respeitar e aceitar os padrões que definem essa prática até o momento, ainda que sejam divergentes da sua opinião pessoal. Por exemplo: ao aprender tocar piano, devem-se respeitar professores e pianistas, aprender posturas, escalas, melodias, harmonias e ritmos, para depois desenvolver a sua forma própria de tocar piano. Assim como a vontade é uma exigência para o desenvolvimento da virtude, a obediência às autoridades também o é.

Além disso, é importante dizer que as virtudes podem prejudicar o que representa o sucesso terreno – o que demonstra o lado teológico de

---

[10] HOBBUS. *Ética das virtudes*, p. 15.

[11] MACINTYRE. *Depois da Virtude*, p. 282.

MacIntyre –, como a busca de uma estrada para o céu. Ele defende ainda que, "sem a concepção dominante do *telos* de uma vida humana completa, concebida como uma unidade, nossa concepção de certas virtudes tem de permanecer parcial e incompleta".[12] Sem um *telos*, existiria arbitrariedade e desorganização na vida moral e incapacidade de determinar o contexto das virtudes.

MacIntyre se dedicou a estudar a relação entre religião e problemas morais, ou, mais especificamente, entre Deus e problemas morais. Borradori afirma que, segundo o autor, a prática e a linguagem religiosas não são separáveis de subentendidos morais, científicos e metafísicos.[13] Na mesma linha, Anscombe[14] pontua que termos como "dever moral" e "obrigação moral" estão atrelados a ideais religiosos e devem ser abandonados, no sentido de que a formação dos dogmas religiosos e dos dogmas morais está interligada, podendo dificultar o autoconhecimento ou o florescimento de cada indivíduo. Daí a necessidade urgente de substituir o vocabulário da moral dogmática por um repleto de virtudes.

Foquemos brevemente no amadurecimento moral de cada pessoa, denominado por Hursthouse[15] e outros autores como florescimento moral. Esse florescimento remete, a princípio, a busca pela *eudaimonia* aristotélica, que seria uma espécie de bem-estar, plenitude e felicidade, mencionados anteriormente e que o indivíduo deveria ter como objetivo. Mas é importante notar que a Ética das Virtudes aceita tanto um pluralismo de florescimentos pessoais quanto um pluralismo de *eudaimonia*, isto é, ela reconhece que as virtudes não são fixas nem dogmáticas, assim como não o é a noção de bem-estar.

Tendo isso presente, podemos nos perguntar: o que resta a uma pessoa sem virtudes ou não virtuosa? Para MacIntyre, essa pessoa fracassaria de diferentes maneiras em relação às ações práticas e em relação à sua própria

---

[12] MACINTYRE. *Depois da Virtude*, p. 296.

[13] BORRADORI. Nietzsche ou Aristóteles? Alasdair MacIntyre, p. 195.

[14] ANSCOMBE. A filosofia moral moderna, p. 36.

[15] HURSTHOUSE. Virtue Theory and Abortion, p. 226.

vida, que poderia ser vista como defeituosa,[16] pois, em geral, a vida de uma pessoa não virtuosa está impregnada de inúmeros conflitos e arbitrariedades. MacIntyre discorda do liberalismo justamente por impedir que exista esse florescimento de caráter, como Borradori demonstra: "Em nome da liberdade, o liberalismo impõe uma forma de domínio silencioso que, no tempo, tende a dissolver os vínculos humanos tradicionais e a empobrecer a rede de relações culturais e sociais. Enquanto procuram impor-se por meio de regimes de poder baseados na ideia de que cada um é livre para perseguir qualquer objetivo que considere útil para si mesmo, os liberalistas privam a maioria dos homens da possibilidade de compreender a própria vida como procura e obtenção do bem. E isso sobretudo porque o liberalismo tende a desacreditar aquelas formas tradicionais de comunidade humana no interior das quais pode realmente exprimir-se o projeto de uma realização pessoal".[17]

Não nos cabe, aqui, aprofundar o liberalismo e o marxismo que MacIntyre critica no seu texto, mas, sim, ressaltar que existe uma tendência cada vez maior da sociedade de privar a pessoa de compreender sua própria vida e buscar sua realização pessoal. Nesse sentido, o bem público poderia ser melhorado a partir do momento em que os indivíduos pudessem ter a percepção de que o desenvolvimento de seu próprio caráter é importante e deve ser almejado. Não há respostas exatas para questões éticas, especialmente porque, segundo MacIntyre, as divergências morais, sejam quais forem e de quando forem, não podem ser resolvidas.[18] Numa visão naturalista, pode-se pensar que ser moralmente bom indica que a própria natureza está em harmonia. O foco, nesse caso, está no crescimento e florescimento interno. É a partir dessa plenitude subjetiva que derivam as obrigações morais.

A virtude, como pontua Hursthouse, não depende de um conhecimento filosófico acadêmico requintado, mas, sim, da sabedoria, porque não basta saber quais são as listas das virtudes, mas é necessário que se tenha o hábito de praticá-las.[19] Esse raciocínio prático, além de exigir as virtudes, também

---

[16] MACINTYRE. *Depois da Virtude*, p. 295.

[17] BORRADORI. Nietzsche ou Aristóteles? Alasdair MacIntyre, p. 196.

[18] MACINTYRE. *Depois da Virtude*, p. 38.

[19] HURSTHOUSE. Virtue Theory and Abortion, p. 235.

exige e possibilita o autoconhecimento, que diz respeito ao que aprendemos sobre nós a partir do relacionamento com outras pessoas através de atenção, julgamento e capacidade de discernir.[20] Dessa forma, as virtudes possibilitam a constante busca e conhecimento do bem e o gradativo autoconhecimento, ajudando a superar riscos e males.

Nesse sentido, nossa proposta é que a liberdade corpórea pode emergir do rompimento dos dogmas religiosos e morais e de uma proposta de religião e ética que proporcione (auto)conhecimento moral e pessoal, compreendido como florescimento do caráter. Mas, primeiro, devemos pensar sobre liberdade sexual: [...] "Que é que realmente *faremos* nesse estado de sexualidade libertada?" Não seria adequado responder que as potencialidades da sexualidade humana em estado de liberdade não podem ser previstas. Pois a ideia de uma sexualidade não reprimida ou, quando muito, autossublimada e liberta não tem sentido até que se responda essa pergunta; mais ainda, a ideia de a sexualidade contemporânea estar constrangida pelas limitações de uma cultura sexual gênito-monógama tampouco tem sentido até que se estabeleça efetivamente algum contraste com aquilo que seria possível realizar e ainda não foi realizado".[21]

Marcuse defende, segundo MacIntyre, que, numa linguagem psicanalítica, existe um processo de repressão ou canalização da libido sexual através das vias monogâmicas, sendo alguns tabus tidos como proibições perversas devido a uma repressão irracional. A sexualidade seria liberta quando a repressão deixasse de ter domínio sobre os corpos e quando se passasse do objetivo da reprodução para um estado de prazeres. Contudo, MacIntyre critica o autor ao dizer que, antes de pensar em como promover a liberdade sexual, deve-se pensar o que modifica no caráter do comportamento sexual quando se tem uma sexualidade liberta. Nesse sentido, o autor não desenvolve a ideia de uma liberdade sexual propriamente dita em seus textos.

---

20 CARVALHO, Helder Buenos Aires de (org.). *Tradição, moralidade e racionalidade: em diálogo com Alasdair MacIntyre* [recurso eletrônico]. Porto Alegre: Editora Fi; Teresina: EDUFPI, 2018, p. 242.

21 MACINTYRE, Alasdair. *As ideias de Marcuse*. Tradução: Jamir Martins. São Paulo: Editora Cultrix, 1970, p. 54.

Hursthouse, considerando a interrupção voluntária da gravidez, se questiona sobre o que seria uma ação virtuosa para a gestante,[22] tendo presentes as características do contexto em que a gestante vive, sua idade, seu projeto de vida etc. Apesar de a autora buscar uma linguagem feminista e feminina para trabalhar a Ética das Virtudes e ter um viés diferente de MacIntyre, ela, a princípio, também não desenvolve a expressão liberdade sexual ou liberdade corporal.

Quando pensamos no caráter moral de uma pessoa, devemos ter presente que esse caráter pertence a um (único) corpo. Diferentemente do dualismo que dissocia a vida moral da vida corpórea, bem como de outros dualismos, como mente e corpo ou alma e corpo, optamos por trabalhar com a noção de ser "pessoa", enquanto um ser único que engloba todas essas características. Nesse sentido, se o florescimento do caráter pessoal, que proporciona o autoconhecimento pessoal, leva à felicidade, à plenitude e ao bem-estar por meio das virtudes que a pessoa possui, o florescimento corporal, que proporciona o autoconhecimento corporal, deveria ser um corolário dessas virtudes.

2. Uma teologia que dá espaço à pessoalidade

Haveria uma teologia capaz de proporcionar maior liberdade, tanto sexual como corporal, à pessoa e dar, portanto, maior espaço para o florescimento da pessoalidade? Teria essa teologia a ver com aquilo que apenas apresentamos quando abordamos uma ética das virtudes em contraposição a uma ética dogmática?

Abordar a relação entre religião e ética não é algo novo na história da humanidade. Se nos voltarmos para a história do Ocidente, é possível perceber, já no início do humanismo, uma separação entre um bom cidadão e um bom religioso, revelada no famoso "homem duplo" de Petrarca,[23] que culminará na separação entre religião e ética, que tem como marco o pensamento kantiano.

[22] HURSTHOUSE. Virtue Theory and Abortion, p. 233-244.

[23] PETRARCA, Francisco. Opere. In: BIGNOTTO, Newton. *Origens do republicanismo moderno.* Belo Horizonte: Editora UFMG, 2001, p. 232.

Quando voltamos nosso olhar para a Idade Moderna, percebemos algo diferente. A religião passa a ser considerada como pertencente à esfera privada, tornando-se, como afirma Jürgen Moltmann, uma crença subjetiva; consequentemente, a liberdade religiosa passa a significar a liberdade de adorar ou não na igreja que a pessoa escolher.[24] Dessa forma, a religião passa para o âmbito privado. "Diferentes tradições religiosas perdem suas capacidades de ser o elemento de vínculo das sociedades e se tornam, ao invés disso, meras opções para consumidores religiosos a selecionar, para suas próprias razões privadas, razões que não são para serem discutidas. Assim "democratizadas", religiões entram no mercado como objetos de escolhas subjetivas, do mesmo modo que marcas de pasta de dente e sabão em pó: "Religião é agora um item de consumo para uma nação de 'estou dando uma olhadinha' (window shoppers)", diz Martin Marty".[25]

A nosso ver, o retorno de uma teologia voltada para um mero dogmatismo pode ser visto como uma tentativa de resposta ao desenvolvimento de teologias que partem de princípios mais progressistas, tomando por base os desdobramentos teológicos e exegéticos do início da teologia liberal do século XVIII. Esse dogmatismo, por sua vez, ainda na atualidade, contribui grandemente para um não conhecimento do próprio corpo e, na esteira de uma teologia agostiniana, ainda considera quase tudo que é sexual e corporal como algo que deve ser domado e mortificado para o alcance da santidade.

Esse tipo de repúdio ao sexual e ao corporal pode ser percebido em diversas igrejas espalhadas pelo mundo, principalmente naquelas que tendem a fazer uma leitura literalista do texto bíblico. Isso é bastante perceptível quando abordam questões referentes à diversidade afetivo-sexual.

---

[24] MOLTMANN, Jürgen. Is 'Pluralistic Theology' Useful for the Dialogue of World Religions? In: D'COSTA, Gavin (ed.). *Christian Uniqueness Reconsidered: The Myth of a Pluralistic Theology of Religions.* New York: Orbis Books, 1990, p. 152; MOLTMANN, Jürgen. Fundamentalismo e modernidade. *Concilium Brasil*, Petrópolis 241 (1992): 141-148; MOLTMANN, Jürgen. A Common Earth Religions: World Religions from an Ecological Perspective. *Ecumenical Review,* Geneva 63/1 (2011): 16-24.

[25] MOLTMANN. Is 'Pluralistic Theology' Useful for the Dialogue of World Religions?, p. 152.

No caso do Protestantismo, por exemplo, Maria Cristina Rocha Barreto e José Evaristo de Oliveira Filho atestam que: "O posicionamento histórico do Protestantismo sempre foi o de rejeitar a homossexualidade, ora condenando-a como pecado, ora explicando-a como doença ou resultado de uma influência "demoníaca". Além disso, a postura habitual das igrejas Protestantes tem sido a de interditar a participação de homossexuais nos mais diversos aspectos da experiência religiosa coletiva".[26]

Ao mesmo tempo, porém, os autores oferecem um pouco de esperança ao mostrarem que alguns avanços começam a surgir quando se olha para o Protestantismo atual: "O Protestantismo dos dias atuais mudou a sua posição clássica a respeito da homossexualidade. Muitas de suas igrejas já aceitam homossexuais como membros comungantes, sacerdotes (pastores) e ministros leigos. Algumas igrejas também já celebram a união matrimonial (religiosa) entre pessoas do mesmo sexo. Essas transformações apontam claramente para uma abertura sem precedentes na história do Protestantismo em relação aos homossexuais, pois eles estão sendo incluídos na vida normal de muitas igrejas sem a necessidade de reorientar sua opção sexual à heterossexualidade. Esta é uma mudança significativa, pois historicamente o Protestantismo só incluiu homossexuais por meio da conversão, exigindo a rejeição da orientação e prática homossexual".[27]

Da mesma forma, no catolicismo também se percebe uma pequena abertura para novas teologias que tentam lidar com questões de sexualidade e corporeidade, fomentando um diálogo ecumênico que visa propor respostas cristãs para as questões de nosso tempo. Por isso, à pergunta "que tipo de teologia dá espaço ao florescimento da pessoalidade?", propomos uma teologia que seja aberta e criativa e que esteja com os ouvidos atentos para atender as demandas atuais.

Essa teologia, por sua vez, é aquela que está disposta a sair de um mero dogmatismo, contrapondo-se a toda leitura de cunho

---

[26] BARRETO, Maria Cristina Rocha; OLIVEIRA FILHO, José Evaristo de. A inclusão de homossexuais no protestantismo. *Revista Brasileira de História e Ciências Sociais*, São Leopoldo 4/8 (2012): 118.

[27] BARRETO; OLIVEIRA FILHO. A inclusão de homossexuais no protestantismo, p.122.

fundamentalista e fechada em si mesma, que parte do pressuposto de que Deus sempre diz as coisas do mesmo jeito para todas as culturas e todos os povos, independentemente de seus contextos específicos. Romper com tal pressuposto é fundamental até mesmo para poder observar que cada ser humano cresce, se desenvolve e se realiza no ambiente sociocultural em que está inserido.

Segundo Claude Geffré, "saber quais são os textos que hoje me permitem fazer uma experiência de Jesus Cristo como evento de salvação da parte de Deus, a partir de minha própria linguagem, a partir de meus próprios esquemas de pensamento, de tal modo que este evento seja sempre atual. Portanto, a experiência, por inefável que seja, seja ela a experiência religiosa, ou a experiência do amor, ou ainda a experiência estética, é sempre estruturada segundo certos modelos prévios, modelos teóricos, e também modelos linguísticos engendrados pela série de experiências que precederam esta nova experiência. Por isso, por exemplo, a experiência de Jesus Cristo como salvação da parte de Deus não pode ser recebida a não ser com base numa certa experiência do que é o Messias, do que é a salvação, do que é a expectativa messiânica, do que é a verdade da relação religiosa do ser humano com Deus".[28]

Ao mesmo tempo, se falamos de um florescimento da pessoalidade, como proposto por uma ética das virtudes, ao dialogarmos com a teologia contemporânea, é preciso sempre ter em mente que tal teologia que se diz cristã não pode mais se ver como uma "teologia do livro", mas precisa compreender-se como uma "teologia da Palavra", que parte da pessoa de Jesus Cristo.

Nesse ponto, claro, é preciso fazer uma diferenciação importante entre a ética das virtudes e a ética cristã. Enquanto a primeira vê no ser humano aquele único responsável pelo desenvolvimento de suas virtudes e, de alguma forma, o único responsável pela concretização do seu *telos,* a ética cristã é aquela que nasce a partir do encontro com o Ressuscitado, e cujo desenvolvimento se dá a partir da graça de Deus.

[28] GEFFRÉ, Claude. *Crer e interpretar: A virada hermenêutica da teologia*. Petrópolis: Vozes, 2004, p. 41.

Em outras palavras, para a proposta cristã, o ser humano, por si só, não alcança o fim para o qual foi criado, sendo necessária a graça divina.

Essa adequação à pessoa de Jesus, no entanto, também pressupõe um esforço por parte do ser humano, não sendo algo simplesmente dado da parte de Deus. Nesse sentido, a prática cristã também auxilia no desenvolvimento de uma ética cristã, ou, em outras palavras, a prática cristã nos aperfeiçoa para sermos melhores cristãos e cristãs.

Ora, partindo do pressuposto de que ser cristão implica conformação com a pessoa de Jesus Cristo, então o florescimento da personalidade, como proposto por uma ética das virtudes, não deve ser visto como algo que não dialoga com a teologia. Muito pelo contrário, a própria teologia cristã deve fomentar o desenvolvimento da pessoalidade, o que também implica o desenvolvimento do autoconhecimento corporal e sexual, uma vez que – como afirmamos acima – não é possível, dentro de uma antropologia cristã, pensar um ser humano sem corpo.

Por mais que as forças fundamentalistas tentem, a todo custo, tirar o corpo e a sexualidade da teologia, uma teologia atenta às questões de seu tempo deve ser capaz de acolher o corpo e a sexualidade como condição sem a qual não é possível pensar uma teologia que faça sentido para as pessoas hoje.

Considerações finais

A Ética das Virtudes busca romper com o dogmatismo ético, incentivar práticas virtuosas e promover o florescimento pessoal. Defendemos aqui que, para se ter uma liberdade corpórea, é necessário que o florescimento pessoal – e, atrelado a ele, o autoconhecimento – não apenas aconteça, mas seja incentivado. Quando assumimos que corpo, mente, alma e caráter expressam uma única pessoa, ao buscar o florescimento do caráter moral, estamos, consequentemente, buscando o florescimento pessoal. Desse modo, ser uma pessoa virtuosa significa estar em harmonia consigo mesmo; é a própria pessoa que precisa adquirir as virtudes e colocá-las em prática. A ética cristã, por sua vez, defende que é por meio da graça divina que é possível alcançar esse estado de plenitude e felicidade. A prática cristã consiste, portanto, na constante busca da conformação com Jesus, o Cristo.

Algumas leituras da Ética das Virtudes defendem que a religião deve ser separada da moral – como o faz Anscombe – e buscam um vocabulário inovador nesse quesito. Já outras – como o faz MacIntyre – defendem que não é possível pensar moral sem pensar num *telos*, e buscam associar religião e moral, assim como a ética cristã o faz.

O principal, contudo, é compreender que, para que cada pessoa tenha maior liberdade corpórea, é fundamental o florescimento do seu caráter, bem como seu autoconhecimento corporal, seja ele por meio da prática cristã suportada pela graça divina ou por meio da prática das virtudes.

Referências

ANSCOMBE, Gertrude Elizabeth Margareth. A filosofia moral moderna. In: ZINGANO, Marco (org.). *Sobre a Ética Nicomaqueia de Aristóteles*. São Paulo: Odysseus Editora, 2010, p. 19-41.

BACKENDORF, Jonas Muriel. Ética das Virtudes na Contemporaneidade: uma breve introdução. *Occursus Revista de Filosofia*, Fortaleza 4/2 (2019).

BARRETO, Maria Cristina Rocha; OLIVEIRA FILHO, José Evaristo de. A inclusão de homossexuais no protestantismo. *Revista Brasileira de História e Ciências Sociais*, São Leopoldo 4/8 (2012).

BORRADORI, Giovanna. Nietzsche ou Aristóteles? Alasdair MacIntyre. In: BORRADORI, Giovanna. *A filosofia americana: Conversações com Quine, Davidson, Putnam, Nozick, Danto, Rorty, Cavell, MacIntyre e Kuhn*. Tradução: Álvaro Lorencini. São Paulo: Editora UNESP, 2003.

CARVALHO, Helder Buenos Aires de (org.). *Tradição, moralidade e racionalidade: em diálogo com Alasdair MacIntyre* [recurso eletrônico]. Porto Alegre: Editora Fi; Teresina: EDUFPI, 2018.

FOOT, Philippa. *Virtue and Vices and Other Essays in Moral Philosophy*. New York: Oxford University Press, 2002.

GEFFRÉ, Claude. *Crer e interpretar: A virada hermenêutica da teologia.* Petrópolis: Vozes, 2004.

HOBBUS, João. *Ética das virtudes.* Florianópolis: Editora da UFSC, 2011.

HURSTHOUSE, Rosalind. Virtue Theory and Abortion. *Philosophy & Public Affairs* 20/3 (1991): 223-246.

MACINTYRE, Alasdair. *As ideias de Marcuse.* Tradução: Jamir Martins. São Paulo: Cultrix, 1970.

MACINTYRE, Alasdair. *Depois da Virtude: um estudo sobre teoria moral.* Tradução: Pedro Arruda e Pablo Costa. Campinas: Vide Editorial, 2021.

MOLTMANN, Jürgen. A Common Earth Religions: World Religions *from an Ecological Perspective. Ecumenical Review*, Geneva 63/1 (2011): 16-24.

MOLTMANN, Jürgen. Fundamentalismo e modernidade. *Concilium Brasil*, Petrópolis 241 (1992): 141-148.

MOLTMANN, Jürgen. Is 'Pluralistic Theology' Useful for the Dialogue of World Religions? In: D'COSTA, Gavin (ed.). *Christian Uniqueness Reconsidered: The Myth of a Pluralistic Theology of Religions.* New York: Orbis Books, 1990, p. 149-156.

PETRARCA, Francisco. Opere. In: BIGNOTTO, Newton. *Origens do republicanismo moderno.* Belo Horizonte: Editora UFMG, 2001, p. 223-235.

Cap. 5

ÉTICA DAS VIRTUDES PARA A SAÚDE SEXUAL: APRENDENDO COM A MULHER CURADA EM MEIO A UMA MULTIDÃO (Mc 5,25-34)

Mary M. Doyle Roche[1]

A redescoberta da ética das virtudes, ocorrida nas últimas décadas no âmbito da ética católica, abriu caminhos importantes em todas as esferas da vida moral, inclusive da ética sexual. O teólogo da moral James F. Keenan deu o tom para uma nova trajetória em dois artigos muito importantes.[2] Na reflexão que segue, aprofundarei o valor da ética das virtudes para o acesso aos cuidados de saúde sexual e para a tomada de decisões, voltando minha atenção para alguns aspectos-chave: a ética das virtudes é sobre seguir em frente por amor mais do que sobre evitar ações ou compromissos específicos por medo ou vergonha; a ética das virtudes é centrada na pessoa e profundamente relacional; a ética das virtudes baseia-se na formação de mentores e comunidades morais.

As virtudes cardeais propostas por Keenan – justiça, fidelidade, autocuidado e prudência – têm sido particularmente adequadas para a ética sexual, levando a sério as contribuições da teologia feminista em relação à experiência vivida e encarnada das pessoas e às condições sociais

---

[1] **Mary M. Doyle** Roche é Doutora em Teologia (Boston College – USA), Docente no College of the Holy Cross (Worcester, MA – USA) e membro da Catholic Theological Ethics in the World Church. Tradução do inglês: Tarcísio dos Santos, sdb.

[2] KEENAN, James F. Proposing Cardinal Virtues. *Theological Studies* 56/4 (1995): 709-729; Virtue Ethics and Sexual Ethics. *Louvain Studies* 30/3 (2005): 180-197 (Capítulo 1 deste livro, p. 13-37).

que, a serviço do patriarcado, do capitalismo e da supremacia branca, restringem a capacidade de agir e comprometem o seu bem-estar. Os frutos da aplicação da ética das virtudes incluem justificativas morais para a prevenção de doenças e gravidez, abordagens apropriadas para o desenvolvimento dos jovens, visões diferenciadas das relações sexuais igualitárias que existem ao longo do tempo e caminhos para resistir a uma ética sexual que adere estritamente ao binarismo sexual e de gênero e a pressupostos patriarcais. As virtudes também nos ajudam a nomear e combater a violência sexual e de gênero e o assédio pelo que representam de traição ao Evangelho.

Cada uma das virtudes cardeais – justiça, fidelidade, autocuidado e prudência – tem um papel a desempenhar na tomada de decisões sexuais com vista à saúde sexual e de gênero, provendo o melhor contexto para tais decisões. O foco principal desta reflexão é o potencial da virtude do autocuidado para ajudar os jovens a navegar por um caminho em direção à saúde sexual e de gênero no terreno muitas vezes acidentado da orientação sexual, identidade de gênero, intimidade sexual e justiça reprodutiva.[3] O contexto político dos Estados Unidos influencia a escolha dessa prioridade pelo fato de a educação dos jovens em torno de questões de sexo, gênero e saúde ser bastante tensa, e os debates, bastante polarizados e inflamados. Enquanto muitos teólogos da moral estão oferecendo novas direções úteis para a ética sexual, as autoridades eclesiais e aqueles que tomam decisões sobre a educação ou exercem influência considerável sobre ela (com patrocínio do governo ou de escolas particulares confessionais) estão muitas vezes arraigados ao binarismo de gênero e usam argumentos relacionados à liberdade religiosa para restringir o acesso à educação de qualidade, baseada em evidências, sobre sexo e gênero. Esses mesmos argumentos também são usados pelos hospitais católicos para discriminar e negar cuidados que frequentemente estão ligados a sexo, gênero e reprodução.

Nos *campi* das faculdades e universidades, ensinamos estudantes que talvez entendam alguma coisa – mas não tudo – sobre os mecanismos do

[3] Por "jovens", refiro-me principalmente às pessoas com idades compreendidas entre os dezesseis e os vinte e nove anos.

sexo e da reprodução, estudantes que buscam informações sobre sexo em espaços não confiáveis, entre colegas e na internet, estudantes cujas imaginações sobre relacionamentos sexuais são formadas pela mídia e pela pornografia, estudantes cuja orientação sexual e identidade de gênero os mantêm presos "no armário", tornando-os mais vulneráveis ao abuso e à exploração, e estudantes que estão nadando nas culturas de assédio e agressão sexual que existem nos espaços universitários.[4] A reflexão aqui proposta parte do princípio de que o cultivo do autocuidado – enraizado no amor de si, assumido no duplo mandamento do amor proposto por Jesus – é a virtude fundamental no desenvolvimento sexual saudável dos jovens, e isso requer uma comunidade moral justa e fiel, que preze a autonomia e a relacionalidade interdependente da dignidade humana.[5]

Nesta reflexão, considero a saúde sexual e de gênero como uma questão crítica de saúde *pública* e elemento crítico de *todos* os cuidados básicos em saúde. Essa perspectiva tem várias implicações. Ela nos permite examinar as comunidades e os contextos em que determinadas pessoas fazem escolhas sobre sexo e gênero. Somos capazes de considerar os tipos de comunidade de que precisamos para que todas as pessoas desabrochem em seus corpos e relacionamentos. Um marcador-chave de tais comunidades deve ser a ausência de vergonha e estigma, em relação tanto aos corpos femininos e *queer* quanto ao desejo sexual, relações sexuais, menstruação, reprodução, gravidez e infecções sexualmente transmissíveis.

A vergonha e o estigma impedem a comunicação honesta entre pais e filhos, pacientes e médicos, estudantes e professores, parceiros íntimos e potenciais parceiros íntimos. Tal atmosfera inibe o cultivo do autocuidado, no que se refere tanto à formação da consciência pessoal quanto às práticas

---

[4] Ver, por exemplo: SHANE, Kari; ZIMMERMAN, Davis; KING, Jason. Hooking Up, Contraceptive Scripts, and Catholic Social Teaching. *Journal of Moral Theology* 7/1 (2018): 99-111; BESTE, Jennifer. *College Hookup Culture and Christian Ethics: The Lives and Longings of Emerging Adults.* Oxford University Press, 2018; MCCABE, Megan K. A Feminist Catholic Response to the Social Sin of Rape Culture. *Journal of Religious Ethics* 36/4 (2018): 635-657.

[5] Ver: FARLEY, Margaret. A Feminist Version of Respect for Persons. *Journal of Feminist Studies in Religion* 9/1-2 (1998): 183-198.

encarnadas que honram a dignidade pessoal. Os resultados da vergonha e do estigma são danos físicos, emocionais, espirituais e relacionais.[6]

Gostaria de ser clara desde o início: o emprego da ética das virtudes na esfera da saúde sexual não tem a intenção de enfatizar demais a "responsabilidade pessoal" ou de atribuir o ônus da saúde sexual e da prevenção da violência sexual aos indivíduos, até porque, na maioria das vezes, esses são mulheres e pessoas LGBTQIA+. Ironicamente, algumas tentativas de empoderamento também podem deixar as vítimas da violência sexual e de gênero se sentindo como se devessem ter tido a capacidade e/ou a coragem de evitá-la. Os vitimizadores, que se beneficiam de contextos de vergonha, são os responsáveis pelas suas ações e pelos danos específicos que causam. Todos nós somos responsáveis por perpetuar uma *cultura* que torna os estigmas relacionados ao sexo e à violência sexual e de gênero mais fáceis e aceitáveis de serem perpetrados.

Dividirei a reflexão que segue em três partes. Num primeiro momento, farei uma reflexão sobre uma imagem bíblica do autocuidado apresentada no evangelho de Marcos (5,25-34). A mulher curada na multidão pode ser apresentada como testemunha das várias nuances do autocuidado, desde a autodefesa e a resiliência pessoal até a busca de ajuda e a confiança nos outros. Em seguida, farei dialogar os *insights* do Evangelho com os compromissos da Organização Mundial da Saúde e dos Centros de Controle de Doenças dos Estados Unidos e com o autocuidado e a saúde sexual. Por fim, aprofundarei o sentido do autocuidado, do cuidado comunitário e da cidadania sexual em perspectiva teológica e concluirei com algumas implicações práticas para a ação pessoal e estrutural.

1. Sair da vergonha e entrar na comunidade: refletindo sobre Mc 5,25-34

> Estava aí uma mulher que havia doze anos sofria de hemorragias e tinha padecido muito nas mãos de muitos médicos; tinha gastado tudo o que possuía e, em vez de melhorar, piorava cada vez mais. Tendo ouvido falar de Jesus, aproximou-se, na multidão, por detrás e tocou-lhe no

[6] Ver: PATERSON, Gillian. Who Sinned? AIDS-related Stigma and the Church. In: HOGAN, Linda (ed.). *Applied Ethics in a World Church: The Padua Conference.* Maryknoll, NY: Orbis, 2008, p. 163-169.

> manto. Ela dizia: "Se eu conseguir tocar na roupa dele, ficarei curada". Imediatamente a hemorragia estancou, e a mulher sentiu dentro de si que estava curada da doença. Jesus logo percebeu que uma força tinha saído dele e, voltando-se para a multidão, perguntou: "Quem tocou na minha roupa?" Os discípulos disseram: "Tu vês a multidão que te aperta, e ainda perguntas: 'Quem me tocou?'" Ele olhava ao redor para ver quem o havia tocado. A mulher, tremendo de medo ao saber o que lhe havia acontecido, veio, caiu-lhe aos pés e contou toda a verdade. Jesus então disse à mulher: "Filha, a tua fé te salvou. Vai em paz e fica livre da tua doença".

Uma mulher que sofria há anos viu diante de si mais uma oportunidade para alcançar a cura quando ouviu que Jesus estava passando. Ela já tinha tentado de tudo e gastado tudo o que tinha com médicos; alguns deles, apesar das boas intenções, não tiveram sucesso, e outros, possíveis charlatães, exploraram sua vergonha e desespero. Jesus também poderia ser um daqueles que ofereciam falsas esperanças, mas as histórias que giravam em torno dele levaram a mulher a assumir o risco de sair de um lugar de isolamento. Diminuindo-se o mais que pôde, ela tentou passar despercebida pela multidão e pelo próprio Jesus. Rastejando através da multidão, ela alcançou apenas a bainha de uma roupa empoeirada. Se Jesus era "tudo aquilo", bastaria o menor toque para comunicar o poder de cura. A mulher *não* passou despercebida por Jesus, embora tenha sido ignorada pela multidão. Quando interpelada, ela se curvou para buscar perdão e pôs-se de pé para dizer sua verdade.

Aquela mulher, plenamente curada, é testemunha da prática crucial do autocuidado. Ela foi atrás de médicos para ajudá-la, mas não obteve êxito algum. Destemida, ela teve a coragem de priorizar sua própria cura repetidas vezes. A sua coragem não foi nem imprudente, nem muito ousada. Ciente de que a multidão, por ser instável, seria capaz de se voltar contra ela rapidamente, ela se move com cautela e prudência, para não chamar nenhuma atenção desnecessária. Os discípulos veem a multidão apenas como uma massa, na qual não é possível distinguir uma pessoa de outra. Como Jesus pode perguntar quem tocou nele? Está de brincadeira? Não percebe quantas pessoas os cercam? No entanto, Jesus sente o particular, ele sente uma pessoa radicalmente única em seu meio. A mulher também sente que é descoberta, percebida, incapaz de se esconder no meio da multidão. É a primeira vez que ela é vista, ouvida e até sentida por quem ela é, e não apenas como mais uma mulher com problemas femininos, indigna de um nome, indigna de ser conhecida ou cuidada.

Poetisa e cuidadora de mulheres envolvidas com o trabalho sexual ou que se recuperam dele, Edwina Gateley empregou essa passagem para chamar nossa atenção e imaginação para as mulheres cujos direitos e liberdades básicos lhes foram negados.[7] Na mesma linha, Emily Reimer-Barry nos desafiou a ler essa história a partir da perspectiva da justiça reprodutiva, tendo presente uma mulher sofrendo após o aborto espontâneo ou provocado.[8] Também podemos considerar uma jovem transgênera para quem a puberdade e a menstruação têm sido traumatizantes e uma afronta contínua a toda a verdade sobre sua identidade de gênero. Podemos considerar uma pessoa cuja força vital é drenada pela vida "trancada no armário", ou uma pessoa com cicatrizes de automutilação após trauma, ou mulheres jovens sem acesso a produtos sanitários que, por causa disso, perdem o estudo ou o trabalho. Gateley captura muito bem suas dificuldades: "Sem remédios. Sem convênio médico. Sem cura. Sem esperança".[9] Ela também retrata de forma pungente a coragem dessas pessoas – "um pouquinho de luz, audaciosa" –, encorajando-as a tomar uma atitude e falar. "De pé e assustada, fiquei no meu lugar. E então, pareceu-me que era melhor morrer pela vida do que morrer de desespero. [...] Eu sabia que só precisava estender a mão e tocar – ousar quebrar a regra da morte... Ir além daquilo que eu jamais imaginaria e partilhar meus sonhos secretos e contar minha história – falar em voz alta a minha verdade inaudita".[10]

A mulher do evangelho de Marcos submete seu clamor ao poder de cura de Jesus. Ela é ao mesmo tempo ousada ao exercer o autocuidado

---

[7] GATELEY, Edwina; GLANZMAN, Louis. *Soul Sisters: Women of Scripture Speak to Women Today.* Maryknoll, NY: Orbis, 2002 (com permissão do editor).

[8] REIMER-BARRY, Emily. Abortion Bans: Catholic Teachings and Feminist Catholic Analysis. Conferência proferida em 21.03.2022, no College of the Holy Cross (Gender, Sexuality, and Women's Studies Program Speaker Series).

[9] GATELEY; GLANZMAN. *Soul Sisters,* p. 91.

[10] GATELEY; GLANZMAN. *Soul Sisters,* p. 94 e 96, respectivamente.

por meio da sua capacidade pessoal de agir e ao confiar-se aos cuidados de outra pessoa. Embora o fluxo de sangue tenha secado imediatamente ao tocar Jesus, a cura ainda não estava completa. Para Gateley, a cura se dará plenamente na narração de "toda a verdade", dita não a partir de uma postura de submissão, mas de plena assunção da sua realidade. A mulher é verdadeira sobre o sofrimento enfrentado, a solidão, a vergonha, o desespero e o profundo desejo de, finalmente, ser curada.

Para a multidão, era normal que a mulher se acuasse; para Jesus, não. A verdade é dita com coragem e fé e é ouvida por Jesus com misericórdia e compaixão. A cura acontece instantaneamente após o ato de autoconfiança e desenvoltura, mas não é o fim da história. Ela se dá no encontro com Jesus, na entrega da própria vida a um outro que a vê na sua integralidade, a escuta e lhe responde a partir das suas necessidades. Aquela pessoa virtuosa não é devolvida ao seu lugar de medo e isolamento e, muito menos, despachada numa multidão sem rosto. Em vez disso, ela é reintegrada a uma comunidade na qual, em toda a sua singularidade radical, pode crescer em relacionamentos que valorizam o autocuidado, a fidelidade e a justiça.

2. Autocuidado, saúde sexual e cidadania sexual

Os Centros de Controle e Prevenção de Doenças dos Estados Unidos definem saúde sexual como "um estado de bem-estar físico, emocional, mental e social em relação à sexualidade; estado que não é apenas ausência de doença, disfunção ou enfermidade. A saúde sexual requer uma abordagem positiva e respeitosa da sexualidade e das relações sexuais, bem como a possibilidade de ter experiências sexuais prazerosas e seguras, livres de coerção, discriminação e violência".[11]

Para a Organização Mundial da Saúde, "a saúde sexual é fundamental para a saúde geral e o bem-estar de indivíduos, casais e famílias e para o desenvolvimento social e econômico de comunidades e países".[12] Embora

[11] CENTERS FOR DISEASE CONTROL AND PREVENTION. Sexual Health. Disponível em: https://www.cdc.gov/sexualhealth/default.html#who. Acesso em: 10 out. 2023.

[12] WORLD HEALTH ORGANIZATION. Sexual Health. Disponível em: https://www.who.int/health-topics/sexual-health#tab=tab_1. Acesso em: 10 out. 2023.

uma definição ampla dificulte garantir a saúde sexual como um direito humano básico, ela fornece uma visão da saúde sexual e do bem-estar que é constitutiva do desabrochar humano amplamente considerado.

Para desfrutar da saúde sexual, as pessoas precisam de acesso a informações abrangentes e precisas; conhecimento sobre os riscos e suas vulnerabilidades particulares, acesso a cuidados de saúde sexual (que incluem cuidados de saúde reprodutiva, tratamento para infecções sexualmente transmissíveis, disfunção sexual e trauma de violência sexual) e "um ambiente que afirme e promova a saúde sexual". O cuidado das pessoas deve ser sensível à sua orientação sexual, bem como à sua identidade e expressão de gênero.[13]

A Organização Mundial da Saúde também propõe uma definição funcional de autocuidado que, embora mais limitada do que a concepção de virtude abordada aqui, vale a pena ser considerada: "O autocuidado é a capacidade de indivíduos, famílias e comunidades de promover a saúde, prevenir doenças, manter a saúde e lidar com doenças e deficiências com ou sem o apoio de um profissional de saúde".[14] Além disso, "o autocuidado reconhece os indivíduos como agentes ativos na gestão dos seus próprios cuidados de saúde, em áreas como a promoção da saúde; prevenção e controle de doenças; automedicação; prestação de cuidados a pessoas dependentes e reabilitação, incluindo cuidados paliativos".[15] Em contextos nos quais os recursos e o pessoal de saúde são limitados, a Organização Mundial da Saúde recomenda intervenções que permitam que as pessoas continuem a cuidar de si mesmas na doença e promovam comunidades saudáveis. O objetivo é que todos tenham acesso aos recursos de saúde e aos profissionais de que necessitam. No entanto, alternativas para o autocuidado são cruciais sempre e onde quer que esse objetivo não seja alcançado.

No livro *Sexual Citizens: Sex, Power, and Assault on Campus*, os pesquisadores da Columbia University Jennifer Hirsch e Shamus Khan

---

[13] WORLD HEALTH ORGANIZATION. Sexual Health.

[14] WORLD HEALTH ORGANIZATION. Self-Care Interventions for Health. Disponível em: https://www.who.int/health-topics/self-care#tab=tab_1. Acesso em: 10 out. 2023.

[15] WORLD HEALTH ORGANIZATION. Self-Care Interventions for Health.

compartilham suas pesquisas sobre sexo e abuso sexual no ambiente universitário realizadas por meio da *Sexual Health Initiative to Foster Transformation* (SHIFT). Eles estão interessados em entender a "arquitetura de escolhas" na vida universitária e promover "um contexto que estimule as pessoas a tomar decisões que sejam boas para si e para os outros".[16] Hirsch e Khan empregam três conceitos para analisar suas descobertas: projetos sexuais, cidadania sexual e geografia sexual. Para eles, um "projeto sexual engloba razões pelas quais alguém pode buscar uma determinada interação ou experiência sexual".[17] Reconhecendo a natureza "profundamente pessoal" dos projetos sexuais, Hirsch e Khan acreditam que eles também são "forjados em comunidades" e, portanto, "como os parceiros se encaixam no projeto sexual de alguém é uma questão moral crítica".[18]

A cidadania sexual, por sua vez, "implica o reconhecimento do próprio direito à autodeterminação sexual e, sobretudo, o reconhecimento de que os outros têm o mesmo direito". Como outras formas de cidadania e de emancipação, a cidadania sexual requer apoios culturais e institucionais para ser vivida nas circunstâncias concretas da vida de cada um. O conceito de cidadania sexual também permite que os pesquisadores destaquem contextos de injustiça (supremacia branca, misoginia, homofobia, desigualdade socioeconômica) em que "algumas pessoas sentem-se no direito de possuir os corpos dos outros, e outras não sentem ter direito aos seus próprios corpos".[19] Esses contextos exacerbam a prevalência de assédio e abuso sexual e, certamente, também contribuem para aumentar a vergonha e o estigma, tão prejudiciais à saúde sexual e de gênero. De acordo com Hirsch e Khan, "a cidadania sexual é um projeto comunitário que requer o desenvolvimento de capacidades individuais, relações sociais fundadas no respeito pela dignidade dos outros, ambientes organizacionais que buscam educar e afirmar a cidadania de todas as pessoas

[16] HIRSCH, Jennifer; KHAN, Shamus. *Sexual Citizens: Sex, Power, and Assault on Campus.* New York: W.W. Norton, 2021, p. xi.

[17] HIRSCH; KHAN. *Sexual Citizens*, p. xiv.

[18] HIRSCH; KHAN. *Sexual Citizens*, p. xvi.

[19] HIRSCH; KHAN. *Sexual Citizens*, p. xvi.

e uma cultura de respeito".[20] Na senda da ética das virtudes, eles se perguntam: "E se, em vez de amedrontar os jovens, os ajudássemos a crescer e se tornar pessoas que têm vidas íntimas satisfatórias?"[21]

Organizações de saúde pública e pesquisadores consideram a saúde sexual (e a violência sexual) a partir de um quadro de referência que leva em conta as escolhas pessoais nos contextos das instituições e estruturas sociais. As iniciativas de autocuidado em saúde pública demandam apoios estruturais à autonomia e à ação, especialmente quando o acesso aos recursos é extremamente limitado. O autocuidado como virtude moral na tradição católica, no entanto, é um bem em si mesmo e nunca é apenas um remédio para uma situação injusta. Comunidades que valorizam o autocuidado e o agir moral que ele exige tornam o acesso à informação, à educação em saúde sexual e às medidas de tratamento e prevenção o mais fácil possível; abrem espaço para o autocuidado, não impedindo a capacidade pessoal de ação e esforço, nem abandonando as pessoas a si mesmas.

3. O cuidado pessoal e comunitário em perspectiva teológica

Numa sociedade altamente orientada para o consumo, o autocuidado pode se tornar outra mercadoria disponível apenas para aqueles que podem pagar por ele. A riqueza e a relacionalidade do autêntico autocuidado são reduzidas a meros mimos em que as nossas necessidades e anseios profundamente pessoais são anonimizados e "satisfeitos" com bens produzidos em massa, práticas espirituais culturalmente apropriadas e serviços prestados por trabalhadores mal remunerados. Para as estudiosas feministas, a virtude do autocuidado deve *resistir* tanto às tendências consumistas quanto à tendência da ética cristã de diminuir o valor do autocuidado em favor do autossacrifício. Estudiosas que trabalham numa perspectiva feminista interseccional, que destacam as complexas influências de gênero, raça e etnia e classe socioeconômica,

[20] HIRSCH; KHAN. *Sexual Citizens*, p. xvii.

[21] HIRSCH; KHAN. *Sexual Citizens*, p. xvii.

e clamam por solidariedade para além das diferenças, nos ajudam a fornecer ainda mais nuances a essa virtude.[22]

O autocuidado, bom em si mesmo, não é uma prática de que precisamos apenas para nos restaurar a fim de que possamos servir aos outros e trabalhar pela justiça. O autocuidado nos ajuda a evitar o *burnout*? Sim, mas também preza pela dignidade intrínseca das pessoas para além das funções que desempenham na vida dos outros. Mais ainda, o autocuidado autêntico está sempre inserido nas práticas de cuidado comunitário. Ou seja, o autocuidado frequentemente envolve pedir ajuda, reivindicar o cuidado e a preocupação com os outros e incluir-se entre aqueles a quem se deve fidelidade e justiça nos relacionamentos.

Ao tecer uma crítica à limitada agenda pró-vida da Igreja Católica, Emily Reimer-Barry faz ecoar as vozes das mulheres por autocuidado. Para ela, "de muitas maneiras, as mulheres estão se perguntando: Minha Igreja acredita que o meu corpo é importante? Minha Igreja acredita que sou capaz de tomar boas decisões? Minha Igreja aceita que sou eu quem disponho de mais condições de entender as circunstâncias da minha vida e do que eu posso fazer?".[23]

O autocuidado autêntico é essencialmente uma afirmação de que os corpos, as mentes e as almas das pessoas importam. É a capacidade de tomar decisões com base nessa afirmação fundamental. É também uma reivindicação do apoio da comunidade e da sua capacidade de orientar a natureza desse apoio.

Ao criticar o fato de que os pressupostos culturais sobre o autocuidado são supremacistas brancos, capitalistas e patriarcais, a estudiosa da política afro-americana e feminista Melissa Harris-Perry reconheceu que "populações marginalizadas realizaram o autocuidado por séculos, a despeito da opressão sistêmica. Mas o termo, quer se refira

---

[22] Ver, por exemplo: COOPER, Brittney. *Eloquent Rage: A Black Feminist Discovers Her Superpower.* New York: Picador, 2019; KENDALL, Mikki. *Hood Feminism: Notes from the Women that a Movement Forgot.* New York: Penguin, 2021; HOOKS, Bell. *All About Love: New Visions.* New York: William Morrow, 2018; HERSEY, Tricia. *Rest as Resistance: A Manifesto.* New York: Little, Brown Spark, 2022.

[23] REIMER-BARRY, Emily. Another Pro-Life Movement is Possible. *CTSA Proceedings* 74 (2019): 30.

ao trabalho ativista crítico ou a uma espécie de alimento espiritual, sugere que é possível praticar o cuidado por conta própria. A verdade é que existimos em matrizes de aliados e amigos que fazem esse trabalho por nós".[24] Embora o autocuidado ofereça "permissão explícita para cuidar de seu próprio bem-estar", ele pode focar muito estreitamente no que "você pode fazer por você". Harris-Perry advoga por um "cuidado coletivo", tendo em vista que "confiamos nos outros para cuidar de nós quando somos muito jovens, muito velhos ou estamos muito doentes, muito destroçados, muito tristes, muito apavorados, muito carentes, muito sobrecarregados ou muito impotentes. O cuidado é a razão pela qual vivemos em comunidade, formamos famílias e, em última análise, temos governo". Coerente com o compromisso católico com a solidariedade e a interdependência como bens da vida humana, Harris-Perry afirma que "o cuidado coletivo nos lembra de que não há vergonha alguma em buscar o outro e ajudá-lo, e insiste que o imperativo não cabe ao indivíduo, mas à comunidade. Nossa tarefa é proteger um ao outro".[25]

Assumir que todas as vidas importam e que o cuidado coletivo é o caminho enriquece nossa compreensão teológica do autocuidado como uma virtude cardeal que promove o florescimento sexual. Ao repropor a ética das virtudes para a teologia moral católica, Keenan afirma que "a tarefa do desenvolvimento moral não é para um indivíduo aperfeiçoar seus poderes, mas, sim, para uma pessoa perceber corretamente a variedade de maneiras pelas quais somos *relacionais*".[26] Por isso, ele propõe a justiça como a virtude que "nos impele a tratar todas as pessoas igualmente" e a fidelidade como a virtude que "exige que tratemos com especial cuidado aqueles que estão mais próximos de nós". Essas virtudes nos chamam tanto à imparcialidade quanto à particularidade, mas, como

---

[24] HARRIS-PERRY, Melissa. How #SquadCare Saved My Life. *Elle* (July 24, 2017). Disponível em: https://www.elle.com/culture/career-politics/news/a46797/squad-care-melissa-harris-perry/. Acesso em: 10 out. 2023.

[25] HARRIS-PERRY. How #SquadCare Saved My Life.

[26] KEENAN, James. *Moral Wisdom: Lessons and Texts from the Catholic Tradition.* 2nd ed. Lanham, MD: Rowman and Littlefield, 2010, p. 146.

afirma Keenan, "nenhuma dessas virtudes, no entanto, aborda a relação única que eu, como agente moral, tenho comigo mesmo".[27] Esse é um desafio do autocuidado. Nossa relação com nós mesmos é experimentada em nossa consciência. Por isso, Keenan considera "que a tarefa mais importante do autocuidado é a formação da própria consciência, pois por meio dela é que respondemos ao Deus que nos chama".[28] É a prudência que, por sua vez, ajuda a navegar por entre as tensões e os conflitos entre as virtudes; é ela que "ajuda cada virtude a moldar seu fim de forma mais inclusiva das outras duas".[29]

A essa visão de autocuidado, que pode parecer desencarnada, Keenan e o biblista Daniel Harrington dão um significado mais profundo no seu trabalho "*Jesus e a Ética das Virtudes*". Ambos situam o chamado ao autocuidado no contexto do duplo mandamento de Jesus de amar a Deus e ao próximo como a si mesmo (Mc 12,28-34). Relembrando Levítico 19,18 – "*amarás a teu próximo como a ti mesmo*" –, Harrington afirma: "A presunção que a fundamenta [a citação feita por Mateus em 22,39] é a de que os seres humanos amam naturalmente a si mesmos, e certamente de um modo em que buscam preservar suas vidas e encontrar a felicidade (como quer que a definam). O desafio é mostrar o mesmo tipo de preocupação em relação aos outros".[30] Do ponto de vista da teologia moral, Keenan argumenta: "O amor a si é o amor como o que Deus tem por nós. Amor a si é reconhecer, então, que o amor de Deus por nós é muito específico e muito precioso, e que Deus nos reconhece individualmente como passíveis de amor. O amor de Deus por nós é novamente o amor efetivo para nosso amor a nós mesmos. Como outros tipos de amor, ele é claramente chamado a ser realizado em expressões palpáveis da vida comum".[31]

---

[27] KEENAN. Proposing Cardinal Virtues, p. 726.

[28] KEENAN. *Moral Wisdom*, p. 147.

[29] KEENAN. Proposing Cardinal Virtues, p. 728.

[30] HARRINGTON, Daniel J.; KEENAN, James F. *Jesus e a ética da virtude. Construindo pontes entre os estudos do Novo Testamento e a teologia da moral.* São Paulo: Loyola, 2006, p. 126.

[31] HARRINGTON; KEENAN. *Jesus e a ética da virtude*, p. 139.

A narrativa de Marcos sobre a mulher curada por Jesus no meio da multidão ilustra as "expressões tangíveis" do amor-próprio no autocuidado, que, para Keenan, é "também um ato de misericórdia".[32] A mulher, com uma brasa de sua própria dignidade ainda incandescente, é curada de uma maneira "muito específica" por um homem que a considera "muito preciosa". Esse amor de Jesus torna possível uma nova compreensão de autocuidado, fidelidade e justiça. De acordo com Keenan, "ao comandar-nos a amarmos a nós mesmos, contudo, ele nos motiva e torna possível a disposição misericordiosa perante nossas próprias vidas caóticas e a atitude reconciliadora de trazer essas vidas a um equilíbrio mais cheio de graça".[33]

Harrington nos lembra de que o "Novo Testamento não é um livro sobre sexo ou sobre ética da sexualidade. [...] Seus ensinamentos sobre a ética da sexualidade e sobre outras questões éticas são parte de uma história maior do mistério pascal: da vida, morte e ressurreição de Jesus e de sua importância para nós como pessoas *encarnadas*".[34] Enquanto o autocuidado é muito mais do que um mero mimo que nos dá trégua de um *status quo* que nos esgota e prejudica, assim também ele é mais do que o trabalho interior de formação da consciência. O autocuidado também cultiva a atenção aos nossos corpos para que possamos ocupar o devido espaço numa multidão opressiva, capacitando-nos para o trabalho de transformação do nosso coração e do mundo. Ele está enraizado num amor que nos chama a ver em nós mesmos a pessoa única e preciosa que Deus tanto ama.

Considerações finais: implicações do autocuidado para a saúde sexual e de gênero

As pessoas se esforçam para cuidar de si mesmas no que se refere à saúde e ao bem-estar sexual e de gênero.[35] Somos amados por Deus como pessoas sexuais em todo o nosso mistério. Como seria, então, o

---

[32] HARRINGTON; KEENAN. *Jesus e a ética da virtude*, p. 140.

[33] HARRINGTON; KEENAN. *Jesus e a ética da virtude*, p. 140.

[34] HARRINGTON; KEENAN. *Jesus* e a ética da virtude, p. 215 (itálico nosso).

[35] Esta afirmação inclui pessoas de um amplo espectro de orientações sexuais e identidades de gênero.

autocuidado nesse contexto? Certamente, o autocuidado implica defender a integridade corporal e a saúde integral e ter capacidade de se proteger ou reduzir os danos nas relações sexuais e contextos de assédio e desigualdade. O autocuidado também implica examinar e articular nossos projetos sexuais e de gênero com honestidade, para nós mesmos e para aqueles com quem estamos em relação. Enraizado no mandamento de amar a Deus e ao próximo, o autocuidado requer que respeitemos a dignidade e a cidadania sexual dos outros, incluindo, de modo especial, os parceiros íntimos.

O autocuidado precisa da ajuda da coragem para que possamos dizer "não" a encontros sexuais indesejados ou desagradáveis. O autocuidado nos permite exigir espaços inclusivos, livres de violência e assédio. Ele também permite e, às vezes, nos encoraja a sair de relacionamentos e instituições que minam o cuidado pessoal e comunitário, especialmente para mulheres e meninas, mulheres e meninas de cor[36] e todas as pessoas LGBTQIA+. O autocuidado também precisa da ajuda da coragem pessoal para dizer "sim" aos desejos, "sim" aos relacionamentos que são justos, "sim" aos relacionamentos que são fiéis e "sim" à própria orientação sexual e identidade de gênero. Tudo isso nos reconduz a toda a verdade dita pela mulher no meio da multidão.

Sendo uma virtude a ser cultivada juntamente com a justiça e a fidelidade, o autocuidado implica que aceitemos a função de torná-lo possível também para os outros, que, assim como nós, são profundamente únicos e amados por Deus. Isso requer uma comunidade moral que claramente desafie o estigma e a vergonha relacionados ao sexo e ao gênero, tome medidas para diminuir os riscos de dizer a verdade, assuma a saúde

[36] Nota do editor: O termo "pessoa de cor" é usado principalmente na literatura estadunidense para descrever qualquer pessoa que não seja considerada branca, como os afro-americanos, latino-americanos, asiático-americanos, nativo-americanos. O termo enfatiza experiências comuns de racismo institucional, está associado aos movimentos de justiça social e une grupos raciais e étnicos díspares num coletivo mais amplo e solidário entre si. Mas há quem o critique por ser racista e perpetuar preconceitos, desigualdades e discriminações com base no tom da pele (colorismo). O termo será usado em alguns capítulos desta obra e a opção foi pela tradução literal, a fim de não comprometer o pensamento das autoras, que se distanciam claramente tanto do racismo quanto do colorismo.

sexual e de gênero de uma forma abrangente e holística, pratique uma comunicação eficaz e precisa sobre nossos desejos corporais e espirituais e forneça pronto e viável acesso a cuidados de saúde que afirmem o gênero de uma pessoa e/ou o seu processo de discernimento de gênero. Trata-se de uma comunidade moral que responda com fidelidade e justiça às pessoas no seu sofrimento ou no seu florescimento como pessoas sexuais.

Infelizmente, a Igreja Católica nem sempre é essa comunidade moral, seja em âmbito local – paróquia, escola, unidade de saúde –, seja em âmbito global. Nos Estados Unidos, por exemplo, muitos bispos católicos apoiam a discriminação contra as pessoas LGBTQIA+ no que se refere a emprego, educação, habitação, adoção e saúde. A dignidade das mulheres não é plenamente reconhecida, e o ensino e a política eclesial continuam a refletir a estigmatização e o controle patriarcal dos corpos das mulheres. As reticências da Igreja em prol de uma educação sexual integral contribuem para o analfabetismo sexual e para a inaptidão de se comunicar com os jovens no que se refere às suas necessidades e desejos sexuais. Isso inibe a formação da consciência da qual depende o autocuidado.

O autocuidado resiste a essas condições injustas e visa a uma comunidade que ouça e aprenda com a experiência. Como prática concreta enraizada no amor – a pessoa que ama a si mesma é também amada por Deus –, o autocuidado nos impele a crescer na saúde sexual e de gênero, abrindo-nos aos recursos de uma comunidade responsiva. O autocuidado nos faz passar da busca furtiva de aliviar o sofrimento causado pela injustiça sexual e de gênero para a coragem de falar toda a verdade sobre nós mesmos diante de uma comunidade que nos acolhe em toda a nossa particularidade e está decidida a nos amar como somos.

Referências

BESTE, Jennifer. *College Hookup Culture and Christian Ethics: The Lives and Longings of Emerging Adults*. Oxford University Press, 2018.

CENTERS FOR DISEASE CONTROL AND PREVENTION. Sexual Health. Disponível em: https://www.cdc.gov/sexualhealth/default.html#who. Acesso em: 10 out. 2023.

COOPER, Brittney. *Eloquent Rage: A Black Feminist Discovers Her Superpower*. New York: Picador, 2019.

FARLEY, Margaret. A Feminist Version of Respect for Persons. *Journal of Feminist Studies in Religion* 9/1-2 (1998): 183-198.

GATELEY, Edwina; GLANZMAN, Louis. *Soul Sisters: Women of Scripture Speak to Women Today*. Maryknoll, NY: Orbis, 2002.

HARRINGTON, Daniel J.; KEENAN, James F. *Jesus e a ética da virtude. Construindo pontes entre os estudos do Novo Testamento e a teologia da moral.* São Paulo: Loyola, 2006.

HARRIS-PERRY, Melissa. How #SquadCare Saved My Life. *Elle* (July 24, 2017). Disponível em: https://www.elle.com/culture/career-politics/news/a46797/squad-care-melissa-harris-perry/. Acesso em: 10 out. 2023.

HERSEY, Tricia. *Rest as Resistance: A Manifesto*. New York: Little, Brown Spark, 2022.

HIRSCH, Jennifer; KHAN, Shamus. *Sexual Citizens: Sex, Power, and Assault on Campus*. New York: W.W. Norton, 2021.

HOOKS, Bell. *All About Love: New Visions*. New York: William Morrow, 2018.

KEENAN, James F. Proposing Cardinal Virtues. *Theological Studies* 56/4 (1995): 709-729.

KEENAN. Ética das Virtudes e Ética Sexual. In: ZACHARIAS, Ronaldo (org.). *Sexualidade e virtudes. Por uma ética da sexualidade à luz das virtudes*. Aparecida: Santuário, 2024, p. 13-37.

KEENAN, James F. Virtue Ethics and Sexual Ethics. *Louvain Studies* 30/3 (2005): 180-197.

KEENAN, James F. *Moral Wisdom: Lessons and Texts from the Catholic Tradition.* 2nd ed. Lanham, MD: Rowman and Littlefield, 2010.

KENDALL, Mikki. *Hood Feminism: Notes from the Women that a Movement Forgot*. New York: Penguin, 2021.

MCCABE, Megan K. A Feminist Catholic Response to the Social Sin of Rape Culture. *Journal of Religious Ethics* 36/4 (2018): 635-657.

PATERSON, Gillian. Who Sinned? AIDS-related Stigma and the Church. In: HOGAN, Linda (ed.). *Applied Ethics in a World Church: The Padua Conference*. Maryknoll, NY: Orbis, 2008, p. 163-169.

REIMER-BARRY, Emily. Another Pro-Life Movement is Possible. *CTSA Proceedings* 74 (2019): 21-40.

REIMER-BARRY, Emily. Abortion Bans: Catholic Teachings and Feminist Catholic Analysis. Conferência proferida em 21.03.2022, no College of the Holy Cross (Gender, Sexuality, and Women's Studies Program Speaker Series).

SHANE, Kari; ZIMMERMAN, Davis; KING, Jason. Hooking Up, Contraceptive Scripts, and Catholic Social Teaching. *Journal of Moral Theology* 7/1 (2018): 99-111.

WORLD HEALTH ORGANIZATION. Sexual Health. Disponível em: https://www.who.int/health-topics/sexual-health#tab=tab_1. Acesso em: 10 out. 2023.

WORLD HEALTH ORGANIZATION. Self-Care Interventions for Health. Disponível em: https://www.who.int/health-topics/self-care#tab=tab_1. Acesso em: 10 out. 2023.

Cap. 6

OS CORPOS CAÍDOS PELO CAMINHO: O CUIDADO DE SI E DO OUTRO NAS PERSPECTIVAS GREGAS E CRISTÃ E A POSSIBILIDADE DA CORPOREIDADE COMO FUNDAMENTO ÉTICO À LUZ DA SEXUALIDADE

Thiago Calçado[1]

O cuidado de si e do outro, dentro da tradição cristã, se revela como atitudes éticas fundamentais. As experiências de compaixão e as implicações morais derivadas dessas ações se mostram, através dos séculos, elementos de constituição de uma ética teológica cristã sólida e sempre atual. O cuidado como atitude não se reduz à prática individualista, de caráter meramente ascético. Mais do que isso, releva-se como experiência de encontro com o outro, sobretudo em situação de fragilidade. Do outro caído emana um grito constante de exigência de cuidado ao qual a ética precisa dar respostas. Nesse sentido, nossa reflexão propõe uma investigação sobre os fundamentos do agir humano na perspectiva do cuidado. Mostraremos um deslocamento de compreensão dos critérios de agir desde o período grego até o cristianismo primitivo e, por fim, discutiremos o papel ambíguo da sexualidade como reveladora de sentido para o cuidado. Trata-se de uma investigação de matriz fenomenológica, com suas possibilidades de contribuição para uma teologia da

[1] **Thiago Calçado** tem Pós-Doutorado em História Cultural (Universidade Estadual de Campinas – UNICAMP), é Doutor em Filosofia (Pontifícia Universidade Católica de São Paulo – PUC/SP) e Docente na Universidade do Oeste Paulista (UNOESTE – Presidente Prudente), na Pontifícia Universidade Católica de Campinas (PUC-Campinas) e na Faculdade São Bento (São Paulo).

corporeidade, com o intuito de oferecer elementos fundantes de uma ética para o mundo contemporâneo.

1. Do cuidado como conhecimento e transformação para a redução intelectual: deslocamentos de compreensão do mundo grego ao mundo cristão

Para adentrarmos na compreensão do cuidado na experiência cristã, partiremos do deslocamento conceitual que o cristianismo fez – a partir dos séculos IV e V, desde o surgimento das instituições monásticas – da compreensão do "cuidado de si". Trata-se de mostrar como, de uma ideia de transformação, passou-se a uma redução intelectual do cuidado. Para tanto, nos serviremos do método genealógico conceitual de Michel Foucault, em seu curso *Hermenêutica do Sujeito*, ministrado no *Collège de France*, em 1981-1982.[2]

1.1 O "cuidado de si" em Platão: o Alcibíades

Em um primeiro momento, Foucault sugere a investigação do surgimento do conceito "cuidado de si" no contexto platônico-socrático a partir do diálogo Alcibíades. Trata-se de uma relação do sujeito com a verdade e as variadas significações que esse princípio (epimeleia heautou) tomou, com implicações no decorrer dos séculos. Deve-se lembrar que, no contexto da cultura grega, filosofia e espiritualidade são uma coisa só. O sujeito do conhecimento é também o sujeito da ação. No racionalismo moderno, isso será cindido, após um longo movimento de deslocamento do cuidado como actum para cogitatum. Em Sócrates e Platão, não há a separação do "conhece-te a ti mesmo" do "cuidado de si". Para os gregos, a verdade jamais será conferida ao sujeito de pleno direito, pelo ato intelectual. O sujeito não acede a isso. Além do ato intelectual, ele precisa, o tempo todo, colocar-se em questão, isto é, modificar-se continuamente. O sujeito que busca a verdade deve transformar-se. É mais do que um ato de conhecimento. Um dos personagens principais

[2] FOUCAULT, Michel. *A hermenêutica do sujeito.* Curso dado no Collège de France (1981-1982). Tradução: Márcio Alves da Fonseca e Salma Tannus Muchail. São Paulo: Martins Fontes, 2010.

dos diálogos platônicos é Alcibíades, que provoca uma discussão sobre o conceito de "cuidado de si".

"Cuidar", aqui, é muito mais do que aceder ao conhecimento intelectivo. Tem, antes, uma relação com a vida política e ética de sua sociedade. O tema de fundo do Alcibíades é a natureza humana. Trata-se da dimensão moral e da dimensão política. No diálogo com Sócrates, aparece a fórmula do cuidado de si. "Não se desespere, se isso acontecesse com você velho, não teria como remediar, mas isso aconteceu agora na juventude. Há tempo para tomar-te a ti mesmo e cuidar" (Alcibíades 127 d-e).

O cuidado de si seria, aqui, uma condição para estabelecer uma passagem fundamental. Passagem de um privilégio estatutário (ser de família rica, inteligente, bonito etc.) para a possibilidade de exercer um governo efetivo da cidade. Esse exercício do bom governo dos outros está associado a outro tipo de governo, o governo moral de si. Implicitamente, o cuidado de si é remetido ao conhecimento. Isso leva à aquisição de uma techné. Há aqui um outro preceito: ocupar-se consigo mesmo engloba o "conhece-te a ti mesmo". Esse é o ponto de partida que faz parte do cuidado.

Estamos diante de um imperativo filosófico e moral: cuida-te de ti mesmo! Cuidado de si. O que é esse eu? O que é esse si? Esse eu de Platão, sujeito e objeto de cuidado, é a alma. Alma entendida como algo tripartite, não homogênea. Para o Alcibíades, é diferente. Na República, tratava-se de fazer uma analogia entre as funções da alma e a república. No Alcibíades, a alma é o eu como fonte irredutível de todas as ações humanas. Unidade irredutível que se utiliza do corpo e da linguagem para agir. Não se trata de uma alma substância, mas de uma alma sujeito. Ocupar-se consigo significa ser o sujeito das relações. Não se trata, aqui, do cuidado da casa (oikosnomia), porque isso se refere aos bens, e não à alma. Cuidar de si mesmo, em Platão, não será outra coisa que conhecer-se a si mesmo. Essa ideia de conhecimento de si aparece com mais força na dimensão do cuidado, pois cuidar de si é conhecer a si mesmo. Todas as práticas relativas ao cuidado começam a ser referidas ao conhecimento de si no Alcibíades.

1.2 Cuidado de si e constituição de autonomia de si nos estoicos

Na época helenística, ocupar-se consigo vai se tornar um princípio cada vez mais geral e universal. Princípio proposto a todos os indivíduos, em todos os momentos de sua vida. Isso envolve alargamento de generalização e incondicionalidade. Todas as gentes, independentemente de sua condição estatutária, poderão ter acesso ao cuidado de si. Ocupar-se consigo mesmo tem valor em si, e não é apenas meio para outra finalidade. O princípio, aqui, não se determina na única fórmula do conhecimento. Agora, usam-se expressões que não reduzem o cuidado ao conhecimento. Expressões como "examinar-se a si mesmo" liga-se a "dirigir-se a si mesmo", "converter-se a si mesmo", "curar-se", "tratar-se", "reivindicar-se". O cuidado de si se expande a tantos outros conceitos.

As outras fases da vida também são um caminho aberto para o cuidado de si. Nos helenistas (Marco Aurélio, Sêneca e outros), essa ideia encerra um retorno a si. Na cultura e na prática de si helenista, a ideia de conversão não se constitui a partir do eixo de uma oposição entre este mundo e outro mundo. Na *epistrophé* platônica, cuidar de si continha uma ascese, o conhecimento de um mundo inteligível. É nesse mundo que deve ser feita a conversão a si. Trata-se de uma direção a si, relativamente ao mundo em que estamos. Trata-se de uma relação de conversão não ao corpo, mas à vivência do corpo. A conversão a si é específica nos helenistas. Há aqui uma transformação essencial no indivíduo. O modelo de exame de consciência como "*actum*", próprio dos estoicos, no qual se privilegia muito mais uma forma de memorização dos atos cometidos durante o dia, tem como fim reativar os princípios fundamentais que devem regular a vida dos indivíduos, reajustar suas condutas e melhorá-las, tendo sempre a si mesmo e seu próprio olhar administrativo como lugar criterioso de investigação e julgamento. Mais do que um simples ato de memória, como nos pitagóricos, trata-se de uma mnemotécnica para lembrar e reatualizar o conjunto de regras práticas que implicam um modo de se comportar durante a vida. O corpo se manifesta como uma realidade fundamentalmente existencial e relacional, na qual os critérios de cuidado dialogam com o lugar de cada indivíduo na vida pública.

Vale destacar que em nenhum momento esse exame de consciência buscou uma verdade escondida no interior do sujeito mesmo. Antes, implicou uma busca por uma verdade que pode ter sido esquecida para que não fosse esquecida posteriormente. O que o sujeito esquece não é a si mesmo, sua própria natureza, sua origem, ou uma verdade esquecida de si mesmo, mas uma verdade ligada a um código de conduta que deve ser praticada amanhã.

O sujeito, nesse "*actum*", não é um réu de um processo em que é obrigado a se trazer à luz num exame de consciência e se decifrar diante da luz da memória; ele é alguém que está num cruzamento entre regras de conduta sobre o que ele deveria ter feito e sobre a ação futura que ele deverá fazer, conforme um código estabelecido pela moral estoica. O sujeito está numa situação que implica uma ação conforme a um código, e não em uma investigação de uma verdade obscura no interior de si que precisa vir à tona. Exercitando essa memória, ele reativa o código a ser observado no dia de amanhã em suas ações futuras. Assim, o funcionamento do exame de consciência em Sêneca não resulta numa hermenêutica de si, num deciframento de si ou de seu segredo; não indica, portanto, uma subjetividade a ser deflagrada.

O corpo, nos estoicos, não esconde uma verdade da alma. Não torna a consciência um lugar privilegiado da descoberta da vida interior. O corpo não se desloca do seu papel no espaço público e não se torna meramente um instrumento da ascese individual. O corpo não é investigado pelos desejos que possui. O cuidado, nesse sentido, não se manifesta na precaução estabelecida com o próprio corpo diante dos desejos abscônditos da alma. O cuidado é uma ação de revisão de atitudes cometidas hoje para que não aconteçam amanhã e não causem prejuízos ao indivíduo na vida pública. O cuidado estoico entende o corpo nesse jogo de produção de significados, não oriundos de uma limitação imposta legalmente, mas como experiência concreta de afirmação na *polis*. O corpo, nesse contexto, é um território da busca de cuidado como recusa a um papel meramente ascético. O exame de si não se faz como submissão a outrem, muito menos como perda da autonomia. Há uma recusa a uma identificação absoluta. E, nessa recusa, o cuidado emerge como possibilidade ética.

1.3 Distinções do cuidado de si nos períodos estoico e cristão

É preciso distinguir o cuidado de si da noção de conversão, própria do pensamento cristão dos séculos IV e V. A ideia de *metanoia* cristã concentra-se na ideia de uma virada radical da existência. Queda radical a um outro plano que também será radical. Pode ser uma revelação, um momento da vida, uma demanda que vem de fora. Isso proporciona ao sujeito uma ideia de transformação radical em si. É no interior desse transtorno radical do sujeito que se dá a passagem de um indivíduo ao outro, da mortalidade à imortalidade, da obscuridade à luz. Ideia de iluminação. Esse transtorno dramático que tal *metanoia* expressa revela a passagem do reino do demônio ao reino de Deus. Só pode haver conversão se houver uma ruptura com o sujeito que ele tem em si mesmo. Não há conversão a si sem haver ruptura com um outro eu. O eu que se converte é um eu que renuncia a si mesmo. Renúncia a si. Morte a si. Renascimento a outro eu. Esses são processos completamente diferentes dos processos helenísticos. Não encontramos nunca essa ideia de um outro eu. Cuidar de si, em última instância, como veremos, é renunciar ao "si" para nascer um outro. Na cultura pagã de si não há ruptura na relação entre o eu e aquilo que o cerca, sem que o eu seja dominado pelo mundo que domina. Na cultura pagã não há, todavia, ruptura no sujeito, não há fratura interna do eu. Já o oposto verifica-se na ascensão do cristianismo, a partir das instituições monásticas: "O monge deveria dizer sobre suas próprias práticas ascéticas, submeter-se a outro, para que, dizendo, fosse afastado de toda influência herética e se rendesse à ação da graça divina. Desse modo, percebe-se na evolução da vida monástica o entrelaçamento entre a *exagouresis* e a regulação disciplinar através da submissão, via regra de vida, a outrem. O ato de dizer e a sanção das faltas se ligam e se inserem numa forma sacramental de penitência, na qual a própria salvação se inscreve".[3]

O exame de consciência e a confissão das faltas, especialmente aquelas cometidas no âmbito da sexualidade, levarão os cristãos a estabelecer uma relação fundamental entre consciência culpada e verdade sobre si. Há uma conversão que não se realiza mais como cuidado de si, mas como

---

[3] CALÇADO, Thiago. *Entre a carne e o verbo: confissão, sexualidade e discurso em Michel Foucault.* São Paulo: Gênio Criador, 2017, p. 54.

recusa ao "si". Além disso, no conjunto dessas práticas ascéticas, os cristãos insistirão numa relação entre cuidado e fuga do mundo: a*nacoresis*. Retirar-se do mundo como conquista da autonomia. Posteriormente, o surgimento da ideia de retiro, associada aos incipientes movimentos monásticos, acentuará essa perspectiva. Cuidar-se é renunciar a si e converter-se. Para os pagãos, por sua vez, há uma conversão a si. É em direção ao próprio eu que se deve converter-se. Na direção helenística, é ao eu que se vira. É nesse sentido que adentramos ao tema da relação entre conversão a si e *mathesis*. Se, no cristianismo, a conversão estava associada a uma negação do mundo, a uma fuga, na ascese pagã, trata-se de apreender (conhecer) esse mundo não tomando distância, mas debruçando-se sobre seu interior. O procedimento é o inverso: penetrar a fundo no detalhe de cada coisa a fim de chegar, por análise, a desprezá-la. Conversão a si, nessa perspectiva, implica um conhecimento do mundo a partir da percepção das continuidades e suas derivações no próprio conhecimento de si. Trata-se de um olhar de cima para baixo efetuado pelo sujeito que lhe permite atravessar as coisas e atingi-las em seu cerne para evidenciar o pouco que valem.

O cuidado de si, no princípio do cristianismo, envolve uma ascese, associada à renúncia de si. Nos estoicos, esse termo implica uma constituição de si. Trata-se de um modo de estabelecer uma relação de si para consigo, de maneira plena, acabada, completa, autossuficiente e suscetível de produzir a transfiguração de si, que consiste na felicidade que se tem consigo mesmo. É muito mais um mecanismo de proteção do eu do que renúncia. O cuidado de si, na ascese cristã, está ligado ao conceito de renúncia a si. Na ascese pagã helenística, o cuidado está marcado por um interesse em estabelecer uma relação adequada, plena, do sujeito para consigo mesmo.

Nesse sentido, o desenvolvimento histórico da noção de cuidado esteve associado a um processo de mudança de direção para dentro, de estar atento aos perigos, de autorreflexão. Essa perspectiva acentuou a constituição do sujeito moderno como sujeito de conhecimento. Mais do que isso, ela está na base de uma dicotomia de princípios para a ética, na medida em que corrobora um subjetivismo, potencializado pelo racionalismo na modernidade. As práticas de cuidado de si, reduzidas ao ascetismo e aos procedimentos de exame e confissão de si, deslocaram, a nosso entendimento, a experiência cristã do cuidado para uma mera reflexão intelectual, na qual o cuidado se associou à ideia de riscos a serem evitados.[4] Desse modo, para que a concepção cristã de cuidado não seja reduzida à dimensão intelectual e reflexiva e para que a conversão não seja uma atitude meramente interior e autorreferencial, é necessário ampliar a dimensão do cuidado para um caminho de alteridade. E, para isso, recorreremos ao próprio Jesus.

2. Fundamentação cristológica do cuidado (Lc 10,25-37)

No intuito de não reduzir a experiência do cuidado a uma atitude autorreferencial ou autocentrada, como as práticas de exame e cuidado de si fizeram na evolução do cristianismo, há que buscar uma fundamentação cristológica da dimensão do cuidado. Trata-se de escapar da dimensão meramente conceitual, idealizada doutrinalmente, e olhar para a pessoa de Jesus Cristo numa perspectiva histórico-crítica. Para tanto, buscaremos analisar a parábola do Bom Samaritano e identificar nela uma cristologia do cuidado, sob um olhar exegético e hermenêutico. Nesse sentido, buscaremos identificar em Jesus a dimensão do cuidado como uma atitude ética pré-conceitual e pré-axiológica, em que o encontro com o que exige compaixão fala antes de qualquer categorização. Só assim poderemos apontar o cuidado como lugar epifânico e teológico, fonte de indagações éticas fundamentais para nossa vida, especialmente a partir daquele que sofre. Por fim, veremos como a ética do cuidado deve transcender a lógica legalista e se apresentar como experiência teológica primeira, radicada no "ver" e "sentir" antes do "julgar".

2.1 "Viu, e moveu-se de compaixão"

A perícope do bom samaritano comumente é reduzida ao trecho entre os versículos 25 e 37, do capítulo 10 de Lucas. Geralmente, os comentários e estudos sobre esse episódio partem do questionamento que

---

[4] Para um maior aprofundamento sobre a relação entre ascese, exame de consciência e cuidado de si, vale a pena a leitura proposta por Foucault em: *Do governo dos vivos.* Curso dado no Collège de France (1979-1980). Tradução: Eduardo Brandão. São Paulo: Martins Fontes, 2014.

um doutor da Lei fez a Jesus: *"Mestre, que devo fazer para herdar a vida eterna?"* (v. 25), ao que ele mesmo, questionado por Jesus, responde, evocando a Lei: *"Amarás o Senhor, teu Deus, de todo o teu coração, e com toda a tua alma, com toda a tua força e com todo o teu entendimento; e teu próximo como a ti mesmo"* (v. 27). Há que notar, no entanto, duas perguntas fundamentais de Jesus que servirão para a base da nossa reflexão sobre o fundamento do cuidado. O Senhor pergunta ao doutor da Lei: *"Que está escrito na Lei? Como lês?"* (v. 26). Jesus indica, com essas duas questões, que, entre o que está escrito e o modo como se lê, há uma distância fundamental. Assim, percebe-se, de início, que a discussão de Jesus com o doutor da Lei é mais do que uma argumentação doutrinal de recordar ou aplicar a Lei. Trata-se de lançar um novo olhar sobre o modo como se vê a Lei e seus princípios na vida.

Nas duas perguntas feitas por Jesus, entendemos que "ler" bem é também aprender a "ver" bem. Notemos que a perícope imediatamente anterior a esse episódio relata uma admoestação de Jesus aos discípulos sobre "ver". *"E voltando-se para os discípulos, em particular, disse-lhes: 'Felizes os olhos que veem o que vós estais vendo! Pois eu vos digo: muitos profetas e reis quiseram ver o que vós estais vendo, e não viram; quiseram ouvir o que estais ouvindo, e não ouviram'"* (v. 23-24). Há um jogo semântico entre "ver" e "não ver" que precede a perícope do bom samaritano. É preciso aprender a ver melhor. É preciso ver o que os profetas não viram. O Senhor aponta aos discípulos uma correção do olhar para aquilo que realmente está diante dos olhos.

A distância entre Jerusalém e Jericó é de 27 quilômetros. Trata-se de um terreno em declive, de aproximadamente 1.200 metros de diferença. Por conta disso, muitos acidentes aconteciam entre os desfiladeiros daquele percurso. Frequentemente, eram relatados episódios de assaltos, e muitos animais, no transporte, se feriam pelo caminho. O homem que descia para Jericó foi assaltado e espancado e deixado semimorto. Um sacerdote passava casualmente. Não ia fazer um sacrifício, muito menos realizar uma tarefa cultual. A casualidade do encontro relatada pelo evangelista indica uma narrativa que não é meramente acidental, mas proposital ao interesse do narrador. Segundo a Lei, o sacerdote não poderia tocar naquele homem que estava caído, seja por causa do sangue, seja pela possibilidade de ele estar morto. Apesar de tê-lo visto, preferiu passar adiante. Igualmente, o levita, ao passar pelo homem caído, viu-o e prosseguiu seu caminho. Os dois representam, aqui, a preocupação legalista de não se tornarem impuros e não tocarem naquele que parecia estar morto. A necessidade de permanecerem limpos para suas atividades litúrgicas era o único modo de "ler" que os dois evidenciavam. O "ver" desses dois não dava pleno cumprimento à Lei mosaica. Tratava-se de um "ver" marcado pela lógica legalista que sobrepõe a regra ao ser humano em situação de necessidade. Eles viram, mas não viram. Antes do cuidado, a aplicação da regra. O cuidado consigo e as próprias prescrições falavam mais alto do que a emergência da dor do outro. Nesse sentido, o cuidado estava atrelado a uma lógica autorreferencial de submissão e ordenamento disciplinar, a uma observância cultual e litúrgica esperada.

Há uma clara confusão entre o zelo e o cuidado que, fatalmente, desemboca numa atitude de indiferença. Eles seguiram adiante. O progresso do caminho se reduzia a atingir os objetivos preestabelecidos e esperados pela religião. O cumprimento da regra fez com que o olhar fosse desviado da situação para o ideal. Ideal descolado da realidade de sofrimento e apontado para a obrigação legal. Quando a religião se reduz à separação das pessoas entre puros e impuros, nenhum princípio ético se sustenta. Se permanecer puro é mais importante do que os sentimentos humanos fundamentais de compaixão, o outro pode facilmente ser deixado para trás e esquecido. Mais do que isso, o outro se transforma em obstáculo para a plena vivência da Lei. Abandoná-lo pelo caminho passa a ser até justificável. O casuísmo da Lei, quando aplicado objetivamente sem a referência ao evento cristológico, pode, rapidamente, se tornar argumento de autorreferencialidade religiosa, na qual a vida e aquilo que se crê se desconectam.

Todavia, um terceiro homem entra em cena. Era um samaritano, estrangeiro e em viagem. Ele não passava por ali casualmente. Ele tinha direção. Se, de um lado, estavam os que eram mais obrigados a cumprir a Lei – o sacerdote e o levita –, do outro, está um que não pertencia ao grupo dos escolhidos. Ele era impuro e excluído da lógica de justificação dos doutores da Lei. Sabemos da distância estabelecida entre judeus e samaritanos por conta das questões políticas envolvendo os reinos do Sul e do Norte e a descentralização do Templo de Jerusalém. Os samaritanos eram os que mais representavam a saída de uma religião centrada na lógica da satisfação do Templo e na impureza adquirida pelo contato com religiões estrangeiras. Impureza e mistura se confundiam e não podiam ser admitidas pelos legalistas. Assim, esperar de um samaritano o cumprimento da Lei era algo improvável. Todavia, ele *"chegou perto dele, viu, e moveu-se de compaixão"* (v. 33). Há três verbos destacados pelo evangelista: chegar perto, ver e mover-se. Chegar perto, no sentido bíblico, é mais do que aproximar-se. Trata-se de um sentimento de tornar-se um com o que estava distante. Mais do que isso, trata-se de buscar elementos de humanidade em comum que os fazem ficar mais próximos. O samaritano tinha algo em comum com o homem caído. Ambos eram prováveis impuros e se irmanavam na recusa do olhar dos legalistas. A impureza os fazia estrangeiros, mesmo que o homem caído habitasse em sua própria terra.

O samaritano viu o homem caído. Mesmo que o samaritano não tivesse nome, por ser estrangeiro, ele sabia ver. Ele era feliz porque via o que via. O samaritano sabia que seu ver era o modo mais perfeito de ler a Lei. Ele não viu um homem que o tornaria impuro, muito menos alguém que atrapalharia seu compromisso cultual. Ele viu a humanidade exposta em sua maior evidência. Ele viu o humano carente de cuidado. Mais do que isso, viu em si a capacidade de oferecer-se em sua humanidade, de modo pré-conceitual, pré-legalista. Ele descobriu a atitude ética fundamental do cuidado como aquilo que unia a sua humanidade à humanidade do outro. E isso se torna a lei primeira, fundamento de sua decisão. Não há, num primeiro momento, a memória de uma regra a cumprir. Não há uma observância religiosa a ser satisfeita. Há uma dor unida a uma humanidade irmanada na necessidade de cuidado, grito fundamental, princípio ético primeiro. O samaritano moveu-se de compaixão. Chegar perto e ver levou-o a mover-se. Aquilo que a lei imobilizara, a compaixão movimentara. Se mover-se, na perspectiva legalista, era infringir uma regra de pureza, na dimensão da compaixão, era a atitude mais emergente daquilo que o cuidado demandava. De fato, o legalismo judaico mobilizara a vida numa perspectiva de satisfação e punição. Descumprir as regras tinha se tornado mais perigoso do que descumprir a Lei. Lembremo-nos de que, na época em que Jesus viveu, havia nada menos que seiscentos e treze prescrições derivadas da Torá e todas deviam ser respeitadas e praticadas. A religião da pureza escondia sob o véu do legalismo uma lógica perversa de inversão de valores.

Além disso, o samaritano, ao aproximar-se do homem caído, "*tratou-lhe as feridas, derramando nelas óleo e vinho*" (v. 34). Trata-se, aqui, de uma alusão a uma dimensão do cuidado que não implica apenas tratar das feridas abertas pela queda. Trata-se de uma relação com as necessidades fundamentais de sobrevivência daquele homem. O cuidado também passava pelos provimentos para que ele pudesse voltar a andar novamente. Uma leitura da patrística, desenvolvida por Orígenes, viu nesse episódio uma alusão ao próprio projeto de salvação. O homem caído seria Adão; o sacerdote e o levita seriam a Lei mosaica; e o samaritano, o próprio Cristo. Nesse sentido, o óleo e o vinho seriam os sacramentos, especialmente o batismo e a eucaristia e sua alusão a uma reinserção na comunidade/hospedaria que daria o alimento para que o homem voltasse a andar.

2.2 "Toma conta dele!"

O sentimento de compaixão, acompanhado de ação, levou o samaritano a conduzir o homem caído em seu próprio animal até uma pensão, onde lhe foram dispensados outros cuidados (v. 35). Cuidar, que antes tinha aparecido como verbo, agora aparece como substantivo. Não se trata apenas de exercer uma ação localizada, mas pensar caminhos para que aquele homem voltasse a caminhar com as próprias pernas. O cuidado excede o momentâneo e exige encaminhamentos. É o que o samaritano cobra do dono da hospedaria: "*Toma conta dele! Quando eu voltar, pagarei o que tiveres gasto a mais*" (v. 35). A tarefa ética exigida pelo samaritano é a expansão do cuidado para o prosseguimento da vida daquele homem. Uma ética que queira como fundamento a lógica do cuidado não pode reduzir-se a ações momentâneas e isoladas. Apesar de tais ações serem fundamentais para uma revolução do olhar, elas devem desembocar em ações que envolvem a continuidade da reinserção dos caídos na sociedade. Isso implica uma relação intrínseca entre ética e política.

Jesus termina o diálogo com o mestre da Lei com um novo questionamento: *"na tua opinião, qual dos três foi o próximo do homem que caiu nas mãos dos assaltantes?"* (v. 36). O doutor da Lei conseguiu compreender a diferença entre Lei e misericórdia. Ele entendeu que o cuidado precede qualquer determinação prescrita e se faz o fundamento do agir: *"Aquele que usou de misericórdia para com ele"* (v. 37). Ele estava pronto para seguir Jesus. Estava pronto para fazer o mesmo.

A atitude ética do samaritano prevaleceu sobre a perspectiva do cuidado num nível pré-conceitual e pré-axiológico. Nesse sentido, o cuidado não emerge como uma ação isolada ou causada por uma regra anterior, fonte de determinismo ou mera casuística legalista. O cuidado emerge como epifania, manifestação autêntica de um "ver" verdadeiro de Deus no humano, para o qual o sofrimento do outro não se reduz ao que pode ou não ser feito legalmente, mas se doa como sinal claro da presença divina. Trata-se de enxergar naquele homem caído a exigência ética fundamental: o "cuida de mim" como grito humano fundamental, ulterior a qualquer redução conceitual. Quando a fé cristã busca os fundamentos do agir em práticas legalistas e circunscritas a julgamentos axiológicos predeterminados, ela se desvia da dimensão cristológica do cuidado. Mais do que isso, ela pode enxergar em Jesus um sujeito fora da lei, que, não raras vezes, é transformado em legislador igualmente. Esse tipo de redução teológica quase sempre é acompanhado de anacronismos estéreis, evidenciados pela busca de um passado mítico em que a religião se reduzia a um cuidado ritual de si, evidenciado na associação da palavra "cuidado" a "risco" ou "perigo". É aqui que toda alteridade se torna irrelevante. Não é essa a mensagem que o episódio do bom samaritano nos ensina.

3. O corpo como fundamento pré-axiológico do cuidado: o papel da sexualidade

Após verificarmos a passagem da interpretação do tema do cuidado de si entre os gregos, no platonismo e no período helenista, para os quais as variações do cuidado passam por uma relação em que o corpo deixa de ser o lugar da ascese em vista da alma para uma ética de constituição de si na vida pública, vimos como, na perspectiva de Jesus, conforme a parábola do bom samaritano, o corpo se revela como lugar do cuidado absoluto, fundamento da saída de si em direção ao outro, lugar privilegiado de encontro com a fragilidade humana, que exige uma relação de compromisso e responsabilidade. Em Jesus, vimos que o fundamentalismo da lei cede espaço à atitude de rebaixamento e de encontro, na qual a nossa própria humanidade é questionada quanto ao modo como nos relacionamos. O corpo do outro que sofre também revela a minha fragilidade. E exige a saída de mim mesmo. Cuidar do outro também é cuidar de si.

Nesse sentido, ampliando a ideia de cuidado, há que investigar o papel da sexualidade como lugar de encontro e experiência com o próprio desejo, marcado pela ambiguidade entre cuidado e violência, aprisionamento e liberdade, prazer e sofrimento, vazio e plenitude. A nosso entender, é no contexto dessa ambiguidade que o cuidado de si, pela sexualidade, emerge como mistagogia. Um caminho para perscrutar um mistério que não se reduz a um conjunto de conceitos ou normas, mas que se revela como experiência de sentido. Assim, buscamos apresentar o corpo como um fundamento pré-axiológico de uma ética do cuidado, pautada na descoberta da sexualidade como oportunidade de sentido, e não como lugar de redução eidética, confinada a um modelo vivencial predeterminado.

O corpo é o "lugar" da ambiguidade. No que diz respeito à perspectiva do desejo, essa é a constatação mais fundante que uma abordagem fenomenológica pode exprimir. O corpo se revela como experiência de prazer e sofrimento. No corpo, sentimos a dor que as doenças produzem, mas, ao mesmo tempo, os prazeres possíveis. No corpo, somos remetidos ao lugar em que nos experimentamos como indivíduos no mundo e podemos ser afetados por ele. No corpo, nos sentimos incompletos. A própria constatação do envelhecimento e da morte faz com que cada momento em que o corpo se desdobra na vida seja reconhecido como singular, irrepetível. Na ambiguidade da dor e do prazer, o corpo se revela único e múltiplo. Único, pois ninguém conceitua a minha dor ou o meu prazer, ninguém pode senti-los como eu sinto. Múltiplo, porque, na minha dor e no meu prazer, eu compartilho as possibilidades infinitas de um corpo lançado ao tempo, inconciliável com a obviedade. Inalcançável em definições.

Essa ambiguidade do corpo tem, na sexualidade, o seu "lugar" mais evidente e, no desejo, o seu fundamento. Enquanto "lugar" de saída e relação, a sexualidade lança o corpo numa experiência de significação de si, na qual os sujeitos se revelam e se produzem. A ambiguidade da sexualidade pode ser constatada em variações de sentido, produzidas pelas suas possibilidades. Na sexualidade, o corpo se revela ao mesmo tempo "lugar" de abertura e aprisionamento. O mesmo desejo que pode abrir o ser humano para uma experiência de alteridade absoluta – na saída do indivíduo de uma condição de solidão e fechamento – pode se revelar como possibilidade de contenção do outro nos próprios desejos, nas próprias carências. O aprisionamento é uma variação contida na própria dimensão do desejo. Além disso, a ambiguidade da sexualidade se revela na dicotomia entre vazio e plenitude. O mesmo desejo que promove a busca pode se esvair numa perspectiva de falsa plenitude quando se reduz ao gozo, quando limita o encontro entre dois corpos a uma perspectiva meramente genital, pontual. Quando o outro se torna meramente instrumento do meu gozo, a ambiguidade da sexualidade se revela como inibidora de vazios imprescindíveis, evidenciando uma ilusão perigosa de que o prazer pleno possa existir. A sexualidade revela um vazio fundamental, e é dele que o desejo se alimenta para a produção de significados para a vida humana. Na ambiguidade entre vazio e plenitude, existimos como que perambulando entre a tentação da posse e o prazer da busca. E apenas a sexualidade, enquanto experiência de sentido, pode nos fazer sentir no próprio corpo essa realidade ímpar de humanidade.

É a partir dessas relações ambíguas que o nosso corpo comporta que apresentemos aqui a discussão sobre um possível fundamento do cuidado a partir do corpo. Se a sexualidade revela o vazio, revela também a necessidade da busca, motivada pelo desejo. Se a sexualidade manifesta a possibilidade de encontro com o outro, manifesta também a tentação do aprisionamento. Se a sexualidade nos faz provar o prazer, não nos deixa esquecer da dor. É nesse sentido que a dimensão do cuidado encontra espaço. O contrário do cuidado é a violência, que pode ser expressa de várias formas. Na sexualidade, o corpo do outro instaura em mim uma insaciedade, uma busca. Essa busca, que promove em mim uma experiência de êxodo, faz com que, diante das possibilidades de meus desejos, eu esteja sempre diante da incerteza, reflexo da dicotomia entre cuidado e violência. O corpo que me faz desejar no meu corpo é o mesmo corpo que pode me fazer recusar, ser egoísta, aprisionar e até matar. Na sexualidade, o desejo se abre como hipótese indefinida, como cruzamento improvável, como trânsito e permanência, diafragma movediço de possibilidades. E não há heteronomia que o calcule. Por isso, uma ética sexual que se funda num corpo ideal talvez nunca mova as decisões particulares de quem possui um corpo real e ambíguo.

Nesse sentido, a violência também pode se manifestar na sexualidade como indiferença. O corpo deixado, do qual tomamos distância, pode permanecer caído ao nosso lado quando a projeção de nossas ambiguidades interiores recusa a saída e prefere a segurança do eu. O eu se mostra como o esconderijo perfeito de nossas violências. Na sexualidade, quando o outro é reduzido a mera extensão de minha subjetividade, seu corpo não me afeta pelo que realmente é, mas pelo espectro impossível de fechamento de hiatos em mim. Ilusão perfeita que troca o cuidado pelo prazer desvairado, em que o mistério se torna esparso e a densidade humana se reduz a uma nuvem passageira. O sentido cede lugar ao objetivo. O outro se reduz a mero conteúdo para um eu solitário, reduzido ao tamanho de suas fendas.

O corpo é fundamento porque nele sentimos a compaixão. Nele, as ambiguidades nos irmanam e nos possibilitam recusar uma lógica de definição do outro como samaritano, estrangeiro, pobre, doente, anormal, aberração, abjeto. No corpo, somos chamados a nos permitir tocar pela humanidade alheia, não como um conceito geográfico, ideológico, étnico ou de gênero. No corpo, experimentamos a humanidade como possibilidade infinita de relações. "Lugar" único onde os vazios e as expectativas se misturam e se buscam.

Considerações finais

Vimos como a dimensão do cuidado passou por transformações no decorrer dos séculos. De uma perspectiva filosófica de ascese individual nos gregos, passou para uma constituição de si no período estoico e para uma investigação de si no período cristão primitivo. A cristologia do cuidado que apresentamos a partir da parábola do samaritano visou resgatar o fundamento do cuidado a partir da experiência do corpo do outro, integrando cuidado de si e cuidado do outro, não numa perspectiva individual, mas à luz dos princípios de alteridade. No entanto, buscamos mostrar como essa dimensão do cuidado é marcada pela ambiguidade do corpo, que tem seu lugar privilegiado de evidência a partir da sexualidade humana e seus conflitos.

Uma ética do cuidado, que tenha como fundamento o corpo ambíguo e pré-conceitual, deve se abster de se fundamentar em ideias abstratas ou metafísicas, de matriz essencialista, para se sustentar teoricamente. Não se trata de justificar uma deontologia ou uma teleologia como métodos de fundamentação moral. Uma ética do cuidado a partir de uma fenomenologia, como propomos, e que possa servir de base para um diálogo da teologia com os desafios do mundo contemporâneo, não se reduz a heteronomias absolutas codificadas. Trata-se, em suma, de uma perspectiva inacabada de compreender o corpo e a sexualidade antes de uma definição conceitual ou objetiva. Trata-se de enxergá-lo, à luz de suas ambiguidades, como lugar de saída, de busca. Busca irremediavelmente pautada pelos hiatos inscritos pelos vazios humanos e sua precariedade. É nesse sentido que enxergamos a sexualidade como mistério, e cada ser humano como portador de uma novidade absoluta, irreconciliável com propostas meramente pautadas por conceitos abstratos. Diante desse mistério, não há explicações convincentes, mas insatisfação e procura, às quais só é possível responder pela promoção de uma ética do cuidado revelada como mistagogia. Afinal, o corpo que deseja também precisa de companhia no caminho da busca. Caminho repleto de novidades, mesmo que sejam dos gritos convincentes daqueles que caíram e continuam clamando: cuidem de mim!

Referências

BROWN, Peter. *Corpo e sociedade: o homem, a mulher e a renúncia sexual no início do cristianismo.* Tradução: Vera Ribeiro. Rio de Janeiro: Jorge Zahar Editor, 1990.

CALÇADO, Thiago. *Entre a carne e o verbo: confissão, sexualidade e discurso em Michel Foucault.* São Paulo: Gênio Criador, 2017.

FOUCAULT, Michel. *A hermenêutica do sujeito.* Curso dado no Collège de France (1981-1982). Tradução: Márcio Alves da Fonseca e Salma Tannus Muchail. São Paulo: Martins Fontes, 2010.

FOUCAULT, Michel. *Do governo dos vivos.* Curso dado no Collège de France (1979-1980). Tradução: Eduardo Brandão. São Paulo: Martins Fontes, 2014.

FOUCAULT, Michel. *Genealogia da ética, subjetividade e sexualidade.* Organização e seleção de textos: Manoel Barros da Motta. Tradução: Abner Chiquieri. Coleção Ditos e Escritos. v. IX. Rio de Janeiro: Forense Universitária, 2013.

FOUCAULT, Michel. *Mal faire, dire vrai: fonction de l´aveu em justice.* UCL Presses Universitaires e University of Chicago Press, 2012.

FOUCAULT, Michel. *Subjectivité et vérité. Cours au collège de France (1980-1981).* Paris: Hautes Études, Gallimard, 2014.

KONINGS, Johan; MAZZAROLO, Isidoro. *Lucas: o Evangelho da graça e da misericórdia.* São Paulo: Loyola, 2016.

KONINGS, Johan. *Jesus nos Evangelhos sinóticos.* Petrópolis: Vozes, 1977.

MENEZES, José Euclimar Xavier de. Da vociferação dissimulada do sexo. *Revista Aulas (UNICAMP)* 3 (2007): 1-32 (*Dossiê Foucault*).

RIBEIRO JÚNIOR, Nilo. *Pensar o (im)pensável da carnalidade. Interpelações (po)éticas entre Lévinas e Merleau-Ponty* (Recurso eletrônico). Porto Alegre: Editora Fi, 2021.

TAYLOR, Chloë. *The Culture of Confession from Augustine to Foucault: A Genealogy of the "Confessing Animal".* New York: Taylor and Francis, 2009.

VEYNE, Paul. *Quando nosso mundo se tornou cristão.* Lisboa: Texto e Grafia, 2007.

Cap. 7

PROPONDO O FLORESCIMENTO HUMANO: ASPECTOS PASTORAIS DA EDUCAÇÃO SEXUAL À LUZ DA ÉTICA DAS VIRTUDES

Carlo Calleja[1]

O campo da ética sexual é um terreno muito fértil. A literatura acadêmica é rica em propostas sobre como abordar a educação sexual numa perspectiva moral católica. Como afirma James Keenan, isso se deve também aos esforços feitos pelo Papa Bento XVI para reintegrar o amor ao discurso cristão.[2] Mas podemos acrescentar que isso se deve, inclusive, à sociedade, que continuamente pede à Igreja uma orientação mais aprofundada sobre essas questões. Devemos, no entanto, nos perguntar como os agentes pastorais que servem a Igreja – sejam eles leigos ou ministros ordenados – estão atendendo a esse pedido.

O objetivo deste capítulo é refletir sobre a práxis atual da educação sexual em ambientes católicos, considerar o que poderia ser feito e propor alguns meios para se conseguir tal intento. Em outras palavras, a reflexão que segue visa ajudar a passar da pergunta "o que devo fazer?" para "quem devo me tornar?" e, portanto, "como devo me comportar?", nas águas agitadas da ética sexual.

---

[1] **Carlo Calleja** é Doutor em Teologia (Boston College School of Theology and Ministry – Brighton, MA – USA), Docente na University of Malta (Msida – Malta) e membro da Catholic Theological Ethics in the World Church. Tradução do inglês: Tarcísio dos Santos, sdb.

[2] KEENAN, James F. Can We Talk? Theological Ethics and Sexuality. *Theological Studies* 68 (2007): 113.

Seria útil contextualizar o problema delineando três cenários contemporâneos. O primeiro diz respeito ao meu país natal, Malta, onde, em 2016, após meses de intenso debate, foi aprovado um projeto de lei para legalizar a disponibilidade da anticoncepção de emergência.[3] O mais preocupante não foi tanto a legalização, mas o fato de o discurso ter se restringido à questão se o método era abortivo ou meramente (*sic*) contraceptivo. Não me lembro de qualquer referência à importância de se educar para relacionamentos saudáveis, empoderar as mulheres para recusar o sexo quando sentem que seus corpos são explorados, educar os homens para que respeitem os outros como pessoas e não os reduzam a objetos de prazer. Como um dia alguém afirmou em debates como esse, "todo mundo sente o calor, mas ninguém vê a luz".[4]

O segundo cenário é o que foi desencadeado pela publicação da Exortação Apostólica do Papa Francisco sobre o amor na família – *Amoris Laetitia* –, cuja mensagem principal é sobre o discernimento e o acompanhamento dos casais.[5] São muitos os que continuam a questionar a postura tomada pelo Papa. Bastaria mencionar as cinco perguntas feitas a ele por quatro cardeais – conhecidas como *Dubia* –, apenas alguns meses após a publicação do texto. Tais perguntas reforçam uma postura deontológica rígida que contrasta fortemente com o próprio espírito da Exortação Apostólica.[6]

Em terceiro lugar, no âmbito pastoral – seja em grupo de jovens, ou durante as confissões –, não é incomum que os agentes pastorais sejam

---

[3] Ver: FARRUGIA, Claire. Morning-After Pill to be Sold over the Counter: Decision Announced Hours after Valletta Protest. *Times of Malta* (October 17, 2016). Disponível em: http://www.timesofmalta.com/articles/view/20161017/local/morning-after-pill-to-be-sold-over-the-counter.628264. Acesso em: 10 out. 2023.

[4] KALLENBERG, Brad J. The Master Argument of MacIntyre's After Virtue. In: CURRAN, Charles E; FULLAM Lisa A. (eds.). *Virtue*. Readings in Moral Theology, n. 16. Mahwah, NJ: Paulist Press, 2011, p. 21.

[5] FRANCISCO, Papa. *Amoris Laetitia*. Exortação Apostólica Pós-Sinodal sobre o amor na família. São Paulo: Loyola, 2016, n. 243 e, especialmente, o Capítulo VIII. Daqui em diante = AL.

[6] PENTIN, Edward. Full Text and Explanatory Notes of Cardinals' Questions on *'Amoris Laetitia'*. *National Catholic Register* (14.11.2016). Disponível em: http://www.ncregister.com/blog/edward-pentin/full-text-and-explanatory-notes-of-cardinals-questions-on-amoris-laetitia. Acesso em: 10 out. 2023

questionados se um determinado ato ou prática – geralmente no campo da sexualidade – é pecado ou não. Dá-se a impressão de uma compreensão empobrecida da pessoa humana, da sexualidade e da fé pessoal, ainda carregada com as marcas de uma moralidade normativa deontológica que lembra a tradição manualista.

Há algo comum que perpassa esses três cenários: a tensão entre o universal e o pessoal. Em outras palavras, muitos ainda esperam uma regra geral, uma abordagem "tamanho único" por parte dos seus pastores, mesmo em algo tão complexo e pessoal quanto a sexualidade. Há três grandes perigos nessa abordagem: primeiro, um conjunto de normas pode ser inacessível para alguns e medíocre para outros, elevando ou abaixando demais as expectativas; segundo, ela prejudica o crescimento, uma vez que o progresso na vida é demarcado pela capacidade de se conformar ou não com uma determinada lei externa; terceiro, apenas uma dimensão externa é abordada, enquanto a sexualidade, como muitas outras experiências que constituem a pessoa humana, é uma complexa realidade multifacetada.

A ética das virtudes – hermenêutica de uma dialética integrada entre a situação atual da pessoa e o ideal que ela almeja, entre potencialidade e realidade, entre enraizamento no presente e projeção em direção ao florescimento – é particularmente apta a abordar a educação sexual tanto no âmbito externo quanto interno. A reflexão que segue, num primeiro momento, delineará brevemente uma avaliação crítica do ensinamento do Magistério eclesial relacionado à educação sexual nos últimos 80 anos. Em seguida, proporá a mudança para um sistema moral focado no florescimento humano. Por fim, abordará as ferramentas que temos à disposição no contexto católico.

1. A Educação Sexual no ensino da Igreja

Um estudo dos documentos do Magistério sobre educação sexual revela que, apesar de sempre mencionarem as virtudes, uma abordagem baseada na ética das virtudes nem sempre foi abraçada por eles. A passagem de uma abordagem deontológico-normativa para uma perspectiva mais fundamentada nas virtudes é algo recente. Como procurarei argumentar, a castidade é frequentemente invocada como uma virtude, mas muitas vezes erroneamente confundida com continência, sendo reduzida, portanto, a uma mera *norma*. Mais ainda, às vezes, tem-se a impressão de que a castidade é considerada como um fim em si mesma, em vez de um meio – juntamente com outras virtudes – que contribui para o florescimento humano.

A Carta Encíclica *Casti Connubii* trata quase que exclusivamente da questão da sexualidade, sendo um ponto de referência para muitos documentos subsequentes. Nela, a castidade é considerada "princípio e fundamento da sociedade doméstica", referindo-se, portanto, a todas as relações humanas.[7] Ecoando Santo Agostinho, a importância é dada à "fidelidade da castidade", ou seja, à fidelidade no matrimônio, graças à qual "é enobrecida a fecundidade da natureza ou se reprime a desordem da incontinência".[8] A castidade, portanto, enobrece a fidelidade, para que ela possa resplandecer com todo o seu brilho.[9] O documento, no entanto, acertadamente, acrescenta que a castidade deve ser enriquecida pelo amor entre os cônjuges, que é provado com obras, a fim de que ambos se auxiliem mutuamente e busquem a perfeição interior.[10]

A Constituição Pastoral *Gaudium et Spes*, ao referir-se à procriação e à contracepção, reitera que o objetivo de alcançar o pleno sentido da autodoação mútua e procriação humana no contexto do amor verdadeiro "só é possível se se cultivar sinceramente a virtude da castidade conjugal".[11] A Exortação Apostólica *Familiaris Consortio*, baseando-se em tais documentos, refere-se à virtude da castidade como aquela que "desenvolve a autêntica maturidade da pessoa e a torna capaz de respeitar e promover o 'significado nupcial' do corpo".[12]

---

[7] PIO XI, Papa. *Casti Connubii.* Carta Encíclica sobre o matrimônio cristão, n. 1. In: DOCUMENTOS DE PIO XI (1922-1939). São Paulo: Paulus, 2004, p. 207. Daqui em diante = CC.

[8] CC 11, p. 212.

[9] CC 22, p. 217-218.

[10] CC 22, p. 217-218.

[11] DOCUMENTOS DO CONCÍLIO ECUMÊNICO VATICANO II (1962-1965). *Gaudium et Spes.* Constituição Pastoral sobre a Igreja no mundo de hoje. 3 ed. São Paulo: Paulus, 1997, n. 51, p. 603. Daqui em diante = GS.

[12] JOÃO PAULO II, Papa. *Familiaris Consortio.* Exortação Apostólica sobre a missão da família cristã no mundo de hoje. 15 ed. São Paulo: Paulinas, 2001, n. 37.

Na Declaração *Persona Humana: sobre alguns pontos de Ética Sexual*, uma abordagem deontológico-normativa é usada para reafirmar o ensinamento de que "é no contexto do matrimônio que se deve situar todo ato genital humano".[13] O documento específico sobre educação sexual - *Orientações Educativas sobre o Amor Humano. Linhas gerais para uma educação sexual* - contém diversas referências evocando uma abordagem a partir da ética das virtudes, sobretudo quando afirma que a sexualidade é um "modo de ser [...] parte integrante do desenvolvimento da personalidade".[14] O cultivo de uma série de virtudes - particularmente a virtude da castidade - também ecoa o ensino encontrado na *Familiaris Consortio*. No entanto, outras virtudes são mencionadas, tais como "o pudor, a temperança, o respeito de si e dos outros, a abertura ao próximo".[15] Dos educadores exige-se o cuidado da virtude da prudência.[16] A amizade é recomendada como um fator importante na formação da personalidade.[17] Além de mencionar as virtudes, o documento também se refere aos valores, especificamente no contexto da ética normativa: "A consideração de um valor que deve ser descoberto e apreciado antecede a *norma* que não pode ser violada. A *norma*, todavia, interpreta e formula os valores para os quais o homem deve tender".[18] Embora pareça haver um desejo de abordar a temática a partir da ética das virtudes, ainda prevalece o fato de os *valores* serem interpretados em relação e subordinados à *norma*.

O *Catecismo da Igreja Católica* discute a educação sexual muito brevemente no contexto do sexto mandamento, em uma das subseções da Terceira Parte. É encorajador notar que a Terceira Parte trata de "A Vida em Cristo", sugerindo um processo de conformação com Cristo. Como todos

---

[13] CONGREGAÇÃO PARA A DOUTRINA DA FÉ. Declaração sobre alguns pontos de ética sexual [*Persona Humana*]. In: CONGREGAÇÃO PARA A DOUTRINA DA FÉ. *Documenta*. Documentos publicados desde o Concílio Vaticano II até nossos dias (1965-2010). Brasília: Edições CNBB, 2011, p. 116.

[14] CONGREGAÇÃO PARA A EDUCAÇÃO CATÓLICA. *Orientações educativas sobre o amor humano. Linhas gerais para uma educação sexual.* São Paulo: Salesiana Dom Bosco, 1984, n. 4. Daqui em diante = OEAH.

[15] OEAH 35.

[16] OEAH 86-87.

[17] OEAH 90-93.

[18] OEAH 19 (ênfase nossa).

os últimos sete mandamentos, esse mandamento faz parte daqueles que enunciam as exigências do amor ao próximo – "Amarás o próximo como a ti mesmo" –, indicando que ele está orientado para um crescimento no amor aos outros à medida do amor para consigo. A maior parte da seção trata da "vocação à castidade", definida como "a integração correta da sexualidade na pessoa e, com isso, a unidade interior do homem em seu ser corporal e espiritual".[19] O Catecismo admite, no entanto, que se trata de um processo, que tem "leis de crescimento e passa por graus".[20] Outras virtudes mencionadas são a temperança e o autodomínio,[21] a caridade – descrita como "a *forma* de todas as virtudes"[22] – e a amizade, que permite que a castidade floresça.[23] Após essa breve referência às virtudes, segue uma longa lista de declarações normativas derivadas do princípio de que "as pessoas casadas são convidadas a viver a castidade conjugal; os outros praticam a castidade na continência".[24] Consequentemente, aqui também a ênfase é posta no *fazer* em vez de no *ser*.

O Conselho Pontifício para a Família publicou um importante documento intitulado *Sexualidade Humana: Verdade e Significado. Orientações educativas em família*.[25] O documento tem um forte componente bíblico e pode ser descrito como tendo o amor (Capítulo I-II) e a família (Capítulos IV e V) como seus dois principais "focos", articulados num horizonte vocacional (Capítulo III). Os dois últimos capítulos (VI-VII) têm uma dimensão pedagógica mais prática ("Os passos no conhecimento" e "Orientações práticas", respectivamente). Um dos principais méritos do documento é que ele oferece uma abordagem abrangente da

---

[19] CATECISMO DA IGREJA CATÓLICA. Novíssima edição de acordo com o texto oficial em latim. 4 ed. Brasília: Edições CNBB; Embu: Ave-Maria; Petrópolis: Vozes; São Paulo: Paulinas, Paulus, Loyola, 2017, n. 2337. Daqui em diante = CIgC.

[20] CIgC 2343.

[21] CIgC 2341 e 2342, respectivamente.

[22] CIgC 2346 (ênfase nossa).

[23] CIgC 2347.

[24] CIgC 2349.

[25] CONSELHO PONTIFÍCIO PARA A FAMÍLIA. *Sexualidade Humana: Verdade e Significado. Orientações educativas em família.* 3 ed. São Paulo: Paulinas, 2002. Daqui em diante = SHVS.

sexualidade, ao menos quando apresenta questões gerais, incluindo também um parágrafo sobre a consciência.[26] No entanto, quando se refere a questões específicas, como a homossexualidade, o faz de forma bastante superficial, usando um jargão médico e permanecendo dentro dos limites de uma estreita interpretação de lei natural, invocando termos como "intrinsecamente desordenados" e "pessoas homossexuais são chamadas à castidade".[27] No fim das contas, ficamos sem entender o porquê da referência à faculdade da consciência moral apenas alguns parágrafos antes.

Na *Amoris Laetitia, a* educação sexual é discutida do número 280 ao 286 de um modo novo e positivo. Curiosamente, a castidade só é mencionada uma vez, e no contexto de preparação dos noivos para o casamento.[28] Um curso recente sobre educação afetivo-sexual – *O Lugar do Encontro* –, inspirado pela *Amoris Laetitia,* foi apresentado pelo Dicastério para os Leigos, a Família e a Vida, durante a Jornada Mundial da Juventude em Cracóvia (2016). Na Unidade 4, própria para os Educadores, dá-se ênfase às virtudes, com breves, mas significativas, referências à função das virtudes como bons hábitos, disposições estáveis que nos dispõem a fazer o que é bom, permitindo-nos dar o melhor de nós mesmos. São mencionadas as quatro virtudes cardeais e as três virtudes teologais.[29]

Ao longo dos últimos trinta anos, tem crescido a consciência sobre o potencial da ética das virtudes, embora uma forte abordagem deontológico-normativa ainda seja dominante. Muito trabalho ainda deve ser feito por parte dos agentes de pastoral e dos fiéis para apreciar plenamente a dinâmica e os frutos de um sistema moral baseado nas virtudes.

2. Propondo o florescimento humano

A proposta que gostaria de fazer é que, em vez de recorrermos a uma moralidade baseada na deontologia normativa, busquemos uma ética que

---

[26] SHVS 95.

[27] SHVS 104.

[28] AL 206.

[29] DICASTÉRIO PARA OS LEIGOS, A FAMÍLIA E A VIDA. *The Meeting Point.* Disponível em: https://www.educazioneaffettiva.org/index.php/por/78-005-portugues/unidades-por/795-4-por e https://www.educazioneaffettiva.org/images/ELDE/ELDE_05_POR/400_Os--tirantes/4104-educador.pdf. Acesso em: 10 out. 2023.

vise ao florescimento humano, como faz a ética das virtudes. O princípio central de tal moralidade está fundamentado no *telos*, ou seja, na finalidade de cada esforço humano. Aristóteles, em sua *Ética a Nicômacos*, considera a felicidade o maior desejo de todos os seres humanos e a razão pela qual todas as outras ações são executadas. "Chamamos aquilo que é mais digno de ser perseguido em mais final que aquilo que é digno de ser perseguido por causa de outra coisa [...]; e portanto chamamos absolutamente final aquilo que é sempre desejável em si, e nunca por causa de algo mais. Parece que a felicidade, mais que qualquer outro bem, é tida como este bem supremo, pois a escolhemos sempre por si mesma, e nunca por causa de algo mais; mas as honrarias, o prazer, a inteligência e todas as outras formas de excelência, embora as escolhamos por si mesmas [...], escolhemo-las por causa da felicidade, pensando que através delas seremos felizes".[30]

O fim de cada ação coincide, portanto, com a felicidade, e isso só é alcançado quando é perseguido com excelência de acordo com a função do agente, que, no ser humano, é sua natureza racional. Aristóteles continua: "Então, se a função do homem é uma atividade da alma por via da razão e conforme a ela [...] se este é o caso (e afirmamos que a função própria do homem é um certo modo de vida, e este é constituído de uma atividade ou de ações da alma que pressupõem o uso da razão, e a função própria de um homem bom é o bom e nobilitante exercício desta atividade ou a prática destas ações, se qualquer ação é bem executada de acordo com a forma de excelência adequada) – se este é o caso, repetimos, o bem para o homem vem a ser o exercício ativo das faculdades da alma de conformidade com a excelência, e se há mais de uma excelência, de conformidade com a melhor e mais completa entre elas".[31]

Baseando-se no trabalho de Aristóteles e refletindo sobre o florescimento humano em termos de ética sexual para meninas adolescentes, Doris Kieser afirma: "[Isso] implica mais do que meramente existir ou sobreviver; significa prosperar, florescer e crescer abundantemente para

[30] ARISTÓTELES. *Ética a Nicômacos*, I:7. Tradução: Mário da Gama Kury. 3 ed. Brasília: Universidade de Brasília, 1992, p. 23.

[31] ARISTÓTELES. *Ética a Nicômacos*, 1:7, p. 24-25.

realizar nossa natureza como pessoas".[32] O florescimento humano, segundo Kieser, é o *telos*, e tem um componente relacional importante que abrange todos os aspectos da vida, especialmente a dimensão sexual, que ela também contextualiza dentro da teologia cristã: "O supremo *telos* humano [é que] as pessoas florescem na relação certa com Deus, como é testemunhado na sua relação com os outros, consigo mesmas e com a criação. Para facilitar o florescimento humano em qualquer dimensão, seja física, intelectual, emocional ou sexual, as pessoas devem corresponder tanto às exigências práticas quanto espirituais. Uma articulação teológica do florescimento sexual deve estar sempre consciente da relação da pessoa com o Divino. Na tradição cristã, essa relação se dá na compreensão de Jesus Cristo como a encarnação humana de Deus, cuja mediação no mundo continua no e através do Espírito Santo. O florescimento sexual humano é uma encarnação da nossa relação com o Divino".[33]

O corpo, portanto, "é o lugar das nossas experiências concretas, bem como do nosso esforço de abertura para o Divino: nosso florescimento".[34] Kieser também afirma que, "embora o florescimento sexual não seja o todo da relação humana com Deus, sua realização ainda aponta para a comunhão final".[35] Parece haver um elo importante entre sexualidade, comunhão e, em última instância, florescimento, de tal forma que Michael Lawler e Todd Salzman afirmam que: "As pessoas buscam tanto a plenitude ou o florescimento humano quanto a santidade ou proximidade com Deus em sua jornada para se tornarem pessoas sexuais totalmente integradas, relacionais, justas e amorosas. Isso exige que elas abracem a sexualidade, busquem definir, desenvolver e aperfeiçoar aquelas dimensões que facilitam seu desenvolvimento autêntico e resistam àquelas que frustram esse desenvolvimento".[36]

---

[32] KIESER, Doris M. *Catholic Sexual Theology and Adolescent Girls: Embodied Flourishing*. Waterloo, Ontario, Canada: Wilfred Laurier University Press, 2015, p. 4.

[33] KIESER. *Catholic Sexual Theology and Adolescent Girls*, p. 2.

[34] KIESER. *Catholic Sexual Theology and Adolescent Girls*, p. 14.

[35] KIESER. *Catholic Sexual Theology and Adolescent Girls*, p. 15.

[36] LAWLER, Michael G.; SALZMAN, Todd A. *Catholic Theological Ethics: Ancient Questions, Contemporary Responses*. Lanman, Maryland: University Press of America, 2016, p. 199.

A característica teleológica da ética das virtudes, como argumenta Lúcás Chan, tende a uma espécie de perfeccionismo porque envolve tanto o que é trivial quanto os objetivos ordinários e coletivos na direção da realização da identidade humana.[37] Segundo Douglas Rasmussen, o florescimento é relativo ao agente, mas isso não significa que seja relativista. Mais ainda, "o *telos* humano é o florescimento de cada indivíduo [...]. O florescimento humano não é algo que compete com o bem dos seres humanos individuais, mas é o próprio florescimento de suas vidas".[38]

Por essa razão, afirmar que tal ética é relativista não tem fundamento. Martha Nussbaum, por sua vez, insiste que as virtudes levam ao "funcionamento adequado em cada esfera humana", e acrescenta que a ética das virtudes, "atenta às experiências humanas, é capaz de constituir-se em instância crítica de certas propostas morais, em vista de uma mais inclusiva abordagem das circunstâncias da vida humana e das necessidades que delas derivam".[39] Em outras palavras, as virtudes atuam como uma espécie de heurística, levando em conta todas as circunstâncias da vida humana e propondo uma maneira de lidar com elas em cada situação em que o agente se encontra.

A fim de destacar como "a felicidade e a ética das virtudes informam uma à outra numa abordagem aristotélico-tomística da ética das virtudes", Lisa Fullam nos encoraja a sempre ter em mente o que estamos buscando e esperando. Para ela, "a vida da virtude é uma dialética contínua entre o *telos* e o estado atual de virtude na alma, cada um moldando o outro".[40] Fullam propõe um tríplice *telos* ao considerar a ética sexual composta por um sentimento de encarnação, uma habilidade para a intimidade e um olhar para a percepção.[41]

---

[37] CHAN, Yiu Sing Lúcás. *Biblical Ethics in the Twenty-First Century: Developments, Emerging Consensus and Future Directions.* Mahwah, NJ: Paulist Press, 2013, p. 84.

[38] RASMUSSEN, Douglas B. Human Flourishing and the Appeal to Human Nature. In: PAUL, Ellen Frankel; MILLER JR., Fred D.; PAUL, JEFFREY (eds.). *Human Flourishing.* New York: Cambridge University Press, 1999, p. 9.

[39] NUSSBAUM, Martha C. Non-Relative Virtues: An Aristotelian Approach. *Midwest Studies in Philosophy* 13 (1988): 39.

[40] FULLAM, Lisa. Sex in 3-D: A Telos for a Virtue Ethics of Sexuality. *Journal of the Society of Christian Ethics* 27/2 (2007): 153.

[41] FULLAM. Sex in 3-D, p. 153.

A excelência pode ser buscada por causa da estrutura dinâmica inerente à perspectiva moral da ética das virtudes, enraizada na narrativa da pessoa e projetada em direção ao *telos*. Ela pode ser comparada a um ciclo de melhoria constante (*feedback loop*) que tende à perfeição, constantemente nos chamando para reavaliar nossa situação atual, vislumbrar nosso estado desejado e reformular o modo de chegar lá. Alasdair MacIntyre assim afirma: "Minha explicação das virtudes percorre três estágios: o primeiro, que trata das virtudes como qualidades necessárias para se obter os bens internos às práticas; o segundo, que as analisa como qualidades que contribuem para o bem de uma vida inteira; e o terceiro, que as vincula à procura de um bem para os seres humanos, cuja concepção só pode ser elaborada e possuída dentro de uma tradição social continuada".[42]

O agente, portanto, assume um papel ativo, reflete criticamente sobre sua situação atual dentro de um contexto pessoal e social e, com o *telos* em mente, imagina-se a si mesmo. Ao fazê-lo, o agente internaliza as virtudes necessárias para alcançar o fim.

O primeiro estágio dessa estrutura dinâmica tem um forte componente antropológico. Fullam afirma que, embora não possamos "reivindicar uma percepção abrangente da natureza humana", a lei natural não pode ser totalmente desconsiderada, pois devemos buscar a verdade da natureza humana de uma "maneira flexível e responsável".[43] A pessoa humana nunca pode deixar de se perguntar "Quem sou eu agora?", e é evidente que a resposta a essa pergunta, no campo da ética sexual, claramente sofreu mudanças dramáticas nas últimas décadas. Razões econômicas e outros fatores sociológicos levaram os adolescentes a chegar à puberdade muito mais cedo, enquanto o casamento está sendo adiado cada vez mais, aumentando, assim, a coabitação.

Com a sociedade se tornando mais tolerante com outras formas de expressão sexual, a homossexualidade deixou de ser entendida como um comportamento desviante e passou a ser considerada como uma aceitável

---

[42] MACINTYRE, Alasdair. *Depois da virtude. Um estudo em teoria moral.* Bauru: EDUSC, 2001, p. 457-458.

[43] FULLAM. Sex in 3-D, p. 160.

variação da atração sexual. A relação sexual no casamento deixou de ser um ato primariamente destinado à geração de filhos para ser expressão do prazer mútuo dos cônjuges. Com a liberação sexual e a ascensão do feminismo, a sexualidade deixou de ser um tabu a ser regulado por normas sociais e passou a ser considerada como importante para o empoderamento do agente.

Estamos cientes de que há regras e normas não escritas ditadas pela cultura secular, tais como "desfrute do sexo livremente" ou "nada de preservar a virgindade", que muitos, especialmente os jovens, se sentem obrigados a cumprir. Todos esses fatores influenciam no modo como olhamos para nós mesmos e como nos definimos. No entanto, a pergunta a ser respondida é: "Quão virtuoso eu sou?".[44] Ela exige uma reflexão crítica para saber se temos as virtudes certas para lidarmos com a situação e, caso a resposta seja negativa, quais virtudes precisariam ser nutridas.

Intimamente relacionada com a questão do "aqui e agora" está a questão de "projetar-se para o futuro", quando nos perguntamos: "Quem eu deveria me tornar?". Essa questão enfatiza o vir a ser, mas, embora esteja projetada para um futuro distante, ela também se refere ao futuro próximo. Em outras palavras, a resposta pode ser "*Algum dia* eu me tornarei um esposo bom/fiel/generoso"; mas pode ser também "*Hoje* eu quero ser um esposo bom/fiel/generoso". Fica claro que o que procuramos ser amanhã é, na verdade, também o que buscamos ser hoje. Segundo Keenan, "para a pessoa honesta, as virtudes não são o que adquirimos na vida; elas são o que procuramos alcançar".[45] O próximo passo natural é se perguntar: "Como eu chego lá?". Esse é o trabalho envolvido na conquista do bem humano – a formação de disposições e do caráter – através da busca das virtudes.

2.1 As virtudes: do clássico ao contemporâneo

Tomás de Aquino dedica muita atenção à virtude da castidade na *Secunda Secundae* da sua *Suma Teológica* e afirma que a palavra

[44] KEENAN, James F. Virtue Ethics. In: HOOSE, Bernard (ed.). *Christian Ethics: An Introduction.* London: Cassell, 1998, p. 84-85.

[45] KEENAN. Virtue Ethics, p. 85.

"castidade" "deriva do fato de a razão 'castigar'[46] a concupiscência", que é o que a torna uma virtude [Thomas Gilby, por sua vez, afirma que a castidade deriva de *kathairo* – limpar –, e não de *kolazo*, punir].[47] De qualquer forma, Tomás distingue castidade de abstinência; a primeira se preocupa com os "prazeres sexuais" e, portanto, está sujeita ao controle da virtude da temperança; a segunda está mais relacionada aos "prazeres da mesa".[48] Tomás também distingue dois tipos de abstinência: aquela que, sem seguir a reta razão, abstém-se de todos os prazeres, "como se eles, por si mesmos, lhe incutissem horror", e aquela que se abstém "só do prazer sexual e de acordo com a reta razão". Para ele, "o meio-termo da virtude não se ganha pela quantidade, mas se baseia na razão reta [...]" pois "o magnânimo vai ao extremo na sua grandeza, mas se mantém no meio-termo no que é conveniente".[49] Ele também faz referência à "castidade conjugal" e a elogia, uma vez que é a abstenção do "prazer ilícito".[50]

Tomás de Aquino situa a virtude da castidade no âmbito da virtude da temperança, pois é ela que nos permite responder razoavelmente ao que se nos apresenta como atraente, assim como a virtude da coragem permite que alguém responda razoavelmente ao que evoca medo.[51] As virtudes de que nos ocupamos aqui se enquadram nos aspectos subjetivos da temperança, juntamente com os apetites e as possíveis situações da temperança que dizem respeito à clemência, mansidão e modéstia.[52] A temperança, para Tomás de Aquino, atua como uma virtude fundamental, pois "ordena os apetites dos sentidos", particularmente "desejos que são especialmente difíceis de controlar".[53] As virtudes necessárias para

[46] TOMÁS DE AQUINO. *Suma Teológica.* II Seção da II Parte – Questões 123-189. Vol. 7. São Paulo: Loyola, 2005, IIa IIae, q. 151, a1, p. 277. Daqui em diante = *ST.*

[47] THOMAS AQUINAS. *Summa Theologica,* Vol 43. Translated by Fathers of the Dominican Province. GILBY, Thomas (ed.). Blackfriars, Cambridge UK: Eyre & Spottiswoode, 1968, IIa IIae, q. 151, a1. p. 159.

[48] *ST* IIa IIae, q. 151, a3, p. 281.

[49] *ST IIa* IIae, q. 152, a2, p. 288-289.

[50] *ST* IIa IIae, q. 152, a3, p. 292.

[51] POPE, Stephen. Overview of the Ethics of Thomas Aquinas. In: POPE, Stephen (ed.). *The Ethics of Aquinas.* Washington D.C.: Georgetown University Press, 2002, p. 44.

[52] POPE. Overview of the Ethics of Thomas Aquinas, p. 45.

[53] POPE. Overview of the Ethics of Thomas Aquinas, p. 46.

abordar a atividade sexual, ou seja, castidade e pureza, não se enquadram apenas na temperança, mas também na justiça, quando há algum impacto sobre os outros.[54]

Stephen Pope faz notar que, para Tomás de Aquino, a virtude da castidade depende da ênfase colocada na ordenação da vontade à reta razão, e não na crença de que o corpo, de algum modo, é mau. John S. Grabowski afirma que, para Tomás de Aquino, a castidade é a virtude que capacita os seres humanos a usar bem e com sabedoria suas capacidades sexuais, contribuindo para o seu aperfeiçoamento humano e para o de "uma sociedade bem ordenada que reflete o plano de Deus para a sexualidade humana".[55]

Outros autores, no entanto, acreditam que focar a virtude da castidade é útil, mas insuficiente. Lawler e Salzman argumentam que a castidade, do modo como é proposta pela Igreja, ou seja, como sendo a virtude fundamental que guia toda a atividade sexual humana, está "fundamentada na complementaridade heterogenital e reprodutiva".[56] Para eles, o florescimento humano não pode ser realmente alcançado por meio apenas da complementaridade física. Em seu livro *The Poetics of Intimacy and the Problem of Sexual Abstinence*, Michael J. Hartwig argumenta que modelos de virtude sexual baseados na castidade são "fundamentados em modelos essencialistas e racionalistas da natureza humana e não em modelos poéticos".[57] A tese central de Hartwig é que uma ética sexual cristã deve considerar a intimidade sexual poeticamente, reconhecendo que nenhum ato isolado pode expressar toda a verdade do conhecimento pleno de outra pessoa, porque os seres humanos e as relações humanas são vividos e experienciados por meio de "uma rica multiplicidade de metáforas, dimensões, estações, vozes e bens", dos quais fecundidade e reprodução sexual constituem apenas uma das dimensões.[58]

---

[54] POPE. Overview of the Ethics of Thomas Aquinas, p. 47.

[55] GRABOWSKI, John S. *Sex and Virtue: An Introduction to Sexual Ethics.* Washington D.C.: The Catholic University of America Press, 2003, p. 84.

[56] LAWLER; SALZMAN. *Catholic Theological Ethics*, p. 190.

[57] HARTWIG, Michael J. *The Poetics of Intimacy and the Problem of Sexual Abstinence.* New York: Peter Lang, 2000, p. 81.

[58] HARTWIG. *The Poetics of Intimacy and the Problem of Sexual Abstinence*, p. 121.

Para Keenan, a virtude da castidade proposta pela Igreja tem a dupla função de nos permitir apreciar a sexualidade como um dom que nos une no amor de Deus e nos oferece "consistentes e regulatórias normas de abstinência".[59] No entanto, Keenan também se questiona se a ênfase na virtude da castidade é suficiente para ensinar ética sexual ou se algo mais deve ser considerado.[60] Ele propõe, portanto, a adoção de outras virtudes - como veremos mais adiante - que podem nos ajudar a desenvolver uma melhor compreensão da pessoa humana e, com isso, alcançar o florescimento humano. Keenan acredita que as virtudes clássicas são inadequadas para atender às necessidades da pessoa humana na situação atual devido à distinção feita pelos filósofos e teólogos entre "ato bom" e "ato certo", e porque as virtudes nem sempre, necessariamente, envolvem a vida de fé da pessoa.[61] Keenan nos ajuda a perceber que, nas últimas décadas, surgiu uma nova antropologia que dá mais ênfase à dimensão relacional da pessoa humana e que os filósofos já começaram a propor virtudes baseadas na relacionalidade.[62] Ele observa que há três maneiras pelas quais somos relacionais: geralmente, especificamente e exclusivamente.[63] Com esse quadro em mente, Keenan propõe quatro virtudes cardeais, cada uma das quais "tem reivindicações igualmente urgentes e [que] devem ser buscadas como fins *em si mesmas*".[64] As virtudes são justiça, fidelidade, autocuidado e prudência, cabendo à prudência a tarefa de integrar as outras virtudes e orientá-las para o futuro.[65]

Na sua tese de doutorado sobre a ética das virtudes como fundamento da educação sexual católica, Ronaldo Zacharias se apropria das virtudes cardeais propostas por Keenan e conclui que, "para melhor ajudar as pessoas a integrar ser e agir em suas vidas sexuais, precisamos desenvolver uma ética de crescimento que assuma realisticamente as várias fases da

[59] KEENAN, James F. Ética das Virtudes e Ética Sexual, p. 14 deste livro.

[60] KEENAN. Ética das Virtudes e Ética Sexual, p. 15 deste livro.

[61] KEENAN, James F. Proposing Cardinal Virtues. Theological Studies 6 (1995): 715-717.

[62] KEENAN. Proposing Cardinal Virtues, p. 718.

[63] KEENAN. Proposing Cardinal Virtues, p. 723.

[64] KEENAN. Proposing Cardinal Virtues, p. 723-724 (ênfase nossa).

[65] KEENAN. Proposing Cardinal Virtues, p. 728.

vida e ajude as pessoas a descobrir como elas podem dar o melhor de si na fase em que estão vivendo. Em cada época da vida, as virtudes podem encontrar diferentes formas de serem abraçadas e assumidas".[66]

A contribuição específica de Zacharias é que as virtudes contemporâneas da justiça, fidelidade, autocuidado e prudência podem ser desenvolvidas na ética sexual católica e "informadas" pela misericórdia. Em outras palavras, à ética sexual pode ser dada uma dimensão mais profunda quando vista através das lentes dessas virtudes. Na esteira de Zacharias, Keenan reafirma que "a justiça católica, informada pela misericórdia no contexto da ética sexual, [...] ajuda-nos a ver que a nossa sexualidade, 'lugar' em que somos mais capazes de expressar, receber e compartilhar mutuamente o amor, é a encarnação das nossas dimensões mais vulneráveis".[67] Da mesma forma, a fidelidade, informada pela misericórdia, "previne o caos da nossa sexualidade e relações sexuais",[68] privilegiando o diálogo e propiciando o crescimento no amor e em humanidade. O autocuidado, informado pela misericórdia, "estimula-nos a cuidar das nossas próprias histórias pessoais, sobretudo quando áreas de particular necessidade ou vulnerabilidade precisam ser reconhecidas, mais do que reprimidas".[69] É em tal contexto virtuoso que as relações sexuais deveriam se realizar.

Entre as virtudes propostas pelos teólogos morais a fim de se alcançar o florescimento humano na vivência da sexualidade estão a justiça e o amor. Fundamentando sua argumentação nas Escrituras e na Tradição, Margaret Farley propõe uma dupla virtude: "amor justo". Farley está ciente do problema do termo "amor" na reflexão ética[70] e, por isso, sente a necessidade de situá-lo dentro de uma heurística da justiça. Nesse contexto, ela afirma, "o amor é verdadeiro e justo, certo e bom, na medida em

---

[66] ZACHARIAS, Ronaldo. *Virtue Ethics as the Framework for Catholic Sexual Education: Towards the Integration between Being and Acting in Sexual Education.* S.T.D. Dissertation. Cambridge, MA: Weston Jesuit School of Theology, 2002, p. 407.

[67] KEENAN. Ética das Virtudes e Ética Sexual, p. 31 deste livro.

[68] KEENAN. Ética das Virtudes e Ética Sexual, p. 32 deste livro.

[69] KEENAN. Ética das Virtudes e Ética Sexual, p. 33 deste livro.

[70] FARLEY, Margaret. *Just Love: A Framework for Christian Sexual Ethics.* New York: Continuum International Pub. Group, 2006, p. 196.

que for uma verdadeira resposta à realidade da pessoa amada, uma união genuína entre aquele que ama e aquele que é amado, e uma afirmação afetiva precisa e adequada da pessoa amada".[71] Além disso, ela propõe que se respeitem a autonomia e a relacionalidade que caracteriza as pessoas como fins em si mesmas e as próprias pessoas como pessoas sexuais que vivem em sociedade.[72] Embora Farley eventualmente proponha normas que emanam da virtude do respeito, a ênfase é posta no comportamento global do agente, em vez de ser posta nos seus atos desarticulados.

Karen Lebacqz propõe outra dimensão que nos ajuda a apreciar a realidade da sexualidade: a vulnerabilidade. Ela acredita que uma "adequada vulnerabilidade" é capaz de expressar a intenção básica da vida humana e nos levar a entender o "verdadeiro significado e propósito da sexualidade que nos foi dada por Deus".[73] Tal vulnerabilidade leva em conta a intimidade vivida dentro ou fora do matrimônio e propicia os requisitos para uma ética sexual adequada.[74]

2.2 Uma visão global da pessoa humana: caráter, disposições, hábitos e bens

Cada ação que a pessoa realiza - não importa o quão trivial ou desconexa essa ação seja - é o resultado de quem ela é, ou, como diria a escolástica, *agere sequitur esse*. Cada ação, por sua vez, determina também quem a pessoa vai se tornar. Para Aristóteles, "a moral é excelência, ela é o produto do hábito",[75] e "nossas disposições morais resultam das atividades correspondentes às mesmas".[76] Estamos nos referindo, aqui, a caráter e práticas.

Grabowski vai ainda mais longe quando sugere que a conduta cristã, assim como descrita pelo Novo Testamento, "complementa e concretiza o

---

[71] FARLEY. *Just Love,* p. 198.

[72] FARLEY. *Just Love,* p. 231.

[73] LEBACQZ, Karen. Appropriate Vulnerability: A Sexual Ethic for *Singles. The Christian Century* 104 (1987): 435.

[74] LEBACQZ. Appropriate Vulnerability, p. 438.

[75] ARISTÓTELES. *Ética a Nicômacos,* 2:1, p. 35.

[76] ARISTÓTELES. *Ética a Nicômacos,* 2:1, p. 36.

paradigma [de aliança]" e proporciona uma "visão convincente e atraente da sexualidade" para os cristãos contemporâneos.[77] Ele destaca a verdade de que, para o discípulo, a moralidade é "uma questão do coração", embora exija um coração "livre da concupiscência", raiz de todos os desejos.[78] A formação do caráter, para ele, não é apenas uma questão de dom, mas também uma tarefa, que "implica tempo, treinamento e práxis concreta para aprender como amar bem, como desejar coisas que são genuinamente excelentes".[79]

Para Lisa Sowle Cahill, o caráter desempenha um papel muito importante, visto ser ele uma realidade abrangente, que envolve todo o ser da pessoa: "Talvez o melhor caminho para uma teologia e uma moral do sexo – integrada e até disciplinada – seja evitar tomar o sexo e a sexualidade como ponto de partida. Qualquer foco no sexo que o considere como um objeto moral independente ou como um campo de escrutínio filosófico provavelmente deixará de considerar um aspecto importante: o sexo não é fim em si mesmo, mas *expressão* da relação humana".[80]

De acordo com Cahill, se a ética sexual cristã quiser ser crível e fundamentada na vida real, se quiser ser viável e vivificante, a liberdade e a realização sexual devem ser fundamentadas nos bens humanos presentes no sexo e nas relações de intimidade.[81] Para Cahill, as noções de virtudes, atos e bens se orientam em direção aos fins que os agentes apreendem como bens, guiados em suas escolhas por princípios e normas que generalizam sobre os bens a serem buscados e as prioridades entre tais bens.[82] A questão-chave é saber em que consistiriam esses bens humanos. O principal deles pode ser a liberdade, não no sentido estreito do termo liberdade sexual, mas uma liberdade autêntica, de toda a pessoa, por meio da qual se é sempre capaz de escolher o que proporciona o florescimento humano. A pessoa virtuosa busca o bem da liberdade *de* qualquer

---

[77] GRABOWSKI. *Sex and Virtue*, p. 48-49.

[78] GRABOWSKI. *Sex and Virtue*, p. 62.

[79] GRABOWSKI. *Sex and Virtue*, p. 63.

[80] CAHILL, Lisa Sowle. *Women and Sexuality:1992 Madeleva Lecture in Spirituality.* Mahwah, NJ: Paulist Press, 1992, p. 49.

[81] CAHILL, Lisa Sowle. *Sex, Gender and Christian Ethics.* Cambridge: Cambridge University Press, 1996, p. 11.

[82] CAHILL. *Sex, Gender and Christian Ethics*, p. 48.

coisa que a oprime e uma liberdade *para a* plenitude. O prazer, por outro lado, como Margaret Kamitsuka admite, embora deva ser afirmado como um "corretivo útil à história antissexo e anticorpo do cristianismo [...] pode ser um foco muito restrito para os teólogos que visam promover o florescimento corporal".[83] Em outras palavras, o prazer nem sempre promove o florescimento humano, assim como o florescimento humano nem sempre precisa envolver o prazer. Isso porque ele não goza do mesmo *status* de bem humano como a liberdade ou a relacionalidade.

As virtudes – disposições ou práticas – formam o contexto a partir do qual uma ação é realizada, e, segundo MacIntyre, "além de nos sustentar e capacitar para alcançar os bens internos às práticas, também nos sustentam no devido tipo de busca pelo bem, capacitando-nos a superar os males, os riscos, as tentações e as tensões com que nos deparamos".[84] MacIntyre define prática como "qualquer forma coerente e complexa de atividade humana cooperativa, socialmente estabelecida".[85] É nesse contexto que Michel Therrien sugere que a paternidade responsável se encaixa nessa descrição de prática, já que se trata de uma atividade humana cooperativa, no sentido de cooperação entre os pais e entre os pais e a comunidade.[86] Pela mesma razão, de acordo com David Cloutier, "as escolhas e ações das pessoas (por exemplo, 'devo fazer sexo com meu namorado?' 'devo me casar com ele?') são feitas no contexto de experiências (por exemplo, a experiência do namoro, do matrimônio) e, sendo assim, [qualquer] juízo sobre as ações pessoais deverá levar em conta a amplitude das experiências, sobretudo os objetivos e propósitos pelos quais as pessoas nelas se engajam".[87]

---

[83] KAMITSULA, Margaret D. Sexual Pleasure. In: THATCHER, Adrian (ed.). *The Oxford Handbook of Theology, Sexuality and Gender.* Oxford: Oxford University Press, 2015, p. 513.

[84] MACINTYRE. *Depois da virtude,* p. 368-369.

[85] MACINTYRE. *Depois da virtude,* p. 316.

[86] THERRIEN, Michel. The Practice of Responsible Parenthood, NFP, and the Covenantal Unity of the Spouses. In: CLOUTIER, David (ed.). *Leaving and Coming Home: New Wineskins for Catholic Sexual Ethics.* Eugene, OR: Wipf and Stock Publishers, 2010, p. 178-179.

[87] CLOUTIER, David. *Love, Reason and God's Story: An Introduction to Catholic Sexual Ethics.* Winona, MN: Anselm Academic, 2008, p. 108.

2.3 Espiritualidade católica: Sacramentos e Escritura

Qualquer discussão sobre educação sexual que não faça referência à espiritualidade seria inadequada e incompleta, ainda mais se for abordada em ambientes pastorais nos quais se presume que o florescimento humano implica, em última instância, a santificação. Joseph J. Kotva Jr. insiste que a santificação é um processo teleológico que envolve a transformação de si, que resulta da vivência das virtudes e da conformação com Cristo. Em outras palavras, não se trata de algo que se alcança no final de um processo; o processo em si é uma conformação com Cristo.[88]

Kotva acredita que a pessoa também deve reconhecer sua "dependência da graça de Deus". Isso, no entanto, não é algo passivo: "Uma ética preocupada com a graça também pode se preocupar com a transformação moral do agente e o papel do agente na transformação".[89] Na tradição católica, os Sacramentos são os meios comuns para se obter a graça. Os Sacramentos de Cura – em particular o Sacramento da Reconciliação – atendem as necessidades daqueles que buscam o florescimento humano, especialmente quando vividos na perspectiva de um crescimento holístico. Nessa perspectiva, o padre, ao ouvir as confissões, não é tanto um juiz, médico ou consolador que orienta o penitente a se livrar da condenação, mas um guia espiritual que reconhece a singular relação que cada pessoa tem com Deus e sua particular responsabilidade pelo crescimento na experiência de fé.[90]

O Sacramento da Reconciliação é, portanto, uma oportunidade para nomear os vícios dos quais se afastar e, de modo especial, as virtudes a serem abraçadas para que se possa crescer. Dar "uma penitência que seja eficaz", ou seja, uma tarefa prática que ajudará o penitente a crescer numa virtude particular, em vez de simplesmente enviá-lo para os bancos para "rezar três Ave-Marias", é mais condizente com a perspectiva que estamos propondo. Nesse contexto, também a Eucaristia deveria ser vista menos em termos de mérito e mais como alimento para a caminhada, e a

---

[88] KOTVA JR., Joseph J. *The Christian Case for Virtue Ethics.* Washington, DC: Georgetown University Press, 1996, p. 74.

[89] KOTVA JR. *The Christian Case for Virtue Ethics*, p. 76.

[90] KEENAN, James F. How Catholic are the Virtues? *America* 176/20 (1997): 20.

própria prática da liturgia eucarística deveria infundir em nós os hábitos necessários para nos comportarmos, de fato, como o Corpo de Cristo.[91]

O período quaresmal também é particularmente oportuno para ajudar os fiéis a evitar os vícios e crescer nas virtudes por meio da reavaliação da própria vida, do jejum, da caridade e da oração. Nesse contexto, a Páscoa nos permite viver, aqui e agora, o nosso fim, fixando o olhar em "quem deveríamos ser".

Tanto o Decálogo quanto o Sermão da Montanha são necessários para que se cresça em santidade. Mas, infelizmente, a Escritura Sagrada tem sido usada ao longo dos séculos para justificar um determinado tipo de ensino moral que, não raras vezes, serve-se de versículos isolados para "comprovar" o que deseja.[92] O sexto mandamento, talvez para indicar a gravidade do ato contra a promessa de fidelidade, a ruptura das relações familiares e a desagregação da comunidade social em geral[93] – como sintetizado em Ex 20,14: "não cometerás adultério" –, é claramente uma proibição. Além disso, entre os elementos que fazem parte do nono mandamento – como entendido em Ex 20,17 –, há um que parece ser especificamente orientado para alertar "contra inclinações sexuais que poderiam levar a atos ilícitos".[94] A referência a inclinações sugere maior preocupação com o modo que as relações são forjadas do que com as próprias relações. Chan tem razão ao afirmar que esse mandamento aumenta nossa consciência sobre a forma como as mulheres são olhadas e sobre as atitudes em relação a elas por parte daqueles que desejam instrumentalizá-las para obter gratificação ou prazer, vantagem econômica ou simplesmente impor o próprio poder.[95]

Esses mandamentos são elevados à perfeição por Jesus, que não os deixa no nível de mera proibição, mas os eleva a um nível de disposição interna,

---

[91] HARRINGTON, Daniel J.; KEENAN, James F. *Paul and Virtue Ethics: Building Bridges Between New Testament Studies and Moral Theology.* Plymouth, UK: Rowman & Littlefield Publishers, 2010, p. 155-156.

[92] MCCARTY, Richard W. *Sexual Virtue: An Approach to Contemporary Christian Ethics.* Albany, NY: State University of New York Press, 2015, p. 110.

[93] CHAN, Yiu Sing Lúcás. *The Ten Commandments and the Beatitudes: Biblical Studies and Ethics for Real Life.* Plymouth, UK: Rowman & Littlefield Publishers Inc, 2012, p. 93 e 95.

[94] CHAN. *The Ten Commandments and the Beatitudes*, p. 126.

[95] CHAN. *The Ten Commandments and the Beatitudes*, p. 127.

como podemos constatar no Sermão da Montanha: "Ouvistes que foi dito: '*Não cometerás adultério*'. Ora, eu vos digo: todo aquele que olhar para uma mulher com o desejo de possuí-la, já cometeu adultério com ela em seu coração. Se teu olho direito te leva à queda, arranca-o e joga para longe de ti! De fato, é melhor perderes um de teus membros do que todo o corpo ser lançado ao inferno" (Mt 5,27-29). Tais versículos chegaram a suscitar sermões ardentes e consciências ansiosas entre os penitentes, especialmente numa cultura hipersexualizada como a nossa. No entanto, quando compreendidos no contexto do último versículo – "Sede, portanto, perfeitos como o vosso Pai celeste é perfeito" (Mt 5,48) –, vislumbra-se que neles está implícito um processo de crescimento. A palavra original usada para "perfeito" é *τέλειοι*, um adjetivo que denota completude, perfeição, indivisibilidade e o estado de ser espiritualmente desenvolvido.[96] Além disso, diversas situações paradigmáticas podem ser encontradas no Novo Testamento sobre quais disposições relacionadas à integridade sexual devem ser nutridas. A narrativa de Jesus na casa de Simão, o fariseu, em Lc 7,36-50, é a que mais se destaca. Nela, o fariseu critica Jesus: "Se este homem fosse profeta, saberia quem é a mulher que está tocando nele: é uma pecadora" (v. 39). Jesus, por sua vez, repreende o fariseu, o qual, apesar de convidá-lo para jantar, não foi capaz de demonstrar um amor genuíno como a mulher o fez. Em outras palavras, Simão, o fariseu, embora implicitamente afirmasse respeitar as leis da pureza, não possuía um coração casto. Sabendo claramente quem era a mulher, ele julga seu comportamento em relação a Jesus e trata o amor e a misericórdia de Deus como se estivessem sujeitos a um comércio de coisas para se obter a justificação.[97]

A mesma dinâmica pode ser observada no relato da mulher surpreendida em adultério – Evangelho de João (8,1-11) –, embora as

---

[96] DANKER, Frederick W. *A Greek-English Lexicon of the New Testament and Other Early Christian Literature*. 3rd ed. Chicago/London: The University of Chicago Press, 2000. BDAG, BibleWorks 6.0.009i. BibleWorks, 2003.

[97] Em uma *lectio divina* sobre essa perícope, Filippo Clerici e Silvano Fausti comentam: "[Jesus] foi almoçar na casa de um homem ao qual a prostituta, que está diante dele, faz de espelho: é ele que se prostitui. Ela o ama como uma esposa, enquanto que o fariseu trata Deus como se tivesse de pagá-lo". CLERICI, Filippo; FAUSTI, Silvano. *Vangelo di Luca*. Luca 7,36-50. Chi amerà di più? (10.10.2005), p. 10. Disponível em: http://www.gesuiti-villapizzone.it/sito/trascrizioni/lc/2/036/files/lc036.pdf. Acesso em: 10 out. 2023.

estruturas viciosas sejam mais evidentes nesse relato joanino. Dizendo "quem dentre vós não tiver pecado, atire a primeira pedra!" (v. 7), Jesus lembra aos escribas e aos fariseus presentes que eles são tão culpados quanto ela – se não mais –, não apenas pelo fato de o adultério não ser um pecado solitário, mas também por causa das estruturas viciosas (opressão das mulheres, desejo de posse) com as quais todos contribuem com outros atos indiretos, mesmo se não sexuais.[98] O "antídoto" para isso é o compromisso pessoal de construir, paciente e diligentemente, estruturas virtuosas.

Pelo fato de a ética das virtudes ser baseada em pessoas concretas, considerar suas narrativas e acreditar que as virtudes podem também ser aprendidas com outras pessoas, vale a pena propor alguns nomes exemplares: os casais Luigi Beltrame Quattrocchi e Maria Corsini e Luis Martin e Marie Celine Guerin podem ser admirados por suas "virtudes heroicas" na forma como testemunharam o amor conjugal.[99] Além deles, Rahab, a prostituta de Jericó, que acolheu e escondeu os espiões quando eles estavam sendo perseguidos pelo rei (Js 2,1-24). Rahab é louvada em toda a Escritura por sua hospitalidade, sua fé, sua obediência ao Senhor (Hb 11,31) e pelas boas obras pelas quais foi justificada (Tg 2,25). Henri J. M. Nouwen pode ser proposto como um padre homossexual que teve de lidar com sua orientação e solidão,[100] e Thomas Merton, monge que lutou para permanecer fiel aos seus votos quando se apaixonou por uma enfermeira enquanto se recuperava de uma doença.[101]

Considerações finais

Procurei recolher, aqui, alguns dos frutos das discussões sobre uma perspectiva moral cristã fundamentada na ética das virtudes no campo da sexualidade. Percebi uma mudança no ensino da Igreja: de uma estreita

[98] DALY, Daniel J. Structures of Virtue and Vice. *New Blackfriars,* 92/1039 (2011): 356.

[99] CHAN. *The Ten Commandments and the Beatitudes*, p. 100.

[100] YONKE, David. Final Lecture Focuses on Loner Writer. The Blade (05.05.2012). Disponível em: http://www.toledoblade.com/Religion/2012/05/05/Final-lecture-focuses-on-loner-writer.html. Acesso em: 10 out. 2023.

[101] WALDRON, Robert G. *The Wounded Heart of Thomas Merton.* New York: Paulist Press, 2011, p. 156-173.

moralidade deontológico-normativa para uma abordagem mais complexiva na perspectiva da ética das virtudes. Sugeri que maior ênfase seja dada ao florescimento humano e à busca das virtudes, inclusive como meio para se evitar o risco do relativismo. Por fim, preconizei também como o uso dos recursos próprios da tradição católica podem ser aplicados à educação sexual no sentido de formação do caráter, disposições e hábitos. Os sinais dos tempos estão nos dizendo que não podemos mais nos dar ao luxo de propor uma educação sexual vinculada a uma moralidade estática, mas, sim, ajudar na formação de uma ética que esteja fundamentada na teologia católica e nos estimule a buscar a perfeição. A ética das virtudes faz jus a essa expectativa!

Referências

ARISTÓTELES. Ética a *Nicômacos.* Tradução: Mário da Gama Kury. 3 ed. Brasília: Universidade de Brasília, 1992.

CAHILL, Lisa Sowle. *Women and Sexuality: 1992 Madeleva Lecture in Spirituality*. Mahwah, NJ: Paulist Press, 1992.

CAHILL, Lisa Sowle. *Sex, Gender and Christian Ethics.* Cambridge: Cambridge University Press, 1996.

CATECISMO DA IGREJA CATÓLICA. Novíssima edição de acordo com o texto oficial em latim. 4 ed. Brasília: Edições CNBB; Embu: Ave-Maria; Petrópolis: Vozes; São Paulo: Paulinas, Paulus, Loyola, 2017.

CHAN, Yiu Sing Lúcás. *Biblical Ethics in the Twenty-First Century: Developments, Emerging Consensus and Future Directions.* Mahwah, NJ: Paulist Press, 2013.

CHAN, Yiu Sing Lúcás. *The Ten Commandments and the Beatitudes: Biblical Studies and Ethics for Real Life*. Plymouth, UK: Rowman & Littlefield Publishers Inc, 2012.

CLERICI, Filippo; FAUSTI, Silvano. *Vangelo di Luca*. Luca 7,36-50. Chi amerà di più? (10.10.2005). Disponível em: http://www.gesuiti-villapizzone.it/sito/trascrizioni/lc/2/036/files/lc036.pdf. Acesso em: 10 out. 2023.

CLOUTIER, David. *Love, Reason and God's Story: An Introduction to Catholic Sexual Ethics*. Winona, MN: Anselm Academic, 2008.

CONGREGAÇÃO PARA A DOUTRINA DA FÉ. Declaração sobre alguns pontos de ética sexual [Persona Humana]. In: CONGREGAÇÃO PARA A DOUTRINA DA FÉ. *Documenta*. Documentos publicados desde o Concílio Vaticano II até nossos dias (1965-2010). Brasília: Edições CNBB, 2011, p. 112-124.

CONGREGAÇÃO PARA A EDUCAÇÃO CATÓLICA. *Orientações educativas sobre o amor humano. Linhas gerais para uma educação sexual*. São Paulo: Salesiana Dom Bosco, 1984.

CONSELHO PONTIFÍCIO PARA A FAMÍLIA. *Sexualidade Humana: Verdade e Significado. Orientações educativas em família*. 3 ed. São Paulo: Paulinas, 2002.

DALY, Daniel J. Structures of Virtue and Vice. *New Blackfriars*, 92/1039 (2011): 341-358.

DANKER, Frederick W. *A Greek-English Lexic*on of the New Testament and Other Early Christian Literature. 3rd ed. Chicago/London: The University of Chicago Press, 2000.

DICASTÉRIO PARA OS LEIGOS, A FAMÍLIA E A VIDA. *The Meeting Point*. Disponível em: https://www.educazioneaffettiva.org/index.php/por/78-005-portugues/unidades-por/795-4-por e https://www.educazioneaffettiva.org/images/ELDE/ELDE_05_POR/400_Os-tirantes/4104-educador.pdf. Acesso em: 10 out. 2023.

DOCUMENTOS DO CONCÍLIO ECUMÊNICO VATICANO II (1962-1965). 3 ed. São Paulo: Paulus, 1997.

FARLEY, Margaret. *Just Love: A Framework for Christian Sexual Ethics*. New York: Continuum International Pub. Group, 2006.

FARRUGIA, Claire. Morning-After Pill to be Sold over the Counter: Decision Announced Hours after Valletta Protest. *Times of Malta* (October 17, 2016). Disponível em: http://www.timesofmalta.com/articles/

view/20161017/local/morning-after-pill-to-be-sold-over-the-counter.628264. Acesso em: 10 out. 2023.

FRANCISCO, Papa. *Amoris Laetitia.* Exortação Apostólica Pós-Sinodal sobre o amor na família. São Paulo: Loyola, 2016.

FULLAM, Lisa. Sex in 3-D: A Telos for a Virtue Ethics of Sexuality. *Journal of the Society of Christian Ethics* 27/2 (2007): 151-170.

GRABOWSKI, John S. *Sex and Virtue: An Introduction to Sexual Ethics.* Washington D.C.: The Catholic University of America Press, 2003.

HARRINGTON, Daniel J.; KEENAN, James F. *Paul and Virtue Ethics: Building Bridges Between New Testament Studies and Moral Theology.* Plymouth, UK: Rowman & Littlefield Publishers, 2010.

HARTWIG, Michael J. *The Poetics of Intimacy and the Problem of Sexual Abstinence.* New York: Peter Lang, 2000.

JOÃO PAULO II, Papa. *Familiaris Consortio.* Exortação Apostólica sobre a missão da família cristã no mundo de hoje. 15 ed. São Paulo: Paulinas, 2001.

KALLENBERG, Brad J. The Master Argument of MacIntyre's *After Virtue.* In: CURRAN, Charles E.; FULLAM, Lisa A. (eds.). *Virtue.* Readings in Moral Theology, n. 16. Mahwah, NJ: Paulist Press, 2011, p. 51-78.

KAMITSULA, Margaret D. Sexual Pleasure. In: THATCHER, Adrian (ed.). *The Oxford Handbook of Theology, Sexuality and Gender.* Oxford: Oxford University Press, 2015, p. 505-522.

KEENAN, James F. Can We Talk? Theological Ethics and Sexuality. *Theological Studies* 68 (2007): 113-122.

KEENAN, James F. Virtue Ethics. In: HOOSE, Bernard (ed.). *Christian Ethics: An Introduction.* London: Cassell, 1998, p. 84-94.

KEENAN. Ética das Virtudes e Ética Sexual. In: ZACHARIAS, Ronaldo (org.). *Sexualidade e virtudes. Por uma ética da sexualidade à luz das virtudes.* Aparecida: Santuário, 2024, p. 13-37.

KEENAN, James F. Virtue Ethics and Sexual Ethics. *Louvain Studies* 30/3 (2005): 180-197.

KEENAN, James F. Proposing Cardinal Virtues. *Theological Studies* 56 (1995): 709-730.

KEENAN, James F. How Catholic are the Virtues? *America* 176/20 (1997): 16-23.

KIESER, Doris M. *Catholic Sexual Theology and Adolescent Girls: Embodied Flourishing*. Waterloo, Ontario, Canada: Wilfred Laurier University Press, 2015.

KOTVA JR., Joseph J. *The Christian Case for Virtue Ethics*. Washington, DC: Georgetown University Press, 1996.

LAWLER, Michael G.; SALZMAN, Todd A. *Catholic Theological Ethics: Ancient Questions, Contemporary Responses*. Lanman, Maryland: University Press of America, 2016.

LEBACQZ, Karen. Appropriate Vulnerability: A Sexual Ethic for Singles. *The Christian Century* 104 (1987): 435-439.

MACINTYRE, Alasdair. *Depois da virtude. Um estudo em teoria moral*. Bauru: EDUSC, 2001.

MCCARTY, Richard W. *Sexual Virtue: An Approach to Contemporary Christian Ethics*. Albany, NY: State University of New York Press, 2015.

NUSSBAUM, Martha C. Non-Relative Virtues: An Aristotelian Approach. *Midwest Studies in Philosophy* 13 (1988): 32-53.

PENTIN, Edward. Full Text and Explanatory Notes of Cardinals' Questions on 'Amoris Laetitia'. *National Catholic Register* (14.11.2016). Disponível em: http://www.ncregister.com/blog/edward-pentin/full-text-and-explanatory-notes-of-cardinals-questions-on-amoris-laetitia. Acesso em: 10 out. 2023.

PIO XI, Papa. *Casti Connubii*. Carta Encíclica sobre o matrimônio cristão. In: DOCUMENTOS DE PIO XI (1922-1939). São Paulo: Paulus, 2004, p. 207-271.

POPE, Stephen. Overview of the Ethics of Thomas Aquinas. In: POPE, Stephen (ed.). *The Ethics of Aquinas.* Washington D.C.: Georgetown University Press, 2002, p. 30-52.

RASMUSSEN, Douglas B. Human Flourishing and the Appeal to Human Nature. In: PAUL, Ellen Frankel; MILLER JR., Fred D.; PAUL, JEFFREY (eds.). *Human Flourishing.* New York: Cambridge University Press, 1999, p. 1-43.

THERRIEN, Michel. The Practice of Responsible Parenthood, NFP, and the Covenantal Unity of the Spouses. In: CLOUTIER, David (ed.). *Leaving and Coming Home: New Wineskins for Catholic Sexual Ethics.* Eugene, OR: Wipf and Stock Publishers, 2010, p. 173-205.

THOMAS AQUINAS. *Summa Theologica*, Vol 43. Translated by Fathers of the Dominican Province. GILBY, Thomas (ed.). Blackfriars, Cambridge UK: Eyre & Spottiswoode, 1968.

TOMÁS DE AQUINO. *Suma Teológica.* II Seção da II Parte – Questões 123-189. Vol. 7. São Paulo: Loyola, 2005.

WALDRON, Robert G. *The Wounded Heart of Thomas Merton.* New York: Paulist Press, 2011.

YONKE, David. Final Lecture Focuses on Loner Writer. *The Blade* (05.05.2012). Disponível em: http://www.toledoblade.com/Religion/2012/05/05/Final-lecture-focuses-on-loner-writer.html. Acesso em: 10 out. 2023.

ZACHARIAS, Ronaldo. *Virtue Ethics as the Framework for Catholic Sexual Education: Towards the Integration between Being and Acting in Sexual Education.* S.T.D. Dissertation. Cambridge, MA: Weston Jesuit School of Theology, 2002.

Cap. 8

A BELEZA DO SEXO NA VIVÊNCIA DO MATRIMÔNIO CRISTÃO

Julie Hanlon Rubio[1]

Há vinte anos, escrevi um artigo lamentando a divisão entre os católicos sobre ética sexual e tentando mostrar que, apesar de suas diferenças, tanto os católicos que defendiam o planejamento familiar natural quanto aqueles que usavam controle artificial de natalidade tinham valores contraculturais substanciais em comum.[2] Meu foco eram as práticas, e não as normas. Meu objetivo era estabelecer os termos para uma conversa sobre a sexualidade como uma dimensão do discipulado cristão. Primeiro, apresentei o texto – que depois se tornou um artigo acadêmico – na reunião anual da College Theology Society [sociedade profissional publicamente reconhecida, sem fins lucrativos; organização acadêmica que faz parte da American Academy of Religion].

Lembro-me de que a sala estava cheia, e muitas pessoas presentes estavam descontentes com os meus argumentos. Muitos não apreciaram minha tentativa de encontrar um terreno comum entre eles e aqueles que eles viam como gravemente equivocados em relação à ética sexual.

---

[1] **Julie Hanlon Rubio** é Doutora em Religião e Ética Social (University of Southern California – Los Angeles – USA), Docente na Jesuit School of Theology of Santa Clara University (Berkeley - USA) e membro da Catholic Theological Ethics in the World Church. Tradução do inglês: Tarcísio dos Santos, sdb.

[2] RUBIO, Julie Hanlon. Beyond the Liberal-Conservative Divide on Contraception: The Wisdom of Practitioners of Natural Family Planning and Artificial Birth Control. *Horizons* 32/2 (2005): 270-294. Reimpresso em: LYSAUGHT, M. Therese; KOTVA, Joseph P. (eds.). *On Moral Medicine: Theological Perspectives in Medical Ethics*. Grand Rapids, MI: Eerdmans, 2012, p. 818-829.

Quando enviei o artigo pela primeira vez para a Horizons, os revisores também não ficaram contentes. Eles queriam que eu argumentasse a favor ou contra a contracepção. Mas muitos outros teólogos já tinham se detido sobre tal assunto. Eu estava muito mais interessada em ajudar os fiéis católicos a pensar sobre suas vidas sexuais à luz das virtudes.

Minhas fontes, naquele artigo, também eram únicas. Juntamente com os escritos de teólogos, revisei relatos pessoais de católicos casados e estudos sociais científicos. Surpreendentemente, em meio à diversidade, constatei empenhos comuns na busca de "bens" como intimidade, prazer, reciprocidade e espiritualidade. Pensei que todo esse material sobre sexo no casamento tinha o potencial de inspirar um maior crescimento nas virtudes, porque, em vez de tentar provar as posições de ambos os lados como ilegítimas, esses escritores estavam simplesmente tentando situar sua prática sexual no contexto da vida cristã.

A partir dessa perspectiva, acreditei que ambos os lados também pudessem ouvir os desafios um do outro. Por exemplo, os defensores do planejamento familiar natural poderiam desafiar os praticantes do controle de natalidade artificial a pensar mais seriamente sobre como o sexo poderia ser uma prática espiritual mais profunda, e os casais que se servem do controle de natalidade artificial desafiariam os praticantes do planejamento familiar natural a considerar mais profundamente o prazer da relação como um aspecto da satisfação sexual. Mas – e para mim isso era o mais importante – eu esperava que, focando a conversa em torno de valores compartilhados, isso permitisse que as pessoas fizessem boas perguntas por conta própria, como: "Até que ponto estamos dando de nós mesmos no relacionamento sexual?"; "A nossa vida sexual contribui para o nosso crescimento em mutualidade?"; "Estamos honrando a bondade do desejo sexual?"; "Reconhecemos a presença da graça quando fazemos sexo?"

Em 2023, as divisões entre os católicos sobre contracepção continuam – embora a grande maioria dos católicos do mundo todo agora discorde do ensino católico oficial[3] –, e a postura contracultural dos católicos que entendem o sexo como pertencendo e expressando relacionamentos amorosos comprometidos é ainda mais óbvia. Um estudo recente sobre a opinião pública dos americanos descobriu que quase metade dos cristãos e 84% das pessoas não cristãs pensavam que o sexo casual era às vezes ou sempre aceitável; 18% dos cristãos e mais da metade das pessoas não cristãs achavam que os relacionamentos abertos eram às vezes ou sempre aceitáveis.[4] Liberdade, expressão pessoal e opção caracterizam a ética sexual popular. A maioria das pessoas reluta em julgar as escolhas sexuais dos outros, desde que cada um dê o próprio consentimento. Mesmo os críticos que estão dispostos a desafiar a adequação de uma ética de consentimento estão apenas dando o menor dos passos em direção às virtudes. Por exemplo, um livro recente está recebendo muita atenção porque o autor se atreve a sugerir que um parceiro sexual deveria "querer o bem do outro", ou se importar pelo menos um pouco com o bem-estar da pessoa com quem faz sexo.[5]

Num contexto social em que tudo sobre sexo está sendo questionado e apenas a mais tênue concepção de "satisfação sexual" permanece, quero voltar às perguntas que fiz há vinte anos. Na primeira parte desta reflexão, traçarei o desenvolvimento da ética sexual em direção à ética das virtudes. Na segunda, desenvolverei uma concepção das virtudes contidas na satisfação sexual. Na terceira, considerarei se pensar numa satisfação sexual na era pós-#MeToo requer algo novo. Defenderei que, para os cristãos, "satisfação sexual" significa esforçar-se para conseguir alcançar os benefícios da intimidade, reciprocidade e pertencimento.

---

[3] UNIVISION. Global Survey of Roman Catholics (February 2014). Disponível em: chrome-extension://efaidnbmnnnibpcajpcglclefindmkaj/http://bendixenandamandi.com/wp-content/uploads/2018/06/UNIVISION-Catholic-Poll-Executive-Summary.decryptedKLR.pdf. Acesso em: 10 out. 2023.

[4] DIAMANT, Jeff. Half of Christians say casual sex between consenting adults is sometimes or always acceptable. Pew Research Center (31.08.2020). Disponível em: https://www.pewresearch.org/fact-tank/2020/08/31/half-of-u-s-christians-say-casual-sex-between-consenting-adults-is-sometimes-or-always-acceptable/. Acesso em: 10 out. 2023.

[5] EMBA, Christine. *Rethinking Sex: A Provocation.* New York: Sentinel, 2022.

1. A virada para a Ética das Virtudes na Ética Sexual

A ética sexual cristã moderna tem sua origem nas deficiências da ética sexual pré-Vaticano II. Por exemplo, Modern Youth and Chastity [Juventude Moderna e Castidade] – um trabalho pastoral teologicamente significativo, escrito pelo teólogo da moral norte-americano Gerald Kelly – foi uma parte influente da comunicação popular pré-Vaticano II da moralidade sexual católica.[6] Muitos católicos que atingiram a maioridade antes do Concílio se lembram desse texto. Ele se posiciona fortemente contra o sexo antes do casamento e outros atos que podem levar uma pessoa à ocasião próxima de pecado, sendo bastante representativo da abordagem pré-Vaticano II da ética sexual: negativo no tom e focado nas normas. Dá pouca atenção à satisfação sexual. A castidade é promovida como virtude, e o sexo é julgado bom dentro de seus limites apropriados; mas essas são preocupações menores em uma obra dedicada a delinear e desencorajar atos sexuais impuros.

Uma abordagem do sexo em grande parte negativa e centrada em atos permeou o ensino católico oficial pré-Vaticano II sobre o matrimônio. Na sua encíclica *Casti Connubii*, Pio XI descreve o matrimônio como uma sociedade doméstica que deve "ter em vista, sobretudo, que os cônjuges se auxiliem entre si para uma formação e perfeição interior"[7] e confirma, assim, o significado da relação esponsal. No entanto, sua discussão sobre sexo é limitada ao "direito próprio do matrimônio" – que homens e mulheres adquirem por contrato – e ao potencial procriativo de seus atos sexuais.[8] Documentos anteriores eram ainda mais devotados a retratar a procriação como o fim primário do sexo, tanto que a ideia de sexo como algo digno da atenção de casais que buscam intimidade em seu relacionamento nunca era considerada.[9]

---

[6] KELLY, Gerald. *Modern Youth and Chastity.* St. Louis, MO: Queen's Work, 1943, p. 3.

[7] PIO XI, Papa. *Casti Connubii.* Carta Encíclica sobre o matrimônio cristão, n. 23. In: DOCUMENTOS DE PIO XI (1922-1939). São Paulo: Paulus, 2004, p. 217-218. Daqui em diante = CC.

[8] CC 6, 7; 11-15, respectivamente.

[9] LEÃO XIII, Papa. *Arcanum Divinae Sapientiae.* Carta Encíclica sobre o matrimônio cristão. In: DOCUMENTOS DE LEÃO XIII (1878-1903). São Paulo: Paulus, 2005, p. 99-124.

A encíclica *Humanae Vitae* tentou remediar as deficiências da teologia sexual pré-Vaticano II. O documento é elogiado justamente por apresentar uma linguagem positiva e personalista na teologia católica oficial sobre o casamento. O matrimônio é descrito como "doação pessoal recíproca" que envolve a busca pelo "aperfeiçoamento mútuo pessoal", bem como a colaboração com Deus "na geração e educação de novas vidas".[10] De acordo com Paulo VI, o amor esponsal é marcado por quatro características: é *plenamente humano*, na medida em que "os esposos se tornem um só coração e uma só alma"; é *total*, isto é, caracteriza "uma forma muito especial de amizade pessoal"; é *fiel e exclusivo*, exigindo uma fidelidade que, embora difícil, é "fonte de felicidade profunda e duradoura"; é *fecundo*, "destinado a continuar-se, suscitando novas vidas".[11] Os atos sexuais dos esposos são destinados "a exprimir e a consolidar a sua união", bem como colaborar na geração de uma nova vida.[12] Maior reconhecimento é dado ao significado unitivo do sexo, embora esse tenha sido ofuscado pela controvérsia que a encíclica provocou ao reafirmar a imoralidade da contracepção.[13]

Durante seu longo pontificado, o Papa João Paulo II ampliou o debate positivo iniciado pela *Humanae Vitae*, defendendo as normas tradicionais. Com a sua *Teologia do Corpo*,[14] João Paulo II propôs uma linguagem para falar sobre o significado dos gestos sexuais que exaltou ainda mais o aspecto unitivo de tais atos.[15] A forte afirmação

---

[10] PAULO VI, Papa. *Humanae Vitae*. Carta Encíclica sobre a regulação da natalidade. 9 ed. São Paulo: Paulinas, 2001, n. 8. Daqui em diante = HV.

[11] HV 9.

[12] HV 11.

[13] Ver também: SMITH, Janet. *Why Humanae Vitae Was Right: A Reader.* San Francisco: Ignatius Press, 1993; LAWLER, Ronald; BOYLE, Joseph; MAY, William E. *Catholic Sexual Ethics: A Summary, Explanation, and Defense.* Huntington, IN: Our Sunday Visitor, 1985; CURRAN, Charles; MCCORMICK, Richard A. (eds.). *Dialogue about Catholic Sexual Teaching.* New York: Paulist, 1993; SHANNON, William H. (ed.). *The Lively Debate: Responses to Humanae Vitae.* New York: Sheed & Ward, 1970.

[14] JOÃO PAULO II. *Homem e mulher o criou: catequeses sobre o amor humano.* Bauru: EDUSC, 2005.

[15] Ver: JOHN PAUL II, Pope. *Reflections on Humanae Vitae: Conjugal Morality and Spirituality.* Boston: St. Paul Books and Media, 1984, p. 29-40.

do amor sexual e o método usado por João Paulo II para "ler" as ações amorosas inauguraram uma nova maneira de entender como o sexo aproxima os casais. Sua visão contribuiu enormemente para que, na ética sexual, a atenção fosse voltada para a ética das virtudes, embora o seu modo peculiar de entender o corpo e avaliar o sexo seja contestado.[16]

Nos últimos trinta anos, houve um divisor de águas na ética sexual católica, à medida que teólogos leigos trouxeram sua experiência para o debate. Teólogos conservadores encontraram nos escritos de João Paulo II uma teologia que explica e justifica plenamente a *Humanae Vitae*.[17] Sua principal reivindicação é que a total autodoação inclui a fecundidade, que é uma dimensão do eu. Além disso, eles enfatizam a importância do autodomínio num amor sexual que pretenda ser totalmente humano. A riqueza dessa teologia está em ecoar a experiência sexual de casais que praticam o planejamento familiar natural no que se refere à conexão entre união amorosa e abertura à vida. Os teólogos liberais, por sua vez, muitas vezes se opõem à linguagem altamente espiritualizada de João Paulo II, às preocupações que ele tem com o desejo, à centralidade que ele dá ao autocontrole necessário para a castidade e ao entendimento sobre a vida sexual dos casais, fortemente marcado pela sua visão de gênero.[18] Diminuindo a ênfase posta na fecundidade, tais teólogos visam descrever um amor sexual entre os cônjuges que seja integral em suas dimensões

---

[16] Entre os críticos, incluem-se: CURRAN, Charles E. *The Moral Theology of John Paul II*. Washington, DC: Georgetown University Press, 2005, p. 160-201; FARLEY, Margaret A. *Just Love: A Framework for Christian Sexual Ethics*. New York: Continuum, 2006; CLOUTIER, David. Composing Love Songs for the Kingdom of God? Creation and Eschatology in Catholic Sexual Ethics. *Journal of the Society of Christian Ethics* 24/2 (2004): 71-88; MCCARTHY, David Matzko. *Sex and Love in the Home*. London: SCM Press, 2009, p. 42-49 (nessas páginas, McCarthy expõe sua preocupação com a superidealização do sexo no matrimônio).

[17] Ver: GRABOWSKI, John. *Sex and Virtue: An Introduction to Sexual Ethics*. Washington, DC: Catholic University Press of America, 2003; SHIVANADAN, *Mary. Crossing the Threshold of Love: A New Vision of Marriage*. Washington, DC: Catholic University of America Press, 1999.

[18] Ver: TRAINA, Cristina L. H. Ideais papais, realidades conjugais: uma perspectiva a partir da base. In: JUNG, Patricia B.; CORAY, Joseph A. (orgs.). *Diversidade sexual e catolicismo: para o desenvolvimento da teologia moral*. São Paulo: Loyola, 2005, p. 299-318; GUDORF, Christine E. *Body, Sex, and Pleasure: Reconstructing Christian Sexual Ethics*. Cleveland, OH: Pilgrim Press, 1994, p. 81-138.

pessoais e espirituais. Eles veem o sexo como uma parte essencial do crescimento diário do amor mútuo entre maridos e esposas. De acordo com eles, a experiência do prazer sexual é crucial para o significado unitivo do sexo. Os liberais valorizam a procriação, mas priorizam a unidade e a intimidade. A experiência do sexo no matrimônio, auxiliada pela contracepção, informa claramente sua compreensão do sexo como comunhão.

Apesar da diversidade entre os católicos, a justaposição também é perceptível. Em contraste com os teólogos das gerações anteriores, que queriam criticar ou defender o ensino magisterial sobre os atos sexuais, quase todos esses teólogos estão mais interessados no crescimento nas virtudes sexuais.[19] Novas perguntas passam a ser feitas: O que torna o amor sexual totalmente humano? O que significa dar todo o seu eu ao cônjuge? O que é fidelidade? O que é fecundidade? A partir do momento que um número sem precedentes de leigos passou a estudar teologia, desenvolveu-se um leque muito rico de tentativas de responder a essas perguntas. O Papa Francisco, por sua vez, na *Amoris Laetitia*, sinalizou a relevância desse debate e acrescentou intuições pessoais sobre a importância de uma prática sexual cheia de alegria.[20] Os atuais escritos católicos sobre sexo são muito mais positivos e orientados para o crescimento do que a *Juventude Moderna e Castidade*, além de diferirem profundamente das visões culturais predominantes. Essa tradição tem muito a contribuir para uma nova reflexão sobre sexo e virtudes.

2. Uma visão do sexo virtuoso no matrimônio

2.1 Lendo os sinais dos tempos

Para saber em que consiste uma boa prática sexual cristã, precisamos "ler os sinais dos tempos" a fim de entender algo do que os casais

[19] Entre os trabalhos mais significativos, ver: GRABOWSKI. *Sex and Virtue*; SHIVANADAN. *Crossing the Threshold of Love*; DOMINIAN, Jack. *Let's Make Love: The Meaning of Sexual Intercourse*. London: Darton, Longman, and Todd, 2001; WHITEHEAD, Evelyn; WHITEHEAD James. *Marrying Well: Possibilities in Christian Marriage Today*. Garden City, NY: Doubleday and Company, 1981; GUDORF. *Body, Sex, and Pleasure; MCCARTHY. Sex and Love in the Home; FARLEY. Just Love*.

[20] FRANCISCO, Papa. *Amoris Laetitia*. Exortação Apostólica Pós-Sinodal sobre o amor na família. São Paulo: Loyola, 2016, n. 147-152.

realmente experimentam. Grande parte da ética sexual *pré-Humanae Vitae* pode ser justamente criticada por deixar de fora o conhecimento experiencial. Como resultado, poucos católicos puderam conectar o ensinamento com sua própria prática sexual. Desde 1968, a experiência do sexo no matrimônio aparece, proeminentemente, nos escritos teológicos. A maioria dos teólogos, no entanto, baseia-se em sua própria experiência pessoal.[21] Um conhecimento mais abrangente da experiência sexual permitiria o desenvolvimento de uma teologia de maior qualidade, com mais potencial de ser significativa para os casais cristãos.[22] Além disso, levar em conta a situação concreta na ética sexual não seria diferente daquilo que já é feito na ética social ou na ética médica. O conhecimento da experiência é crucial para uma boa ética.

O conhecimento social científico do sexo entre pessoas casadas é útil, embora pudesse ser muito mais abrangente.[23] Na realidade, o sexo fora do casamento é muito mais frequentemente examinado. Grande parte das informações coletadas sobre sexo no casamento é limitada às categorias de frequência e satisfação. A revisão feita durante uma década de estudos sobre sexo no casamento concluiu que, "infelizmente, se os estudiosos usassem o *corpus* de conhecimento empírico sobre a sexualidade conjugal para pintar uma imagem da sexualidade conjugal para o público, não seria uma imagem muito

---

[21] Exceções incluem: GUDORF. *Body, Sex, and Pleasure;* JUNG, Patricia Beattie. Sanctifying Women's Pleasure. In: JUNG, Patricia Beattie; HUNT, Mary E.; BALAKRISHNAN, Radhika (eds.). *Good Sex: Feminist Perspectives from the World's Religions.* New Brunswick, NJ: Rutgers University Press, 2001, p. 77-95.

[22] Para William Mattison, a teologia do corpo é excessivamente romântica e insuficientemente atenta à pecaminosidade das realidades humanas. Ver: MATTISON, William. 'When they rise from the dead, they neither marry nor are given to marriage': Marriage and Sexuality, Eschatology, and the Nuptial Meaning of the Body in Pope John Paul II's Theology of the Body. In: CAHILL, Lisa Sowle (ed.). *Sexuality and the U.S. Catholic Church: Crisis and Renewal.* New York: Herder & Herder, 2006, p. 32-51.

[23] CALL, Vaughn; SPRECHER, Susan; SCHWARTZ, Pepper. The Incidence and Frequency of Marital Sex in a National Sample. *Journal of Marriage and Family* 57 (1995): 639. No período de 1987 a 1992, os autores encontraram apenas 1 artigo sobre sexualidade conjugal entre 533 artigos sobre sexualidade humana.

detalhada ou ricamente colorida".[24] Mas, mesmo que as informações disponíveis sejam limitadas, vale a pena considerá-las.

O que constitui uma "vida sexual" para a maioria dos casais? A duração média de um encontro sexual é relativamente curta, "apenas de 15 a 60 minutos para a maioria dos casais". Em média, os casais fazem sexo 6,5 vezes por mês, uma ou duas vezes por semana.[25] Estudos têm mostrado consistentemente que a frequência sexual no casamento diminui ao longo do tempo.[26] Os casais fazem sexo, em média, 12 vezes por mês quando estão na faixa dos vinte e poucos anos, mas esse número cai para 8,5 vezes em seus trinta e poucos anos, 6,5 em seus quarenta e poucos anos, 5,5 em seus cinquenta e poucos anos, 2,5 em seus sessenta, e menos de uma para aqueles com 75 anos ou mais.[27]

Além da idade, os fatores significativamente associados a um declínio na frequência sexual incluem a duração da relação conjugal, a gravidez e a presença de crianças pequenas na casa.[28] Fatores como níveis mais altos de escolaridade, presença de crianças mais velhas na casa e satisfação conjugal estão associados a níveis mais altos de frequência sexual.[29] O que a maioria dos casais faz quando tem relações sexuais, a qualidade dos encontros sexuais, os seus sentimentos sobre as suas experiências e a frequência e qualidade das interações sexuais para além da relação sexual

---

[24] CHRISTOPHER, F. Scott; KISLER, Tiffani S. Exploring Marital Sexuality: Peeking inside the Bedroom and Discovering What We Don't Know—But Should! In: HARVEY, John H.; WENZEL, Amy; SPRECHER, Susan (eds.). *The Handbook of Sexuality in Close Relationships.* Mahwah, NJ: Lawrence Erlbaum Associates, 2004, p. 371-372.

[25] WAITE, Linda; GALLAGHER, Maggie. *The Case for Marriage. Why Married People are Happier, Healthier and Better Off Financially.* New York: Broadway Books, 2001, p. 82. Ver também: CHRISTOPHER, F. Scott; SPRECHER, Susan. Sexuality in Marriage, Dating, and Other Relationships: A Decade Review. *Journal of Marriage and Family* 62 (2000): 1001-1003.

[26] CALL; SPRECHER; SCHWARTZ. The Incidence and Frequency of Marital Sex, p. 640. Esse estudo mostra que o declínio é estável, embora haja uma queda considerável depois do primeiro ano.

[27] CALL; SPRECHER; SCHWARTZ. The Incidence and Frequency of Marital Sex, p. 646.

[28] CALL; SPRECHER; SCHWARTZ. The Incidence and Frequency of Marital Sex, p. 647-648.

[29] CALL; SPRECHER; SCHWARTZ. The Incidence and Frequency of Marital Sex, p. 650

são pontos que não receberam adequada atenção.[30] No entanto, os teólogos fariam bem em ter esses dados em mente. Embora possa representar apenas uma ou duas horas da semana de um casal e possa diminuir em frequência ao longo do tempo, a maioria dos casais considera a prática importante o suficiente para continuar durante todo o casamento.

Os casais geralmente estão satisfeitos com suas vidas sexuais, mais do que aqueles em relacionamentos de namoro ou coabitação.[31] Alguns pesquisadores postulam que o compromisso conjugal permite uma satisfação mais profunda, porque os cônjuges têm tempo e energia para se dedicar um ao outro e experiência suficiente para saber como fazer um ao outro feliz.[32] Outros ligam a satisfação sexual à qualidade da interação sexual, à equidade entre os parceiros e ao grau de autorrevelação presente no relacionamento sexual, todas qualidades mais propensas a estar presentes no matrimônio.[33] A satisfação sexual está positivamente associada à frequência sexual, embora a frequência diminua a um ritmo mais rápido do que a satisfação ao longo do tempo.[34] A maioria dos casais espera que o sexo seja regular e prazeroso e sente falta do sexo quando surgem dificuldades, porque ele serve a uma função importante no próprio matrimônio. Diferentes casais encontrarão satisfação em diferentes níveis de frequência, mas uma prática sexual regular geralmente é útil para a satisfação conjugal, pelo menos até os estágios mais avançados da vida.

Apesar da falta de pesquisa qualitativa substantiva nessa área, também é útil considerar estudos de infidelidade, que têm sido objeto de muita pesquisa.[35] Nos Estados Unidos, apesar da forte desaprovação

---

[30] Christopher e Kisler almejam que as ciências sociais investiguem "como a sexualidade conjugal está entrelaçada na estrutura normal da vida matrimonial e familiar". CHRISTOPHER; KISLER. Exploring Marital Sexuality, p. 382.

[31] CHRISTOPHER; SPRECHER. Sexuality in Marriage, p. 1003; WAITE; GALLAGHER. *The Case for Marriage*, p. 82-83.

[32] WAITE; GALLAGHER. *The Case for Marriage*, p. 88-89.

[33] CHRISTOPHER; SPRECHER. Sexuality in Marriage, p. 1004.

[34] Ver também: CHRISTOPHER; KISLER. Exploring Marital Sexuality, p. 373.

[35] Adrian J. Blow e Kelley Hartnett nos oferecem uma revisão crítica dos estudos mais recentes: BLOW, Adrian J.; HARTNETT, Kelley. Infidelity in Committed Relationships I: A Methodological Review. *Journal of Marital and Family Therapy* 31/2 (2005): 183-196. A infidelidade é, na maioria das vezes, definida como relações extraconjugais.

do sexo extraconjugal – 80% dizem que o sexo fora do casamento está sempre errado –, é notável que 25% dos homens casados e 15% das mulheres casadas admitam pelo menos um ato de infidelidade.[36] Embora quase todas as pessoas casadas esperem fidelidade conjugal de si e de seus parceiros, a fidelidade é uma promessa que um número substancial é incapaz de cumprir.[37]

Acredito ser importante que tenhamos presente o que sabemos sobre como o sexo é atualmente experimentado, a fim de podermos incentivar uma prática sexual virtuosa. Se os cristãos pudessem dizer algo a mais sobre sexo – além de que sexo é bom, desde que no contexto do matrimônio –, eles involuntariamente estimulariam a ideia de que o sexo não tem qualquer relação com uma vida de fé, além de ter pouco a oferecer àqueles que se esforçam para ser fiéis ou àqueles que buscam maior intimidade. Para além da luz verde que os cristãos dão ao sexo no matrimônio, precisamos nos perguntar: Para que serve o sexo no casamento? Por que as pessoas casadas devem ter relações sexuais? O que elas devem almejar quando têm tais relações?

2.2 Sexo no matrimônio: buscando o bem

Embora possa parecer surpreendente no contexto católico, argumentarei que sexo virtuoso tem a ver com a busca do bem por meio do prazer. Muitos católicos se sentem desconfortáveis em ligar o prazer sexual ao sagrado. João Paulo II situou a bondade do sexo na autêntica doação de si, e não no prazer. Para ele, sexo verdadeiramente humano, mediante o qual "o homem e a mulher se doam um ao outro [...] não é em absoluto

---

[36] BLOW, Adrian J.; HARTNETT, Kelley. Infidelity in Committed Relationships II: A Substantive Review. *Journal of Marital and Family Therapy* 31/2 (2005): 221. Esse estudo longitudinal, amplamente aceito, mostra níveis que são perturbadores, mas não tão altos quanto algumas vezes aparece na imprensa popular.

[37] Os Estados Unidos são intolerantes em relação à infidelidade. 99% das pessoas casadas esperam fidelidade dos seus parceiros e acreditam que seus parceiros esperam a mesma atitude da parte delas. 80% afirmam que as relações extraconjugais são sempre erradas. Em outros países, a porcentagem daqueles que desaprovam o adultério é muito mais baixa (67% na Grã-Bretanha e na Itália; 36% na Rússia; 58% no Japão). Em alguns países, o adultério masculino é mais aceitável. Ver: TREAS, Judith. Infidelity. In: PONZETTI, James J. (ed.). *International Encyclopedia of Marriage and Family Relationships*. Vol. 4, 2nd. New York: Macmillan Reference USA, 2000, p. 299-308.

algo puramente biológico, mas diz respeito ao núcleo íntimo da pessoa humana como tal".[38] Mas pode ser que o prazer seja mais central para a doação de si e para o significado mais profundo do sexo do que se pensa. Prazer e doação não são duas dimensões separadas do sexo. Ao contrário, em e através do dar e receber próprio do prazer sexual, a autodoação ocorre. O prazer pode ser um meio para alcançar a intimidade e a unidade, aproximando duas pessoas. O sexo virtuoso deve visar aos bens da intimidade, reciprocidade e pertença *através* da busca do prazer sexual. Na busca virtuosa do prazer, os casais podem aproximar-se da comunhão que procuram.

A satisfação sexual envolve buscar *intimidade* ou proximidade, e isso implica a vulnerabilidade da autoexposição, simbolizada, mas não totalmente expressa, na nudez (Gn 3,11). Há certo risco tanto em se expor para o outro quanto em desejar alguém. Há uma vulnerabilidade inerente à amizade sexual conjugal dentro da qual os cônjuges "revelam e nutrem a distintividade, a estranheza e a alteridade recíprocas. Tudo isso é intensificado pela alteridade sexual, pelo desejo que ela desperta e pelo medo que ela pode provocar em sua própria estranheza".[39] Vulnerabilidade significa reconhecer que as próprias necessidades só podem ser satisfeitas através da entrada mais profunda no relacionamento. Às vezes, os desejos físicos e emocionais de conexão sexual podem ser avassaladores. Admitir isso e permitir que outra pessoa tente satisfazer esses desejos é arriscado, porque os desejos individuais diferem, e encontrar uma prática satisfatória nem sempre é fácil. Talvez o cônjuge desejado não seja igualmente impelido pelo desejo. Pode ser que um dos cônjuges fique desconfortável com os anseios sexuais do outro. Talvez um fique frustrado com o processo antes do outro. Manifestar o próprio desejo é algo arriscado, pois até um cônjuge amado é sempre "outro", mesmo quando profundamente conhecido e amado.

---

[38] JOÃO PAULO II, Papa. *Familiaris Consortio.* Exortação Apostólica sobre a missão da família cristã no mundo de hoje. 15 ed. São Paulo: Paulinas, 2001, n. 11.

[39] MCDONAGH, Edna. *Vulnerable to the Holy in Faith, Morality, and Art.* Dublin: Columba Press, 2004, p. 91.

Embora alguma medida de autocontrole seja necessária para quem deseja levar a sério as necessidades do parceiro, o sexo íntimo também requer certa medida de abandono. A teóloga Mary Pellauer escreve francamente sobre a luta arriscada por esse abandono: "O meio-termo é muitas vezes confuso. Muitas vezes não sei exatamente o que quero ou preciso num determinado momento. Essa fase não fornece a mim ou ao meu parceiro uma orientação clara sobre como satisfazer essas profundas influências ocultas. Às vezes eu contesto. Mas, no final das contas, eu faria qualquer coisa para que isso durasse para sempre".[40] Pellauer descreve a saudade, a frustração e a imperfeição do sexo no casamento. Ela situa o risco do sexo tanto em expressar desejo quanto em aceitar o prazer e sublinha a intimidade que esse risco proporciona: "Que o meu prazer fosse importante para ele, isso era difícil de aceitar, de permitir. Que ele adiasse sua própria satisfação até que eu alcançasse a minha, que ele estivesse disposto a persistir em fazer-me chegar à satisfação/êxtase, que ele se deleitasse com isso: Isso me abalou profundamente... Eu experimento isso como graça, um exemplo da sua vulnerabilidade em relação a mim, estendendo a mão para encontrar a minha vulnerabilidade em relação a ele".[41] A intimidade de que fala Pellauer acontece porque um dos cônjuges está disposto a expressar o desejo e o outro está disposto a responder.

É a intimidade vulnerável do sexo que faz com que a maioria dos teólogos contemporâneos argumente que o sexo se ajusta melhor em relacionamentos comprometidos. Para Karen Lebacqz, há muito risco no sexo com aqueles que não estão mutuamente comprometidos: "A sexualidade tem a ver com vulnerabilidade. Eros, o desejo pelo outro, a paixão que acompanha o desejo de expressão sexual torna a pessoa vulnerável. Tudo isso cria possibilidades para uma maior alegria, mas também para um maior sofrimento. Desejar o outro, sentir paixão é ser vulnerável,

---

[40] PELLAUER, Mary. The Moral Significance of Female Orgasm. In: NELSON, James B.; LONGFELLOW, Sandra P. (eds.). *Sexuality and the Sacred: Sources for Theological Reflection*. Louisville, KY: Westminster, 1994, p. 157.

[41] PELLAUER. The Moral Significance of Female Orgasm, p. 157.

pronto para ser ferido".[42] A adequada vulnerabilidade pode ser vista na falta de vergonha que Adão e Eva sentiram, apesar de estarem nus, talvez por causa da segurança da unidade que havia entre eles.[43]

Se o sexo fora do casamento pode tornar alguém muito vulnerável, o sexo no matrimônio também pode ser apropriadamente arriscado. No matrimônio, os parceiros são capazes de arriscar a exposição e o fracasso "em um relacionamento mutuamente vulnerável e mutuamente comprometido".[44] Casais que consistentemente se esforçam para abrir-se um ao outro, para revelar cada vez mais seus desejos e seu amor, estão se educando à intimidade. Uma relação sexual nesse contexto "torna-se uma escola para o amor. Ensina-nos que nos desnudamos, não somente os nossos corpos, mas os nossos sentimentos, desejos, medos e compromissos, e nos oferecemos ao cônjuge amado que nos ama, que somos recompensados não apenas com o prazer físico, mas com a intimidade que nos proporciona proximidade, comunhão, estímulo e companheirismo".[45] Embora a autoexposição no matrimônio seja muito menos arriscada do que o sexo casual, se levada a sério, pode ser muito mais exigente.

O sexo virtuoso implica compromisso com o aprofundamento da intimidade. Os cônjuges podem empenhar-se para conquistar maior intimidade, não apenas através da conversa, mas através do "jogo sagrado" do sexo.[46] O aprofundamento da intimidade requer compromisso com o processo. Como os seres humanos estão em contínuo desenvolvimento, os compromissos relacionais nunca podem ser estáticos. Os cônjuges têm

---

[42] LEBACQZ, Karen. Appropriate Vulnerability. In: NELSON, James B.; LONGFELLOW, Sandra P. (eds.). *Sexuality and the Sacred: Sources for Theological Reflection.* Louisville, KY: Westminster, 1994, p. 258; FREITAS, Donna. *Sex and the Soul: Juggling Sexuality, Spirituality, Romance, and Religion on America's College Campuses.* New York: Oxford University Press, 2008. Freitas mostra com clareza a falta de vulnerabilidade na vida sexual da maioria dos universitários.

[43] LEBACQZ. Appropriate Vulnerability, p. 259-60.

[44] LEBACQZ. Appropriate Vulnerability, p. 260.

[45] GUDORF, Christine. Why Sex Is Good for Your Marriage. In: SCOTT, Kieran; HORELL, Harld Daly (eds). *Human Sexuality in the Catholic Tradition.* Lanham, MD: Rowman & Littlefield, 2007, p. 129.

[46] GUDORF. Why Sex Is Good for Your Marriage, p. 163-164.

de ser fiéis dentro da crescente e evolutiva relação com a qual estão comprometidos. Se "toda a vida é potencialidade, [então] temos de aceitar a responsabilidade [...] pelo processo profundamente pessoal de atualização contínua do nosso potencial".[47] Assim como tornar-se si mesmo é uma tarefa contínua, casar-se também o é, e isso requer compromisso com o crescimento constante.

Por outro lado, decidir não se arriscar na intimidade não é virtuoso. Como Christine Gudorf afirma: "Passar pelos movimentos do sexo, sem antes ter passado pela luta para entender, revelar e se comprometer com as diferenças, é sexo sem significado simbólico".[48] É sexo sem intimidade. Se o sexo fora do matrimônio é uma mentira porque não expressa a união que os corpos significam, o sexo sem vulnerabilidade também não é totalmente verdadeiro. A tradição, muitas vezes, se referiu ao desejo como se ele fosse algo dado; o único desafio ético seria controlá-lo. Os escritores contemporâneos falam da experiência do desejo como risco, como luta, como demanda ética. A vulnerabilidade do desejo é um bem a ser buscado, e não um apetite a ser controlado. É um caminho para uma intimidade mais profunda no matrimônio.

Um relacionamento sexual virtuoso visa não apenas à intimidade, mas à *mutualidade*, e isso requer equilíbrio entre sacrifício e amor-próprio. A linguagem da autodoação sugere que o sexo é mais do que a busca individual do prazer.[49] Antes, quando duas pessoas estão fazendo amor, elas também estão se libertando do egocentrismo a fim de entrar mais plenamente na vida do seu cônjuge, que não deixa de ser uma espécie de sacrifício. Isso às vezes é difícil, pois, "assim como a mente foge de Deus, o eu não integrado evita colocar o foco sexual totalmente no outro,

---

[47] ZEIS, Rita. Fidelity as Process: Being and Becoming. In: HART, John (ed.). *Fidelity: Issues of Emotional Living in an Age of Stress for Clergy and Religious.* Whitinsville, MA: Affirmation Books, 1980, p. 55.

[48] GUDORF. Why Sex Is Good for Your Marriage, p. 129.

[49] Ver, por exemplo, Grabowski, para o qual todos os seres humanos "foram criados para o amor" e "se realizam na autodoação amorosa *(Sex and Virtue,* p. 125), e Gudorf, que vê no orgasmo "uma pequena morte, uma perda de si" que pode abrir a pessoa a uma maior doação de si nas diversas áreas da vida (*Body, Sex, and Pleasure*, p. 108-109).

refugiando-se na racionalização, na indiferença ou na autoabsorção". No entanto, vale a pena disciplinar-se, pois "um eu recolhido e integrado não pode apenas dar mais, mas pode dar mais facilmente".[50] Doar-se ao cônjuge implica renúncia à autoabsorção, e isso é fundamental para a boa prática sexual, mesmo que cada ato sexual não alcance o ideal da doação plena.

Como a intimidade sexual envolve duas pessoas com diferentes personalidades e diferentes impulsos, histórias e preferências sexuais, encontrar uma boa prática sexual exigirá sacrifício de ambas as partes. Haverá sacrifício quando um escolher abrir-se ao sexo ou renunciar a ele em resposta às necessidades do outro. De acordo com os estudos apresentados, a frequência sexual diminui ao longo do tempo, e a alta frequência está associada à satisfação sexual e conjugal. Disso deriva a importância de contínua negociação e sensibilidade às necessidades que vão mudando e aos desejos que continuam. Embora a velha linguagem dos direitos conjugais seja problemática, o sexo virtuoso requer sacrifício para que cada pessoa possa reconhecer adequadamente as necessidades da outra.[51] Não existe um padrão de frequência; os casais precisam encontrar um equilíbrio que seja bom para eles. No entanto, a preponderância da separação conjugal sugere que muitos procuram em outra parte por atenção física e emocional quando talvez pudessem se voltar para o próprio cônjuge. Se a aliança matrimonial deve ser aprofundada, faz-se necessária uma prática sexual regular que seja agradável a ambos. O sacrifício que isso implica deve ser compartilhado.

O sacrifício mútuo também está envolvido no autocontrole do qual os casais precisam para ser bons parceiros sexuais. Os defensores do planejamento familiar natural atestam que os tempos de abstinência envolvem um grau de autodomínio que é necessário para a satisfação sexual. O sexo, quando solicitado, é totalmente humano, porque não

---

[50] CALLAHAN, Sidney. *Beyond Birth Control: The Christian Experience of* Sex. New York: Sheed & Ward, 1968, p. 140.

[51] Ver, por exemplo, GRABOWSKI. *Sex and Virtue*, p. 125; e GUDORF. *Body, Sex, and Pleasure*, p. 119.

impulsionado pelo instinto cego.[52] Essa percepção pode ser afirmada desde que o desejo legítimo não esteja em questão. O autocontrole, no entanto, também é necessário para honrar a necessidade de prazer do parceiro. Gudorf apela para que os homens, em particular, tenham um maior autocontrole e uma maior persistência em ajudar suas esposas a atingir o orgasmo.[53] João Paulo II vai ainda mais longe ao defender o orgasmo mútuo e simultâneo, que envolve o autocontrole.[54] Em todos esses casos, a reciprocidade na prática sexual requer sacrifício.

O sacrifício também está envolvido num compromisso compartilhado de continuar fazendo sexo ao longo do tempo, mesmo quando o sexo pode se tornar rotina. Essa intuição talvez não seja bem reconhecida na tradição, porque o sexo é percebido como algo que os casais sempre desejam. No entanto, durante muitos períodos no matrimônio de um casal, há desafios para se manter uma vida sexual regular: gravidez, doença, viagem, cuidados familiares, empregos exigentes, dificuldades pessoais e assim por diante. Casais que, no entanto, se recusam a deixar sua prática sexual morrer estão buscando o sagrado no dia a dia e afirmando-o, mesmo quando poderia ser mais fácil não fazê-lo. Embora esse não seja o tipo de sacrifício sexual tradicionalmente defendido, tanto fazer sexo quando se prefere não fazê-lo como não fazer sexo quando se deseja podem ser formas de sacrifício necessárias para sustentar a satisfação sexual. A mutualidade exige sacrifício em colocar as próprias necessidades à parte para o outro, desenvolver o autocontrole e empenhar-se num relacionamento sexual ao longo do tempo, mesmo quando esse empenho possa ser exigente.[55]

A mutualidade na prática sexual não pode ser alcançada se o sacrifício pessoal for enfatizado à custa do amor-próprio. Para alcançar o próprio prazer no sexo, é preciso considerar-se digno de receber prazer.

---

[52] SHIVANADAN, Mary. Natural Family Planning and the Theology of the Body. *Natural Catholic Bioethics Quarterly* 3/1 (2003): 23-32.

[53] GUDORF. *Body, Sex, and Pleasure,* p. 85. Gudorf cuidadosamente distingue controle de repressão.

[54] WOJTYLA, Karol. *Love and Responsibility.* San Francisco, CA: Ignatius Press, 1993, p. 272-273.

[55] Quando uma das partes tiver sofrido abuso sexual, será preciso rever essa orientação.

É preciso ser capaz de reconhecer e explorar os próprios desejos. Essa dimensão do amor sexual, às vezes, é subestimada no pensamento conservador contemporâneo, assim como, às vezes, o sacrifício de si é negligenciado no pensamento liberal. No entanto, quando corretamente entendido como intimamente relacionado com o tradicional bem da união, o amor-próprio pode ser reconhecido como uma dimensão essencial da boa prática sexual. Sexo envolve prazer.

Um escritor descreve sua experiência de adormecer ao lado de sua esposa em termos que soam quase hedonistas: "Enquanto eu me achego a Julie para dormir, os pensamentos flutuam. Eu não penso. Eu gosto. Eu me divirto. [...] É difícil descrever, uma vez que dura apenas alguns segundos e eu mal percebo o que está acontecendo. A felicidade não está apenas na perda de tensão, preocupações, pensamentos etc. A plenitude voluptuosa toma conta de mim. Eu sou preenchido pelo prazer do desejo crescente e pelo prazer do desejo decrescente numa doce satisfação. Desejo voraz, carente e triunfante da escuridão envolvente".[56] A preocupação do escritor é com seu próprio prazer, mas o contexto para sua busca de alegria é claramente um matrimônio no qual ambos os cônjuges são profundamente conhecidos e amados. Ele escreve: "Eu não penso na Julie quando vou dormir. Ela não está na minha mente. Mas ela está nas minhas pernas, tronco e braços. Não na minha cabeça. Sem pensar nisso, eu sei que ela vai dormir, assim como eu irei. Eu sei que ela me conhece da mesma maneira. Deve ser por isso que a confiança aumenta rapidamente e nos preenche".[57] Seu prazer não pode ser descrito como egocêntrico porque ele encontra seu centro unindo-se com sua esposa. Da mesma forma, Gudorf chega ao ponto de colocar o prazer sexual mútuo no centro do sexo. Alegando que a tradição enfatizou demais o sacrifício de si, ela insiste que "o amor ao próximo deve começar com o amor a si mesmo".[58] Buscar o prazer sexual para si mesmo é fundamental,

---

[56] MILLHAVEM, John Giles. Sleeping Like Spoons. In: NELSON, James B.; LONGFELLOW, Sandra P. (eds.). *Sexuality and the Sacred: Sources for Theological Reflection.* Louisville, KY: Westminster, 1994, p. 88.

[57] MILLHAVEM. Sleeping Like Spoons, p. 89.

[58] GUDORF. *Body, Sex, and Pleasure,* p. 115.

desde que seja equilibrado com o sacrifício pelo outro. Mutualidade é essencial para a união.

A maioria dos teólogos, hoje em dia, afirma o bem do prazer sexual para homens e mulheres no matrimônio, mas eles "geralmente presumem que seja [...] automático".[59] No entanto, Patricia Beattie Jung defende fortemente que as normas culturais tornam mais difícil para as mulheres experimentarem o prazer.[60] Segundo ela, 26% das mulheres regularmente não experimentam o orgasmo, 32% relatam falta de interesse em sexo e 23% dizem que o sexo não é prazeroso para elas.[61] Certamente, mais mulheres hoje esperam experienciar o prazer sexual, mas algumas continuam frustradas ou se contentam em abrir mão dele. Embora a tradição não tenha prestado muita atenção a esse problema, "podemos dizer que psicológica e teologicamente essa liberação sexual no contexto da união corporal não é alheia ao dom de si que a relação sexual significa".[62] Em outras palavras, se, por um lado, as mulheres buscam seu próprio prazer sexual - uma expressão prática de seu amor-próprio - e seus maridos se comprometem a ajudá-las a alcançá-lo - exigindo sacrifício -, a prática sexual será mais prazerosa e generosa para ambos. Se, por outro lado, mulheres e homens se concentram apenas no prazer masculino, os homens sacrificarão menos ou darão menos de si, e as mulheres participarão menos plenamente do sexo e darão menos de si mesmas. O sexo que não se fundamenta na reciprocidade é provável que não seja capaz de doação e unificação plenas.

O amor-próprio, o sacrifício e a reciprocidade contribuem para a unidade. Permitir-se experimentar o prazer é uma maneira de amar a si mesmo *e* um modo de se doar ao parceiro. O amor-próprio e o amor pelo outro estão entrelaçados, visto que o sexo envolve não uma competição de vontades ou impulsos, mas uma dança na qual buscar prazer para si proporciona prazer à parceira e experimentar o prazer do parceiro é uma

[59] JUNG. Sanctifying Women's Pleasure, p. 81.

[60] JUNG. Sanctifying Women's Pleasure, p. 84-89.

[61] JUNG. Sanctifying Women's Pleasure, p. 82.

[62] GRABOWSKI. *Sex and Virtue,* p. 141. Grabowski reconhece que esse ideal nem sempre é realizado.

fonte do próprio prazer.[63] O bem de si mesmo e o do próximo estão tão entrelaçados que se tornam inseparáveis. Como afirma Jung, "a nossa sexualidade nos lança nos braços um do outro e, consequentemente, no conhecimento e na preocupação com as necessidades desse outro".[64] Equilibrar sacrifício e amor-próprio na prática sexual pode ajudar os casais a alcançar uma vida sexual mais mútua, que seja mais prazerosa e mais unitiva.

Além disso, o amor-próprio, legitimamente buscado em prol de bens maiores – nesse caso, a reciprocidade na união conjugal –, pode resultar em maior capacidade de doação. Como Bonnie Miller-McLemore aponta, cuidar de si permite que alguém seja um melhor doador, pois "uma mãe não pode genuinamente reconhecer as necessidades do outro a menos que sua própria subjetividade seja reconhecida".[65] Teólogas feministas mostraram que as mulheres muitas vezes lutam com o amor-próprio, preferindo colocar as necessidades e desejos dos outros antes dos seus.[66] A tradição é mais eficaz em insistir no pecado da autoindulgência do que no pecado de falhar no amor-próprio, e as mulheres são particularmente hábeis em levar essa mensagem a sério. No entanto, aqueles que não se amam são muitas vezes menos capazes de chegar a relacionamentos mutuamente amorosos. A incapacidade de amar a si mesmo é, em última análise, um bloqueio à intimidade. Uma boa prática sexual implica ser capaz de dar e receber prazer e, portanto, responder aos anseios recíprocos.

Paradoxalmente, uma prática sexual que busca a reciprocidade através do equilíbrio entre amor-próprio e sacrifício pode resultar numa maior unidade entre os cônjuges e numa capacidade mais forte de trabalhar juntos para o bem dos outros. Nos matrimônios em que os cônjuges se preocupam o suficiente consigo mesmos para fazer do prazer sexual mútuo uma

---

[63] GUDORF. *Body, Sex, and Pleasure,* p. 115-116.

[64] JUNG. Sanctifying Women's Pleasure, p. 94.

[65] MILLER-MCLEMORE, Bonnie. *Also a Mother: Work and Motherhood as Theological Dilemma.* Nashville, TN: Abingdon, 1994, p. 103.

[66] SAIVING, Valerie. The Human Situation: A Feminine View. In: CHRIST, Carol P.; PLASKOW, Judith (eds.). *Womanspirit Rising: A Feminist Reader in Religion.* San Francisco: HarperCollins, 1979, p. 25-42.

prioridade, o amor e o calor que eles geram podem ser compartilhados com seus filhos e com outras pessoas com as quais estão comprometidos. Nutrir a comunhão através do amor-próprio e do sacrifício de si, paradoxalmente, os torna mais capazes de amar os outros. Conhecer-se e valorizar-se, amar e ser amado pela pessoa com quem estamos mais profundamente comprometidos são boas práticas- celebrações da dignidade humana e da intimidade. Elas fornecem uma base rica a partir da qual o amor pode ser estendido aos outros, até mesmo aos mais vulneráveis. Amando a nós mesmos, sabendo que somos amados e experientes em amar o outro, somos livres para amar ainda mais.

Na e através de uma boa prática sexual, os esposos devem procurar uma intimidade e uma reciprocidade cada vez maiores, assim como devem procurar *pertencer* cada vez mais um ao outro. Cada ato sexual pode ser visto como uma reconstituição corporal dos votos conjugais do casal. Baseando-se na teologia do corpo de João Paulo II e no direito canônico no que se refere à necessidade do sexo para selar as promessas da aliança do matrimônio sacramental, John Grabowski sustenta que o sexo é "uma atividade que sela a relação de aliança entre o homem e a mulher no matrimônio. Como tal, o sexo tem uma qualidade anamnética na medida em que é lembrança e promulgação do que o casal prometera em seus votos um ao outro".[67] A união sexual não é apenas corporal; ela é espiritualmente significativa, precisamente em sua corporeidade. Através do corpo, o sexual e o espiritual estão ligados entre si. Nosso desejo sexual é "integralmente pessoal" se ordenado pela castidade.[68] O matrimônio é uma "comunhão no ser" e o sexo "destina-se a promover essa comunhão no ser". O sexo é como os maridos e as esposas expressam sua comunhão.[69] Com seus corpos, eles dão voz ao amor e desejo recíprocos.

O potencial procriativo do sexo aprofunda sua capacidade de ligar um casal tanto corporal quanto espiritualmente. Paul Ramsey aborda as implicações do ensinamento tradicional de que os significados unitivo e

[67] GRABOWSKI. *Sex and Virtue*, p. 47-48.

[68] MAY, William E. Sexuality and Fidelity in Marriage. *Communio* 5/3 (1978): 282-283.

[69] MAY. Sexuality and Fidelity in Marriage, p. 286.

procriativo estão inscritos na própria natureza do sexo. O sexo "é, definitivamente, uma questão de *nós mesmos*, de nossas almas na profundidade dos nossos seres [...] a pessoa em si mesma deseja o objeto em si e o que se deseja não é uma *coisa*... mas uma *pessoa,* outro si mesmo que é uma presença corporal e, portanto, acessível como criatura para uma vida em comunhão".[70] Atos sexuais que não envolvem o eu ou que não se realizam no contexto de um matrimônio aberto a filhos carecem de algo fundamental, pois "Deus uniu o amor sexual e a procriação em nossos seres".[71] Por outro lado, fazer sexo no contexto de um matrimônio amoroso é entregar-se ao outro com a expectativa de um amor que dura para sempre e, na maioria dos casos, que compartilha a educação dos filhos.

A fórmula tradicional do casamento – "Com o meu corpo, eu te desposo" – é mais inteligível na teologia contemporânea porque em grande parte deixamos para trás o pensamento dualista e a suspeita em relação ao desejo, a fim de abraçar um pertencimento corporal. Os cristãos se voltaram para a imagem da Trindade para entender os seres humanos como fundamentalmente relacionais e o desejo como o bom impulso que os une. O desejo não é um estado de imperfeição a ser superado; é "o que nos faz sair de nós mesmos, resgata-nos da individualidade privada, leva-nos a abraçar as pessoas amadas, para sairmos de nós mesmos e aprendermos a amar".[72] O desejo é um lembrete da carência e dependência humana, e a união sexual é expressão de ambas, o que a torna uma prática adequada para o matrimônio.

Teólogos casados advertem que devemos ter cuidado para não exagerar o significado de qualquer ato sexual. David Matzko McCarthy critica a ideia de que a unidade completa é possível num único momento temporal. Todo ato sexual não pode ser um ato de autodoação total, mesmo no matrimônio. "Não em um instante, mas ao longo do tempo, passamos a

[70] RAMSEY, Paul. A Christian Approach to the Question of Sexual Relations Outside of Marriage. *Journal of Religion* 45/2 (1965): 102.

[71] RAMSEY. A Christian Approach to the Question of Sexual Relations Outside of Marriage, p. 109.

[72] THATCHER, Adrian. Intimate Relationships and the Christian Way. *Modern Believing* 44/1 (2003): 6.

pertencer. [...] O que fazemos hoje adquire seu significado em relação ao que fizemos ontem e o que faremos amanhã. Para que o sexo tenha profundidade, ele precisa que a comunhão corporal se prolongue no tempo".[73] Sexo é algo comum; faz parte de uma vida corporal vivida em comum no contexto familiar. Mas, como todas as boas práticas, ele também aponta para o transcendente, precisamente porque os corpos de maridos e esposas unem-se de muitas maneiras em sua vida comum.

Em qualquer encontro sexual, maridos e esposas podem recordar momentos sexuais vividos juntos: a noite de núpcias e a lua de mel; as noites em que desejam conceber um filho; os momentos em que se unem depois de uma longa ausência; uma gravidez difícil ou um período de distanciamento; os momentos em que buscam conforto por causa da doença ou morte de um membro da família ou de algum fracasso pessoal; as ocasiões em que celebram aniversários e boas notícias. Com o tempo, a frequência das relações sexuais acaba diminuindo, mas, mesmo que os corpos mudem, as crianças nasçam e cresçam e os compromissos sejam outros, ainda assim, a relação subsiste e o ritual continua unindo o casal em corpo e alma.

Realizar fielmente o ritual ao longo do tempo significará aceitar a mudança. Jovens recém-casados, com corpos perfeitamente delineados e com incansável entusiasmo por sexo, diferem dos novos pais exauridos devido às exigências físicas dos cuidados infantis; dos pais de meia-idade, corporalmente maduros e ocupados com muitos compromissos; dos aposentados, com corpos envelhecidos, sozinhos em casa e com tempo de sobra; dos casais nas últimas fases da vida, cujos corpos já não funcionam mais como antes. A fidelidade conjugal deve ser uma "fidelidade para com as pessoas [...] que estão crescendo e mudando".[74] Comprometer-se com a prática sexual ao longo do matrimônio é continuar a crescer como uma só carne através da busca dos bens da intimidade, mutualidade e pertencimento corporal.

---

[73] MCCARTHY. *Sex and Love in the Home*, p. 45-46.

[74] WHITEHEAD; WHITEHEAD. *Marrying Well*, p. 390.

3. A realização sexual depois do *#MeToo*

Ao encerrar esta reflexão sobre satisfação sexual, é necessário considerar que a recente ascensão do movimento *#MeToo* chamou a atenção tanto para os escandalosos atos de violência sexual quanto para o fenômeno mais difundido do "sexo ruim". Narrativas de "sexo ruim" compartilham o tema da violação, fortemente sentido mesmo quando as vítimas não são forçadas ou ameaçadas. Apesar de terem, em teoria, a liberdade de sair da situação, algo as mantém presas. Para algumas, é a necessidade de manter um emprego, mas muitas outras descrevem um conjunto complexo de pressões *dentro* dos relacionamentos para que sejam "legais", continuem juntos, não causem problemas, aceitem o que não é desejável porque não têm o direito de esperar mais nada, uma vez que concordaram com os termos do compromisso.

Esses relatos são supreendentemente semelhantes àqueles que caracterizam os estudos da "cultura do ficar" (*hookup culture)* nos campos universitários. A socióloga Lisa Wade mostra que as mulheres e muitos homens estão esmagadoramente insatisfeitos com a força coercitiva da normativa cultura de ter de "ficar com" e com o típico *script* do "ficar", em que o álcool é usado para superar inibições, confundir os limites do consentimento, deixar de lado o romance e dificultar qualquer intimidade emocional.[75] Wade descreve o árduo trabalho que os alunos fazem para evitar a conexão emocional: saem antes do amanhecer, evitam contato visual, não ligam, fingem não se importar. Como afirma Donna Freitas, parece uma disputa para ver "quem se importa menos".[76] Mulheres e homens são testemunhas do quanto isso mexe com a própria autoestima e do quão frustrante é desejar um relacionamento real, mas ter de sucumbir à "cultura do ficar" por ser a única opção disponível. Nos relatos de agressão sexual e nas histórias próprias da "cultura do ficar" que ocorrem nos espaços universitários, é complicado distinguir violência de "sexo ruim". As narrativas são semelhantes e envolvem centralização do poder e privilégio masculino, desconexão entre intimidade física e emocional

---

[75] WADE, Lisa. *American Hookup: The New Culture of Sex on Campus.* New York: W.W. Norton & Co., 2017.

[76] FREITAS. *Sex and the Soul.*

e separação intencional entre corpo e alma por parte do vitimizador e da vítima.

À luz do pensamento moral católico, tanto a agressão sexual quanto o "sexo ruim" constituem um vício. A realidade de a pessoa ser mente e corpo, intelecto e paixão, razão e emoção é negada pelos vitimizadores, quer o consentimento formal seja dado ou não. As vítimas sucumbem a essas divisões para tentar sobreviver ao ato violento, na esperança de maior intimidade no futuro ou para evitar formalizar o delito. Quando a unidade de si é violada, o sofrimento pode ser profundo. Quando o sexo é limitado por construções e contratos socialmente normativos, as pessoas são objetificadas em vez de serem tratadas concretamente como seres humanos.

Embora grande parte do foco do movimento *#MeToo* tenha sido em encontros extraconjugais, o matrimônio também é um local de violência e "sexo ruim".[77] Não há dúvida de que o ensinamento católico contemporâneo considera a violência sexual dentro do matrimônio como pecado. Para o Papa Francisco, a violência "contradiz a própria natureza da união conjugal".[78] A importância que ele dá à violência doméstica é sem precedentes no ensino católico. Além disso, o Papa celebra "a ação do Espírito" nos movimentos modernos pelos direitos das mulheres e pela ascensão da reciprocidade ou mutualidade no matrimônio. Francisco está particularmente preocupado com o mau uso do poder ou da dominação. Ele pede confiança, e não controle; estima, e não posse. Embora outros papas tenham abordado brevemente a violência doméstica, o Papa Francisco aborda o tema de uma maneira mais fundamentada e substancial. Ele está claramente ciente do quão difundida ela é. As taxas de violência são mais altas no mundo em desenvolvimento, mas nenhuma área do mundo está imune a ela. A vida familiar em todo o mundo é marcada pela violência, tanto física quanto sexual. O ensinamento católico contemporâneo reconhece que a manipulação e a dominação

---

[77] WORLD HEALTH ORGANIZATION – WHO. *Global and Regional Estimates of Violence Against Women* (20.10.2013). Disponível em: http://www.who.int/reproductivehealth/publications/violence/9789241564625/en/. Acesso em: 10 out. 2023.

[78] AL 54.

sexual contradizem o sexo verdadeiramente humano, que sempre envolve intimidade, mutualidade e pertencimento.

Francisco, de modo muito significativo, responde àqueles que acreditam que os homens têm o direito de "governar" a casa, argumentando que a submissão da esposa não pode ser apoiada por Efésios 5,22: "esposas, sejam submissas aos seus maridos". Pelo contrário, ele – assim como João Paulo II antes dele – reinterpreta essa passagem e define a doação recíproca como o coração do matrimônio. Ao contrário de João Paulo II, Francisco não diferencia os papéis de homens e mulheres em relação a essa passagem. Em vez disso, ele redefine a autodoação como a prática de "viver disponíveis aos outros",[79] e insiste que essa prática deve ser adotada pelos homens e pelas mulheres.

Depois do movimento *#MeToo* e da *Amoris Laetitia*, é impossível para os católicos falar sobre a virtude sexual no matrimônio sem abordar a realidade da violação sexual. É provável que tanto as reivindicações explícitas dos "direitos conjugais" quanto as pressões mais sutis relacionadas às promessas matrimoniais resultem em mais do que um mero "sexo ruim" no matrimônio. Os cristãos precisam se preocupar com o vício sexual do "sexo ruim". Mas preocupar-se com a violação sexual no matrimônio não significa "policiar" o sexo. Embora algumas situações exijam intervenção de autoridades externas ou atenção a normas como consentimento livre ou "não causar danos injustos", mais frequentemente a atenção às virtudes é o remédio necessário. Ao buscar intimidade, reciprocidade e pertencimento, os casais tornarão o "sexo ruim" menos provável e a "satisfação sexual" mais possível.

Considerações finais

Argumentei que, embora a ética sexual católica tenha sido marcada pela negatividade e limitada pelo foco nas normas, o pensamento católico contemporâneo passou a centrar-se nas virtudes. No matrimônio – que os católicos consideram como o lugar próprio para o sexo –, as normas não bastam. O sexo deve estar relacionado com os bens do matrimônio

[79] AL 156.

e ser entendido como uma prática orientada para esses bens. O movimento *#MeToo* escancarou a realidade do vício sexual na forma de atos de violência que envolvem o esquecimento da realidade dos seres humanos como "espíritos encarnados" ou "corpos animados" que merecem não ser prejudicados ou tocados sem o seu consentimento. Narrativas de "sexo ruim" sugerem que as pessoas merecem ainda mais que os relacionamentos sejam mútuos, íntimos, comprometidos, satisfatórios e transbordantes de amor e vida.

O sexo não é totalmente moral só porque ocorre no matrimônio; sexo virtuoso dá trabalho. Envolve uma busca contínua de intimidade, reciprocidade e pertencimento em reconhecimento do valor inerente de cada um como pessoa. Para desabrochar, os cristãos casados precisam ter presentes as melhores intuições da sua tradição: que o desejo é bom e os corpos importam; que os gestos sexuais expressam algo da pessoa e afetam a realidade do outro; que os melhores relacionamentos são corporais e espirituais, sacrificiais e doadores, vulneráveis e seguros no contexto da pertença mútua. Para desabrochar no matrimônio e caminhar em direção a uma comunhão cada vez mais profunda, eles precisam almejar as virtudes sexuais.

Referências

BLOW, Adrian J.; HARTNETT, Kelley. Infidelity in Committed Relationships I: A Methodological Review. *Journal of Marital and Family Therapy* 31/2 (2005): 183-196.

BLOW, Adrian J.; HARTNETT, Kelley. Infidelity in Committed Relationships II: A Substantive Review. *Journal of Marital and Family Therapy* 31/2 (2005): 217-233.

CALL, Vaughn; SPRECHER, Susan; SCHWARTZ, Pepper. The Incidence and Frequency of Marital Sex in a National Sample. *Journal of Marriage and Family* 57 (1995): 639-652.

CALLAHAN, Sidney. *Beyond Birth Control: The Christian Experience of Sex*. New York: Sheed & Ward, 1968.

CHRISTOPHER, F. Scott; KISLER, Tiffani S. Exploring Marital Sexuality: Peeking inside the Bedroom and Discovering What We Don't Know—But Should! In: HARVEY, John H.; WENZEL, Amy; SPRECHER, Susan (eds.). *The Handbook of Sexuality in Close Relationships*. Mahwah, NJ: Lawrence Erlbaum Associates, 2004, p. 371-384.

CHRISTOPHER, F. Scott; SPRECHER, Susan. Sexuality in Marriage, Dating, and Other Relationships: A Decade Review. *Journal of Marriage and Family* 62 (2000): 999-1017.

CLOUTIER, David. Composing Love Songs for the Kingdom of God? Creation and Eschatology in Catholic Sexual Ethics. *Journal of the Society of Christian Ethics* 24/2 (2004): 71-88.

CURRAN, Charles E. *The Moral Theology of John Paul II*. Washington, DC: Georgetown University Press, 2005.

CURRAN, Charles; MCCORMICK, Richard A. (eds.). *Dialogue about Catholic Sexual Teaching*. New York: Paulist, 1993.

DIAMANT, Jeff. Half of Christians say casual sex between consenting adults is sometimes or always acceptable. *Pew Research Center* (31.08.2020). Disponível em: https://www.pewresearch.org/fact-tank/2020/08/31/half-of-u-s-christians-say-casual-sex-between-consenting-adults-is-sometimes-or-always-acceptable/. Acesso em: 10 out. 2023.

DOMINIAN, Jack. *Let's Make Love: The Meaning of Sexual Intercourse*. London: Darton, Longman, and Todd, 2001.

EMBA, Christine. *Rethinking Sex: A Provocation*. New York: Sentinel, 2022.

FARLEY, Margaret A. *Just Love: A Framework for Christian Sexual Ethics*. New York: Continuum, 2006.

FRANCISCO, Papa. *Amoris Laetitia*. Exortação Apostólica Pós-Sinodal sobre o amor na família. São Paulo: Loyola, 2016.

FREITAS, Donna. *Sex and the Soul: Juggling Sexuality, Spirituality, Romance, and Religion on America's College Campuses*. New York: Oxford University Press, 2008.

GRABOWSKI, John. *Sex and Virtue: An Introduction to Sexual Ethics*. Washington, DC: Catholic University Press of America, 2003.

GUDORF, Christine E. *Body, Sex, and Pleasure: Reconstructing Christian Sexual Ethics*. Cleveland, OH: Pilgrim Press, 1994.

GUDORF, Christine. Why Sex Is Good for Your Marriage. In: SCOTT, Kieran; HORELL, Harld Daly (eds.). *Human Sexuality in the Catholic Tradition*. Lanham, MD: Rowman & Littlefield, 2007, p. 123-136.

JOÃO PAULO II. *Homem e mulher o criou: catequeses sobre o amor humano*. Bauru: EDUSC, 2005.

JOÃO PAULO II, Papa. *Familiaris Consortio*. Exortação Apostólica sobre a missão da família cristã no mundo de hoje. 15 ed. São Paulo: Paulinas, 2001.

JOHN PAUL II, Pope. *Reflections on Humanae Vitae: Conjugal Morality and Spirituality*. Boston: St. Paul Books and Media, 1984, p. 29-40.

JUNG, Patricia Beattie. Sanctifying Women's Pleasure. In: JUNG, Patricia Beattie; HUNT, Mary E.; BALAKRISHNAN, Radhika (eds.). *Good Sex: Feminist Perspectives from the World's Religions*. New Brunswick, NJ: Rutgers University Press, 2001, p. 77-95.

KELLY, Gerald. *Modern Youth and Chastity*. St. Louis, MO: Queen's Work, 1943.

LAWLER, Ronald; BOYLE, Joseph; MAY, William E. *Catholic Sexual Ethics: A Summary, Explanation, and Defense*. Huntington, IN: Our Sunday Visitor, 1985.

LEÃO XIII, Papa. *Arcanum Divinae Sapientiae*. Carta Encíclica sobre o matrimônio cristão. In: DOCUMENTOS DE LEÃO XIII (1878-1903). São Paulo: Paulus, 2005, p. 99-124.

LEBACQZ, Karen. Appropriate Vulnerability. In: NELSON, James B.; LONGFELLOW, Sandra P. (eds.). *Sexuality and the Sacred: Sources for Theological Reflection*. Louisville, KY: Westminster, 1994, p. 256-261.

MATTISON, William. 'When they rise from the dead, they neither marry nor are given to marriage': Marriage and Sexuality, Eschatology, and the Nuptial Meaning of the Body in Pope John Paul II's Theology of the Body. In: CAHILL, Lisa Sowle (ed.). *Sexuality and the U.S. Catholic Church: Crisis and Renewal*. New York: Herder & Herder, 2006, p. 32-51.

MAY, William E. Sexuality and Fidelity in Marriage. *Communio* 5/3 (1978): 275-293.

MCCARTHY, David Matzko. *Sex and Love in the Home*. London: SCM Press, 2009.

MCDONAGH, Edna. *Vulnerable to the Holy in Faith, Morality, and Art*. Dublin: Columba Press, 2004.

MILLHAVEM, John Giles. Sleeping Like Spoons. In: NELSON, James B.; LONGFELLOW, Sandra P. (eds.). *Sexuality and the Sacred: Sources for Theological Reflection*. Louisville, KY: Westminster, 1994, p. 85-90.

MILLER-MCLEMORE, Bonnie. *Also a Mother: Work and Motherhood as Theological Dilemma*. Nashville, TN: Abingdon, 1994.

PAULO VI, Papa. *Humanae Vitae*. Carta Encíclica sobre a regulação da natalidade. 9 ed. São Paulo: Paulinas, 2001.

PELLAUER, Mary. The Moral Significance of Female Orgasm. In: NELSON, James B.; LONGFELLOW, Sandra P. (eds.). *Sexuality and the Sacred: Sources for Theological Reflection*. Louisville, KY: Westminster, 1994, p. 149-168.

PIO XI, Papa. *Casti Connubii*. Carta Encíclica sobre o matrimônio cristão. In: DOCUMENTOS DE PIO XI (1922-1939). São Paulo: Paulus, 2004, p. 207-271.

PONZETTI, James J. (ed.). *International Encyclopedia of Marriage and Family Relationships*. Vol. 4, 2nd. New York: Macmillan Reference USA, 2000, p. 299-308.

RAMSEY, Paul. A Christian Approach to the Question of Sexual Relations Outside of Marriage. *Journal of Religion* 45/2 (1965): 100-118.

RUBIO, Julie Hanlon. Beyond the Liberal-Conservative Divide on Contraception: The Wisdom of Practitioners of Natural Family Planning and Artificial Birth Control. *Horizons* 32/2 (2005): 270-294. Reimpresso em: LYSAUGHT, M. Therese; KOTVA, Joseph P. (eds.). *On Moral Medicine: Theological Perspectives in Medical Ethics*. Grand Rapids, MI: Eerdmans, 2012, p. 818-829.

SAIVING, Valerie. The Human Situation: A Feminine View. In: CHRIST, Carol P.; PLASKOW, Judith (eds.). *Womanspirit Rising: A Feminist Reader in Religion*. San Francisco: HarperCollins, 1979, p. 25-42.

SHANNON, William H. (ed.). *The Lively Debate: Responses to Humanae Vitae*. New York: Sheed & Ward, 1970.

SHIVANADAN, Mary. Natural Family Planning and the Theology of the Body. *Natural Catholic Bioethics Quarterly* 3/1 (2003): 23-32.

SHIVANADAN, Mary. *Crossing the Threshold of Love: A New Vision of Marriage*. Washington, DC: Catholic University of America Press, 1999.

SMITH, Janet. *Why Humanae Vitae Was Right: A Reader*. San Francisco: Ignatius Press, 1993.

THATCHER, Adrian. Intimate Relationships and the Christian Way. *Modern Believing* 44/1 (2003): 5-14.

TRAINA, Cristina L. H. Ideais papais, realidades conjugais: uma perspectiva a partir da base. In: JUNG, Patricia B.; CORAY, Joseph A. (orgs.). *Diversidade sexual e catolicismo: para o desenvolvimento da teologia moral*. São Paulo: Loyola, 2005, p. 299-318.

UNIVISION. Global Survey of Roman Catholics (February 2014). Disponível em: chrome-extension://efaidnbmnnnibpcajpcglclefindmkaj/

http://bendixenandamandi.com/wp-content/uploads/2018/06/UNIVISION-Catholic-Poll-Executive-Summary.decryptedKLR.pdf. Acesso em: 10 out. 2023.

WADE, Lisa. *American Hookup: The New Culture of Sex on Campus.* New York: W.W. Norton & Co., 2017.

WAITE, Linda; GALLAGHER, Maggie. *The Case for Marriage.* Why Married People are Happier, Healthier and Better Off Financially. New York: Broadway Books, 2001.

WHITEHEAD, Evelyn; WHITEHEAD, James. *Marrying Well: Possibilities in Christian Marriage Today.* Garden City, NY: Doubleday and Company, 1981.

WOJTYLA, Karol. *Love and Responsibility.* San Francisco, CA: Ignatius Press, 1993.

WORLD HEALTH ORGANIZATION – WHO. *Global and Regional Estimates of Violence Against Women* (20.10.2013). Disponível em: http://www.who.int/reproductivehealth/publications/violence/9789241564625/en/. Acesso em: 10 out. 2023.

ZEIS, Rita. Fidelity as Process: Being and Becoming. In: HART, John (ed.). *Fidelity: Issues of Emotional Living in an Age of Stress for Clergy and Religious.* Whitinsville, MA: Affirmation Books, 1980.

Cap. 9

CRESCENDO NO AMOR: PASSOS PARA UMA ÉTICA DE CRESCIMENTO RELACIONAL E SEXUAL PARA OS JOVENS À LUZ DA "LEI DA GRADUALIDADE" (FRANCISCO - *AMORIS LAETITIA*)

Roger Burggraeve[1]

A ideia de uma ética de crescimento surgiu anos atrás, graças aos jovens de 16 anos ou mais que conheci no centro juvenil pastoral salesiano "Eigentijdse Jeugd" (*Juventude Hoje)* em Groot-Bijgaarden (Bruxelas), do qual fui colaborador e de cuja equipe fui membro por 37 anos (1967-2005). Essa experiência se refletiu em todos os tipos de iniciativas e publicações para os próprios jovens,[2] bem como no campo acadêmico, a partir da minha admissão como teólogo da moral na Faculdade de Teologia e Estudos Religiosos da Universidade Católica de Leuven (1974-2010).[3] De tudo isso resultaram diversas publicações, nas quais, progressivamente, fui desenvolvendo a ideia de uma ética de

[1] **Roger Burggraeve** é Doutor em Teologia Moral (Katholieke Universiteit Leuven – Bélgica), Docente na mesma Universidade e membro da Catholic Theological Ethics in the World Church. Tradução do inglês: Tarcísio dos Santos, sdb.

[2] Ver, principalmente: EIGENTIJDSE JEUGD (R. Kino, R. Burggraeve, P. Van Praet, J. Van Meerbeeck), *Groeien in tederheid (Growing in tenderness)*. Tielt/Bussum: Lannoo, 1982 (1st ed.), 1984 (2nd ed.), 1987 (3rd ed.).

[3] Particularmente, meus cursos: "Christian Sexuality, Marriage and Family Ethics" e "An Ethics of Growth for Difficult Pastoral and Educational Situations".

crescimento relacional.[4] A elaboração completa e a síntese (provisória) resultaram no livro *An Ethics of Mercy. On the Way to Meaningful Living and Loving*,[5] cuja edição final também incluiu referências sobre as contribuições dos dois Sínodos sobre a Família (2014 e 2015) e da Exortação Apostólica Pós-Sinodal *Amoris Laetitia* (2016).[6]

Na reflexão que segue, percorrerei o caminho oposto.[7] O ponto de partida será a *Amoris Laetitia*, da qual não só levarei a sério as sugestões para uma ética cristã de crescimento sexual e relacional, como as analisarei criticamente e as aprofundarei, tendo presentes os jovens inseridos num contexto educativo e pastoral. Considerarei também toda a bagagem dos anos anteriores, resultante da experiência e da reflexão. Farei as devidas ligações com a ética das virtudes, de modo que as dimensões propostas para uma ética de crescimento relacional no contexto educacional sejam apresentadas de forma dinâmica e positiva, sem, contudo, negligenciar a contribuição dos ideais e das normas. Essa ética educativa e pastoral deverá enfrentar o desafio, especialmente nas sociedades

---

[4] Entre outros: Meaningful Living and Acting. An ethical and Educational-Pastoral Model in Christian Perspective. *Louvain Studies* 13/1 (1988): 3-26; 13/2 (1988): 137-160; Une éthique de miséricorde. *Lumen Vitae. Revue Internationale de Catéchèse et de Pastorale* 49/3 (1994): 281-296; De uma sexualidade responsável a uma sexualidade significativa: uma ética de crescimento como ética de misericórdia pelos jovens nesta era de AIDS. In: KEENAN, James F. (org.). *Eticistas católicos e prevenção da AIDS*. São Paulo: Loyola, 2006, p. 309-323; From "Lesser Evil' to "Lesser Good': Christian Ethics as an Ethics of Salvation. *Hekima Review. Journal of Hekima College, the Jesuit School of Theology (*Nairobi) 28 (2002): 8-25; Blocos históricos de construção para uma consistente ética relacional e sexual. In: KEENAN, James F. (org.). *Ética teológica católica. Passado, presente e futuro. A Conferência de Trento*. Aparecida: Santuário, 2015, p. 131-142; Paradigmes pour une éthique pastorale. L'éthique sexuelle chrétienne entre doctrine et réalité. *Chemchem. Bulletin Annuel des Instituts de Philosophie et de Théologie des Salésiens de Don Bosco au Congo* (Lubumbashi, RDC) 15-16 (2016): 217-237; The "Sacred Ground of the Other': Landmarks for a Christian Ethics of Gradualness as an Ethics of Mercy. In: KNIEPS-PORT LE ROI, Thomas; BRENNINGMEIJER-WEHRHAHN, Aldegonde (eds.). *Authentic Voices, Discerning Hearts. New Resources for Church on Marriage and Family*. Zürich: LIT-Verlag, 2016, p. 61-77.

[5] BURGGRAEVE, Roger. *An Ethics of Mercy. On the Way to Meaningful Living and Loving*. Leuven: Peeters, 2016.

[6] FRANCISCO, Papa. *Amoris Laetitia*. Exortação Apostólica Pós-Sinodal sobre o amor na família. São Paulo: Loyola, 2016. Daqui em diante = AL.

[7] Ver o diálogo entre um bispo e uma jornalista casada: BONNY, Johan; BURGGRAEVE, Roger; VAN HALST, Ilse."*Please? Thank you! Sorry...". A Dialogue on Love, Marriage and Family Life in the Light of Pope Francis' Logic of Mercy and Discernment (Amoris Laetitia)*. Antwerp: Gompel & Svacina, 2021.

liberais e midiáticas, de acompanhar a caminhada dos jovens e estar perto deles no processo de descoberta e exploração das relações e da sexualidade (dimensão indutiva), a fim de orientá-los no caminho do "amor duradouro" como virtuoso "amor de amizade" (dimensão prospectiva).

1. "Amor singular de amizade" na perspectiva do crescimento

Queremos dar forma ao que o Concílio Vaticano II chamou de "educação sexual positiva e prudente", a ser transmitida a crianças e adolescentes "à medida que vão crescendo", "tendo em conta os progressos da psicologia, pedagogia e didática".[8] Sabemos que não é fácil "pensar na educação sexual em um tempo em que se tende a banalizar e empobrecer a sexualidade". Sabemos que uma educação sexual inspirada nos valores cristãos "só se poderia entender no contexto de uma educação para o amor", segundo a qual o amor é visto como uma vida virtuosa relacional multidimensional. "Assim, a linguagem da sexualidade não acabaria tristemente empobrecida, mas esclarecida. É possível cultivar o impulso sexual em um percurso de conhecimento de si mesmo e no desenvolvimento de uma capacidade de autodomínio, que podem ajudar a trazer à luz capacidades preciosas de alegria e encontro". A questão é, segundo o Papa Francisco, "se" e "como" nossas instituições de ensino – no caso, nossas escolas católicas – "assumiriam este desafio".[9] Não apenas na sociedade, mas, às vezes, também nas escolas e instituições cristãs, a educação sexual é proposta de modo muito superficial e limitado.[10] Uma visão do amor íntimo na perspectiva da ética das virtudes pode contribuir essencialmente para uma educação sexual qualitativa, com ênfase não tanto na imposição de normas comportamentais, mas no desenvolvimento de um caráter ou de uma personalidade moral amorosa dos jovens.

Para desenvolver uma "educação sexual integral para o amor" tomamos como ponto de partida a vocação cristã e o ideal – o "objetivo a ser

[8] DOCUMENTOS DO CONCÍLIO ECUMÊNICO VATICANO II (1962-1965). *Gravissimum Educationis.* Declaração sobre a educação cristã. 3 ed. São Paulo: Paulus, 1997, n. 1, p. 324.

[9] AL 280.

[10] AL 284.

alcançado" (*Zielgebot*), "o desejável humano" ou "o significativo" – do amor conjugal, definido pelo Concílio Vaticano II como "comunidade de vida e de amor",[11] que o Papa Francisco – seguindo João Paulo II – também chama de "caridade conjugal",[12] e discute extensivamente no quarto capítulo da *Amoris Laetitia*, que, para ele, é um capítulo-chave.[13] Com isso, ele pretende avançar e aprofundar a mudança de rota feita pelo Concílio Vaticano II.[14] A aliança conjugal é entendida como "amor integral", fundamentada no consentimento livre e informado – um "sim" qualificado –, na exclusividade e reciprocidade, na igualdade na diferença, na significatividade da intimidade sexual,[15] na fidelidade criativa como forma de "exclusividade indissolúvel",[16] na fecundidade generosa e paternidade responsável[17] e, por último, mas não menos importante, no reconhecimento e amparo social.[18]

Essa mudança não ocorreu sem resistência. Começou de forma clara e, ao mesmo tempo, hesitante, com Pio XI, o qual, no início de sua encíclica *Casti Connubii*, direcionou toda a atenção para as "castas núpcias",[19] qualificadas como "castidade conjugal".[20] Essa mudança recebeu sua orientação definitiva durante o Vaticano II, com a Constituição Pastoral *Gaudium et Spes*. Mesmo assim, o pensamento da Igreja após o Vaticano II permaneceu marcado por três recalcitrantes "minas submersas" do passado, ou seja, (1) pela ênfase excessiva no aspecto institucional

---

[11] DOCUMENTOS DO CONCÍLIO ECUMÊNICO VATICANO II (1962-1965). *Gaudium et Spes*. Constituição Pastoral sobre a Igreja no mundo de hoje. 3 ed. São Paulo: Paulus, 1997, n. 48, p. 596.

[12] AL 120. Francisco cita, aqui, *Familiaris Consortio*, n. 13.

[13] AL 89-164.

[14] AL 67.

[15] AL 142-152.

[16] AL 123.

[17] AL 167, 222.

[18] AL 131, 294.

[19] PIO XI, Papa. *Casti Connubii*. Carta Encíclica sobre o matrimônio cristão, n. 43, 56, 101. In: DOCUMENTOS DE PIO XI (1922-1939). São Paulo: Paulus, 2004, p. 227; 233; 255, respectivamente. Daqui em diante = CC.

[20] CC 22, p. 217-218. Ver também: 23 (p. 218), 30 (p. 220-221), 37 (p. 225), 56 (p. 233), 61 (p. 235-236), 101 (p. 255), 106 (p. 257-258), 110 (p. 259), 123 (p. 266-267).

– com suas "leis externas e reivindicações objetivas" –, a despeito do que emerge do amor e até mesmo da própria instituição conjugal;[21] (2) pela ênfase excessiva na fertilidade como objetivo primário – instituído por Deus –, a ponto de o amor, entendido como "ajuda mútua", ser posto em segundo plano, como se fosse um "objetivo secundário";[22] (3) pela ênfase excessiva na dimensão "oblativa" do amor, também presente na *Casti Connubii*, pela qual o *agapè*, como sacrifício, impõe-se sobre a reciprocidade e a alegria do *eros*.[23]

O Papa Francisco dá sua própria tônica à caridade conjugal interpretando-a, em consonância com Tomás de Aquino, como "amor de amizade",[24] e até como a "amizade maior".[25] Por meio de um comentário acessível e envolvente sobre o *Hino ao Amor* de São Paulo (1Cor 13,4-7), o Papa delineia como tal amor pode assumir forma concreta na vida cotidiana: ele é paciente, põe-se a serviço, não é invejoso, não é arrogante, não é orgulhoso, é generoso, é amável, não é violento, sabe perdoar, alegra-se com os outros, tudo desculpa, é confiante, tudo espera, tudo suporta.[26] Esse comentário, que descreve as qualidades do amor verdadeiro, pode ser considerado como uma abordagem na perspectiva da ética das virtudes. Afinal de contas, ele descreve como certas qualidades se desenvolvem, por meio de comportamentos concretos, em atitudes permanentes, ou seja, em um "amor virtuoso". Referindo-se a Pio XI, Francisco afirma como esse amor, "que reúne em si a ternura da amizade e a paixão erótica, embora seja capaz de subsistir mesmo quando os sentimentos e a paixão enfraquecem",[27] permeia todos os aspectos da vida matrimonial. Ao relacioná-la à "teologia do corpo" de João Paulo II, Francisco descortina ao mesmo tempo o amor conjugal de amizade como uma "intimidade encarnada" que, na sua expressividade, opõe-se

---

[21] AL 131.

[22] AL 151, 167.

[23] AL 157.

[24] AL 125, 127, 133.

[25] AL 123.

[26] AL 90-119.

[27] AL 120, 215. Francisco cita, aqui, *Casti Connubii* 23.

a todas as formas de insaciabilidade, manipulação, subjugação e abuso.[28] É esse tipo de amor que constitui a alma da prioridade que a tradição cristã dá ao matrimônio como fundamento da família. Além disso, essa "amizade excepcional" é elevada a sacramento, ou seja, a um sinal do amor de Deus pela humanidade e do amor de Cristo por sua Igreja.[29] É exatamente esse "amor, devidamente e integralmente compreendido", que se impõe como uma barreira contra aquilo que o Papa chama de "cultura do provisório".[30] Nessa cultura, tanto o medo do compromisso duradouro quanto o medo do fracasso são disfarçados e escondidos[31] e, portanto, bloqueiam um virtuoso e constante processo de crescimento.[32] Isso leva ao vício da gratificação rápida: "Quando as crianças ou os adolescentes não são educados para aceitar que algumas coisas devem esperar, tornam-se prepotentes, submetem tudo à satisfação das suas necessidades imediatas e crescem com o vício do 'tudo e imediatamente'".[33]

Uma importante implicação ética dessa abordagem não está mais na centralidade dos atos isolados nem no fato de serem ou não "permitidos", mas na "forma de vida" de aliança de amor da qual tais atos adquirem seu significado. A abordagem papal possibilita transcender uma ética deontológica em favor de uma ética das virtudes, ou seja, uma ética que coloca toda a ênfase nas disposições da vontade e do coração, dirigidas ao "objetivo" e à realização da aliança de amor de amizade, ao interno da qual os atos e os comportamentos isolados não são mais – nem menos – do que "meios para alcançar o objetivo". Em sua Exortação Apostólica, o Papa Francisco salienta como é importante continuar buscando o ideal da visão cristã sobre o "amor integral" do matrimônio que apenas esboçamos, não como um jugo, mas como um dom,[34] sublime e alcançável: "A tibieza, qualquer forma de relativismo ou um excessivo respeito na hora de propor

[28] AL 153-156.

[29] AL 71-75.

[30] AL 39.

[31] AL 41.

[32] AL 124.

[33] AL 275.

[34] AL 62.

o sacramento seriam uma falta de fidelidade ao Evangelho e também uma falta de amor da Igreja pelos próprios jovens. A compreensão pelas situações excepcionais não implica jamais esconder a luz do ideal mais pleno, nem propor menos de quanto Jesus oferece ao ser humano. Hoje, mais importante do que uma pastoral dos fracassados é o esforço pastoral para consolidar os matrimônios e assim evitar as rupturas".[35] Uma educação sexual relacional inspirada nos valores cristãos é desafiada a apresentar a vocação da aliança de amor de amizade em termos acessíveis, de modo que seu valor e sua beleza não sejam obscurecidos por uma linguagem muito doutrinal e dedutiva. O Papa Francisco reconhece que a Igreja – e as instituições católicas de ensino – têm "dificuldade em apresentar o matrimônio mais como um caminho dinâmico de crescimento e realização do que como um fardo a carregar a vida inteira".[36] Precisamos, portanto, de uma dose saudável de autocrítica: "Muitas vezes apresentamos de tal maneira o matrimônio que o seu fim unitivo, o convite a crescer no amor e o ideal de ajuda mútua ficaram ofuscados por uma ênfase quase exclusiva no dever da procriação. Também não fizemos um bom acompanhamento dos jovens casais nos seus primeiros anos, com propostas adaptadas aos seus horários, às suas linguagens, às suas preocupações mais concretas. Outras vezes, apresentamos um ideal teológico do matrimônio demasiado abstrato, construído quase artificialmente, distante da situação concreta e das possibilidades efetivas das famílias tais como são. Esta excessiva idealização, sobretudo quando não despertamos a confiança na graça, não fez com que o matrimônio fosse mais desejável e atraente; muito pelo contrário".[37] É especialmente necessária "uma linguagem nova e mais adequada [...] no momento de introduzir as crianças e os adolescentes ao tema sexualidade".[38] Em outras palavras, uma educação sexual de qualidade precisa da "estética da ética", isto é, servir-se de uma linguagem convidativa, amigável e comunicativa que forneça cor e beleza à argumentação. Tal expressão "estética" de uma educação

[35] AL 307.

[36] AL 37.

[37] AL 36.

[38] AL 281.

eticamente qualificada conecta reflexão e gosto numa unidade interativa para "mostrar e argumentar" o quão bonita e valiosa a aliança do amor de amizade pode ser, sem esquecer a sua imperfeição:[39] "o amor convive com a imperfeição".[40] Considerando que somos seres finitos e frágeis, temos de encontrar a justa medida entre o que desejamos ser e o que podemos fazer para sermos melhores do que somos.

Essa ideia de imperfeição essencial também implica um apelo ao crescimento, tanto pessoal quanto relacional. O Papa Francisco fala extensivamente de "crescer no amor", seja na preparação seja na vivência do matrimônio e da vida familiar.[41] Ele também sugere todos os tipos de "práticas", pois é precisamente através delas que os gestos do amor de amizade se transformam em virtudes e hábitos. Ele se refere, especificamente, a uma série de recursos úteis para o casal, por exemplo: realizar alguns rituais diários, tirar algum tempo – tempo de qualidade" – para celebrar determinados momentos, como o aniversário de casamento –, participar de um retiro, fazer uma peregrinação ou uma viagem e muito mais.[42] Uma indispensável "ferramenta de crescimento" é o diálogo contínuo.[43] Isso é especialmente verdade nos períodos inevitáveis de dificuldades. As crises não são apenas um desafio, mas também uma oportunidade,[44] desde que não sejam transformadas em meios de autodefesa ou negação da realidade,[45] em fechamento, em "silêncio mesquinho e enganador"[46] ou em altruísmo autossacrificante. Elas devem constituir o ponto de partida para um diálogo honesto e construtivo, que inclua a negociação, não demonize o outro e não minimalize o problema. Para isso, a ajuda de um "terceiro" às vezes pode ser necessária, tanto de um experiente conselheiro espiritual ou terapeuta quanto de "casais experientes e formados".[47]

---

[39] AL 135.

[40] AL 113.

[41] AL 217-221.

[42] AL 223-230.

[43] AL 136-147.

[44] AL 232.

[45] AL 233.

[46] AL 234.

[47] AL 232.

Por último, mas não menos importante, essa visão sobre o "crescimento do amor de amizade" implica que uma educação sexual relacional inspirada nos valores cristãos tem que "ajudar" e "estimular" - literalmente, "provocar" - os jovens e as crianças a desenvolver a socialização e o companheirismo grupal e, de modo especial, a arte da amizade como uma "escola de amor". "A amizade é o ápice da maturidade afetiva e se diferencia da simples camaradagem pela sua dimensão interior, por uma comunicação que permite e favorece a verdadeira comunhão, pela recíproca generosidade e estabilidade. A educação para a amizade pode tornar-se um fator de extraordinária importância para a construção da personalidade na sua dimensão individual e social. Os vínculos de amizade que unem os jovens dos diferentes sexos contribuem para a compreensão e a estima recíproca, quando eles se conservam nos limites de normais expressões afetivas".[48] A prática do companheirismo, da camaradagem e da amizade prepara para o "singular amor de amizade" como amor virtuoso.

2. Uma abordagem de crescimento para os jovens "a caminho"

A atenção à imperfeição e ao crescimento na aliança do amor de amizade também nos convida a refletir sobre situações particulares de fragilidade ou imperfeição,[49] e sobre o desenvolvimento de uma "lógica da misericórdia"[50] para pessoas em "amor ferido e extraviado".[51] Considerando a prioridade dada ao matrimônio - como fundamento para a família –, não surpreende que a Exortação papal preste atenção às formas de relacionamento "mais próximas" do matrimônio, chamadas de "situações irregulares",[52] expressão que soa bastante pejorativa aos ouvidos contemporâneos. A Exortação assim as sintetiza: matrimônio

[48] CONGREGAÇÃO PARA A EDUCAÇÃO CATÓLICA. *Orientações educativas sobre o amor humano. Linhas gerais para uma educação sexual.* São Paulo: Salesiana Dom Bosco, 1984, n. 92-93.

[49] AL 296.

[50] AL 307-312.

[51] AL 291.

[52] AL 296-300.

apenas civil, simples convivência, novo casamento após o divórcio.[53] Como nossa abordagem pretende ser educativa, focaremos as práticas sexuais e relacionais dos adolescentes e os desafios referentes à orientação, priorizando o caminho da misericórdia no processo de acompanhamento, discernimento e integração educativa e pastoral – título do Capítulo VIII da *Amoris Laetitia*: "Quero lembrar aqui uma coisa que pretendi propor, com clareza, a toda a Igreja para não nos equivocarmos no caminho: 'Duas lógicas percorrem toda a história da Igreja: marginalizar e reintegrar. [...] O caminho da Igreja, desde o Concílio de Jerusalém em diante, é sempre o de Jesus: o caminho da misericórdia e da reintegração. [...] O caminho da Igreja é o de não condenar eternamente ninguém; derramar a misericórdia de Deus sobre todas as pessoas que a pedem com coração sincero [...]. Porque a caridade verdadeira é sempre imerecida, incondicional e gratuita'".[54] Consequentemente, há a necessidade de "evitar juízos que não levam em consideração a complexidade das diversas situações e é necessário prestar atenção ao modo como as pessoas vivem e sofrem por causa da sua condição".[55] Essa abordagem misericordiosa expressa e realiza a ideia de "pedagogia divina", sugerida pelos dois Sínodos sobre a Família (2014-2015) e integrada pelo Papa Francisco na *Amoris Laetitia*:[56] "Na perspectiva da pedagogia divina, a Igreja dirige-se com amor a quantos participam na vida dela de modo imperfeito: invoca com eles a graça da conversão, encoraja-os a realizar o bem, a cuidar com amor um do outro e pôr-se a serviço da comunidade na qual vivem e trabalham".[57]

2.1 Lei da gradualidade

O Papa Francisco insiste – e com razão – numa abordagem de crescimento. Ele está muito ciente de que todos os tipos de motivo entram em

[53] AL 53, 78, 293-294.

[54] AL 296. Francisco cita, aqui, a homilia proferida na Eucaristia celebrada com os novos Cardeais (15.02.2015).

[55] AL 296. Francisco cita, aqui, a *Relatio Finalis* 2015, n. 51.

[56] AL 297.

[57] AL 78.

jogo na opção pelas relações pré-matrimoniais, pela mera coabitação ou pelo simples casamento civil. Às vezes, a resistência contra a instituição do matrimônio e contra todas as formas de institucionalização da relação desempenha um papel importante. Não raras vezes, essa resistência é baseada em razões bastante práticas, como no fato de a cerimônia de casamento, na sua totalidade, ficar muito cara. É importante não confundir todos esses elementos. Por isso, Francisco retoma a reflexão sobre a "lei da gradualidade" feita por João Paulo II na *Familiaris Consortio*:[58] trata-se de "um contínuo caminhar", de um "caminho gradual"[59] ao qual os casais são chamados para se realizar sempre mais na sua vocação relacional e familiar.

O conceito de gradualidade baseia-se na convicção de que a pessoa humana é um ser histórico: "O homem, chamado a viver responsavelmente o plano sapiente e amoroso de Deus, é um ser histórico, que se constrói, dia a dia, com numerosas decisões livres: por isso, ele conhece, ama e cumpre o bem moral segundo etapas de crescimento".[60] Desde o início da *Familiaris Consortio,* afirma-se uma visão dinâmica sobre o crescimento, como no parágrafo "Gradualidade e Conversão": "É pedida uma conversão contínua, permanente, que embora exigindo o afastamento interior de todo o mal e a adesão ao bem na sua plenitude, se atua concretamente em passos que conduzem sempre para além dela. Desenvolve-se assim um processo dinâmico, que avança gradualmente com a progressiva integração dos dons de Deus e das exigências do seu amor definitivo e absoluto em toda a vida pessoal e social do homem. É, por isso, necessário um caminho pedagógico de crescimento, a fim de que os fiéis, as famílias e os povos, antes, a própria civilização, daquilo que já receberam do Mistério de Cristo possam ser conduzidos pacientemente mais além, atingindo um conhecimento mais rico e uma integração mais plena deste mistério na sua vida".[61]

---

[58] JOÃO PAULO II, Papa. *Familiaris Consortio.* Exortação Apostólica sobre a missão da família cristã no mundo de hoje. 15 ed. São Paulo: Paulinas, 2001. Daqui em diante = FC.

[59] FC 34, § 4 e AL 295.

[60] FC 34, § 3.

[61] FC 9, § 2.

Essa abordagem reconhece e afirma as intuições agora bem conhecidas das ciências humanas que nos ajudam a entender dinamicamente a pessoa. Ao aplicar o conceito de "dinamismo" à pessoa humana, as noções de tempo existencial e narratividade são também aplicadas a ela. Podemos chamar isso de "parâmetro do tempo", ou melhor, "parâmetro da temporalidade": não se trata de tempo objetivo e de tempo prático, mas da percepção pessoal e existencial do tempo (cf. Bergson, Heidegger). No passado de uma pessoa, encontramos elementos que devem ser entendidos não apenas como fatores condicionantes – que podem possivelmente limitar a sua liberdade e responsabilidade –, mas também como potencialidades e desafios. Uma pessoa sempre tem algo a dizer sobre o que já aconteceu, sobre as experiências que caracterizam o seu presente e também o seu futuro. Algumas dessas experiências são facilmente narráveis, outras desapareceram no passado, embora permaneçam adormecidas. Elas retornam por meio de certos eventos e temos de lidar com elas. Ao recordar e narrar essas experiências anteriores, expressamos quem somos e descobrimos significados que são importantes também para o futuro. Isso encontra um eco na ideia de Paul Ricoeur de identidade narrativa dinâmica. Precisamos integrar novos eventos em nossa história de vida, visto que eles também criam novos significados e "estímulos" para o futuro. O futuro não apenas resulta do passado, como também está ativo no presente como novas possibilidades, sonhos, planos, desejos, esperanças *e* medos – que incitam escolhas e compromissos. Nesse "planejamento", a responsabilidade desempenha um papel importante, no sentido de que minha existência deve ser assumida como um projeto, tanto como fonte quanto como finalidade de compreensão. A responsabilidade é uma forma de liberdade que se legitima, ou melhor, que só pode se autenticar no e ao longo do tempo. Eu sou o que sou *e* eu ainda não sou o que sou e posso ser. Consequentemente, a ideia de "tentativa e erro" está essencialmente ligada à temporalidade do projeto de vida. O desdobramento do próprio projeto de sentido – em relação a si mesmo, aos outros, à sociedade e, possivelmente, ao Transcendente – é um processo de crescimento por meio de todas as vicissitudes da vida. A transformação da pessoa, via de regra, não se dá em linha reta, mas de acordo com diferentes passos e fases que não sucedem harmoniosamente. Bloqueios, recaídas e mudanças são possíveis, com todas as sobreposições, tensões, inibições e obstáculos que os acompanham. Às vezes, as medidas tomadas são prematuras ou parciais e promovem um desenvolvimento unilateral da pessoa. Outras vezes, tornam o verdadeiro progresso e o florescimento humano possíveis.

No entanto, com base na radicalidade do Evangelho, a introdução de uma gradualidade na "lei" está fora de questão:[62] "A chamada "lei da gradualidade" ou caminho gradual não pode identificar-se com "gradualidade da lei", como se houvesse vários graus e várias formas de preceito na lei divina para homens em situações diversas".[63] Sem dúvida, João Paulo II quer evitar que a ideia de gradualidade e crescimento acabe no relativismo e laxismo ético ou num situacionismo subjetivista. Embora seja admissível que as pessoas, condicionadas por circunstâncias concretas no tempo e no espaço e por contextos pessoais, sociais e culturais, nem sempre conseguem efetivamente realizar a norma moral, como consequência de suas condições internas – pessoais – ou externas – contextuais –, elas, no entanto, devem enfrentar a tarefa de lutar pelo menos pela realização da lei ou do "bem moral". Isso significa que o objetivo a ser alcançado é e continua sendo a aliança do amor de amizade integral como a alma do matrimônio. Mas a lógica da misericórdia não perde de vista o caminho da gradualidade que as pessoas percorrem, confrontadas como são por dificuldades e fragilidades, tanto pessoais quanto familiares, sociais e culturais. Enquanto isso, as ciências sociais nos tornaram suficientemente familiarizados com os processos psicodinâmicos e socioculturais – nem sempre igualmente retilíneos – que condicionam o crescimento das pessoas, inclusive, e em particular, quanto às relações. O caminho do amor é sempre uma história, às vezes com momentos dramáticos e pontos críticos, passando por decisões difíceis que têm implicações para o futuro e, portanto, requerem tempo.[64]

---

[62] AL 295, 300.

[63] FC 34, § 4. João Paulo II cita, aqui, a homilia para a conclusão do VI Sínodo dos Bispos (25.10.1980).

[64] AL 296.

Na perspectiva de crescimento proposta por Francisco, duas coisas se unem: as "circunstâncias atenuantes" e as "sementes do crescimento". Desde a Exortação Apostólica *Evangelii Gaudium* ficou claro que o Papa vincula a ideia de crescimento com os fatores e as circunstâncias atenuantes ou com o conceito de "desculpabilização", que toma emprestado do Catecismo da Igreja Católica: "A imputabilidade e responsabilidade de um ato podem ser diminuídas, e até anuladas, pela ignorância, a inadvertência, a violência, o medo, os hábitos, as afeições desordenadas e outros fatores psíquicos ou sociais".[65] Existem fatores psicológicos, sociais e culturais que limitam as capacidades de tomada de decisão, temporária ou permanentemente, dependendo do período de vida ou da estrutura de personalidade da pessoa em questão.[66] Segundo Francisco, não se deveria mais falar de culpa e pecado sem referimento à graça: "Por causa dos condicionalismos ou dos fatores atenuantes, é possível que uma pessoa, no meio de uma situação objetiva do pecado – mas subjetivamente não seja culpável ou não o seja plenamente –, possa viver em graça de Deus, possa amar e possa também crescer na vida da graça e de caridade, recebendo, para isso, a ajuda da Igreja".[67]

Por causa da confiança no crescimento, um discernimento educativo não pode se limitar a considerar apenas as circunstâncias atenuantes ou a "desculpabilização". Trata-se de um conceito muito negativo – que considera, sobretudo, a falta de capacidade de liberdade e responsabilidade –, segundo o qual atos éticos qualitativos também retrocedem ou mesmo desaparecem. Para além disso, uma ética de crescimento começa por buscar potencialidades no sujeito frágil, ou seja, "sementes de crescimento" na personalidade e na história de vida da pessoa, em decorrência da crença tenaz de que essas sementes – apesar de todas as imperfeições e defeitos – estão de fato presentes e, portanto, podem – e devem – ser

[65] FRANCISCO, Papa. *Evangelii Gaudium.* Exortação Apostólica sobre o anúncio do Evangelho no mundo atual. São Paulo: Paulus/Loyola, 2013, n. 44. Francisco cita, aqui, o *Catecismo da Igreja Católica,* n.1735. Na *Amoris Laetitia,* Francisco retoma o mesmo argumento (302).

[66] AL 301.

[67] AL 305.

exploradas. Em síntese, se as pessoas são consideradas apenas em relação à sua fragilidade, elas são rotuladas de "fracas" e "perdedoras", tendo a sensação de que só merecem "piedade". Esse é um tipo de misericórdia que elas não desejam, pois querem ser reconhecidas em sua dignidade. Elas também querem ser consideradas quanto à sua resiliência, convictas de que carregam dentro de si não apenas fraquezas, mas também forças.

2.2 Do "mal menor" (*minus malum*) ao "menos bom" (*minus bonum*)

Está certo e é necessário que o Papa peça atenção a um discernimento atento aos "elementos construtivos"[68] nas assim chamadas situações irregulares mencionadas anteriormente, justamente porque esses elementos oferecem tantos pontos de partida para o crescimento na direção do que é bom e significativo, no caso, a aliança do amor de amizade no matrimônio e na família.[69] Isso também se aplica ao comportamento sexual e às relações dos jovens, que se manifestam de muitas formas e também muito cedo nas sociedades liberais. Mesmo que esses comportamentos e relacionamentos de longe não correspondam ao "amor duradouro" que encarna e orienta a aliança do amor de amizade, a misericórdia nos inspira a discernir neles as sementes de crescimento. Tal discernimento educativo e pastoral foca não apenas o que é negativo e dificulta o crescimento, mas também os elementos positivos que o viabilizam. Daí a sugestão de conectar a ideia dos "elementos construtivos" com a ideia do "*minus bonum*", o bem menor – ou parcial, fragmentário, imperfeito, inacabado –, como já tive a ocasião de aprofundar em outros escritos.[70]

Esse conceito visa manter o ponto de equilíbrio por um lado, entre a "falta do bem" –implicando a ideia de "mal menor" ou "*minus malum*", ou seja, o dever de prevenir o máximo de mal possível – e, por outro lado, o "bem pleno" ou o muito bom (*vere bonum*). Em certas situações, em que o comportamento não corresponde à norma ou ao que é desejável e significativo, ou seja, a plenitude do amor de amizade, apela-se ao

[68] AL 292, 294.

[69] AL 78, 203, 293, 294, 297.

[70] Ver notas n. 4 e 5.

conceito do "mal menor" para garantir, em caso de "desvio ético", pelo menos um mínimo de humanidade, por exemplo, prevenir uma gravidez indesejada, uma infecção por HIV e outras infecções sexualmente transmissíveis. Podemos considerar isso como um "mínimo ético" que deriva de um senso de realidade e respeito à vida. Trata-se de levar em conta a realidade dos jovens tal como ela é e não como deveria ser, como ponto de partida para uma primeira – e às vezes seriamente – limitada humanização da situação, impedindo, naturalmente, as consequências inaceitáveis. Isso pode ser formulado como o imperativo ético do "sexo seguro". Qualquer que seja a visão que se possa ter sobre uma "sexualidade significativa", no sexo casual e nas relações sexuais prematuras dos jovens, as consequências negativas – "danos" – devem ser evitadas. É por isso que chamamos o "sexo seguro" de "sexo responsável". Com isso, enfatiza-se a responsabilidade, além se expressar apreço pela responsabilidade assumida – que também faz parte de uma ética realista de crescimento. Prevenir consequências negativas requer o cuidado e a responsabilidade de se informar não apenas sobre os efeitos negativos do comportamento, mas também sobre as formas de preveni-los. Isso também significa educar para a assertividade, ou seja, educar para a "arte de dizer não" quando não se quer fazer sexo ou para a "capacidade de dizer não" ao comportamento de risco quando se deseja envolver em contatos ou relações sexuais. Uma vez que o comportamento sexual é um evento físico, uma educação sexual honesta não pode ignorar o confronto com "implicações e efeitos tangíveis" – física, psicológica e socialmente – do comportamento sexual tanto para si mesmo quanto para a parceria e a sociedade. Reconhecendo que os jovens são muitas vezes frágeis e vulneráveis, e ainda não maduros e, portanto, ainda não – plenamente – capazes do discernimento e responsabilidade necessários, eles não devem ser deixados à própria sorte; eles merecem "assistência" e orientação.

Por mais necessária que essa "ética preventiva" possa ser, a ênfase no mínimo ético para se evitar consequências negativas não basta. Uma ética do crescimento tem de ir além do "sexo seguro".[71] Se nos concentrarmos

[71] AL 283.

principalmente ou mesmo exclusivamente na ponderação das consequências de um comportamento – sexual – específico, há uma chance real de acabarmos numa "ética do medo". Sem dúvida, pode ser um sinal de bom senso e senso de realidade levar em conta as consequências de certas ações de forma honesta. Mas o medo é e continua sendo uma motivação negativa, enquanto precisamos – num contexto de "educação para o amor"[72] – de uma motivação positiva e qualitativa e, inclusive, de um processo qualitativo de iniciação e aprendizagem. Uma educação sexual inspirada nos valores cristãos nunca pode ser reduzida a uma espécie de "ética de bombeiros" – se sua casa está queimando, você tem de apagar o fogo. Afinal de contas, não é suficiente que os jovens "evitem acidentes"; eles também precisam crescer na direção do que é mais significativo, isto é, da "perfeição dinâmica" da aliança do amor de amizade – e não apenas da perfeição.

É precisamente isso que se quer dizer com "ética de crescimento". Há, como já mencionamos, muitas situações em que as pessoas ainda não são capazes – e talvez nunca o serão – de alcançar o desejável amor duradouro, encarnado na aliança do amor de amizade. No trabalho educativo e pastoral, orientado para o desabrochar humano, não basta alcançar o mínimo ético do mal menor para que os resultados negativos mais graves sejam evitados. Pelo contrário, deve-se enfrentar o desafio de desenvolver perspectivas realistas de crescimento que sejam adequadas aos jovens, não apenas tendo presentes suas limitações, mas também suas possibilidades reais, ainda que reduzidas. Dessa forma, eles podem alcançar certa qualidade em algum determinado campo da vida. Essa perspectiva de crescimento explicita o significado de "bem menor": ele não é integralmente significativo, mas também não é o ponto mais baixo do mal menor. A qualidade possível move-se entre um "bem menor" que, às vezes, é um "bem menor" maior, na medida em que se aproxima mais do que é significativo e, às vezes, um "bem menor" menor, na medida em que se distancia do significativo ou duradouro amor de amizade. Tomando a imagem do copo, o "mal menor" pode ser considerado como o copo vazio, enquanto o

---

[72] AL 280.

copo cheio retrata o significativo, e o copo parcialmente preenchido, o bem menor, ou seja, parcialmente preenchido até o nível possível, condicionado pelas "circunstâncias" subjetivas e contextuais das pessoas. Ao falar do bem "menor" ou "parcial" ou "imperfeito", evitamos o laxismo relativizador ou o situacionismo que trata axiologicamente todos os comportamentos como iguais. Ao mesmo tempo, evitamos um mero rigorismo dedutivo que – sem misericórdia, ou seja, sem levar em conta as pessoas em seus contextos – impõe fardos éticos insuportáveis sobre os feridos e vulneráveis jovens que, sob tais fardos, correm o risco de "desabar". O "bem menor" implica uma perspectiva dinâmica que deve permanecer sempre aberta "para novas etapas de crescimento e novas decisões que permitam realizar o ideal de forma mais completa".[73]

2.3 O "bem menor" e as regras necessárias e limitantes

Como podemos concretamente assegurar que a ideia do "bem menor", apesar da sua nobre intenção educativa e pastoral, não acabe numa "gradualidade da lei", contra a qual não apenas João Paulo II mas também Francisco nos adverte?

Para esse propósito, gostaríamos de formular uma afirmação paradoxal: uma ética realista e, ao mesmo tempo, qualitativamente orientada para o crescimento precisa mais de regras limitadoras ou proibitivas formuladas negativamente do que de regras comportamentais positivamente formuladas que prescrevem normativamente certo modo de agir.

Encontramos um ponto de partida para isso na narrativa evangélica do jovem rico (Mt 19; Mc 10; Lc 18). Quando questionado sobre o que devia fazer "para ter a vida eterna" (Mt 19,16), Jesus, paradoxalmente, responde referindo-se a quatro das proibições da segunda tábua dos Dez Mandamentos: "Não cometerás homicídio, não cometerás adultério, não roubarás, não levantarás falso testemunho (Mt 19,18). No segundo capítulo da Encíclica sobre teologia moral "*Veritatis Splendor*", João Paulo II chama essas proibições de "condição básica para o amor ao próximo".[74]

---

[73] AL 303.

[74] JOÃO PAULO II, Papa. *Veritatis Splendor.* Carta Encíclica sobre algumas questões fundamentais do ensinamento moral da Igreja. São Paulo: Loyola, 1993, n. 13.

A natureza das proibições é que, como normas limitadoras, elas não nos dizem o que fazer, mas apenas advertem a não cruzar certas fronteiras. As proibições apontam para uma estrada sem saída, não para a estrada a ser percorrida. A proibição possui a "virtude do negativo".[75] Abster-se de um não-valor, ou seja, não cometer algum mal, não é em si nenhum mérito. Embora tal contenção já possa significar grande conquista e esforço responsável, ainda assim, todo o resto precisa ser feito. Mesmo aquele que não fez nada de errado também ainda tem de fazer o bem, e esse bom comportamento não é descrito ou prescrito pela proibição! Apesar da sua negatividade, a proibição cria mais espaço para a liberdade e a criatividade do que o mandamento – entendido, aqui, como a prescrição de um determinado comportamento. A proibição, isto é, uma norma comportamental formulada negativamente, abre o campo das possibilidades humanas porque ela, por si só, aponta para o limite daquilo que é humano.

As proibições simplesmente criam a moldura para o amor, sem ser o amor enquanto tal. Elas formam as margens que recebem a água da fonte de onde a água flui, tornando-se um rio graças à contenção da água corrente. Se o rio transbordar suas margens, ele pode causar grande dano e destruição, ou pode se degenerar num pântano no qual alguém afundaria. Se a água permanece dentro das margens, então o rio se curva ao longo da paisagem com suas colinas e vales, berços e vistas. Como margens que entrincheiram o rio, elas também dirigem ao longo do curso do rio, sem serem elas mesmas a fonte e a força do rio (do amor).

O que isso significa em termos concretos para as quatro normas comportamentais negativas da segunda tábua dos Dez Mandamentos, como os conhecemos em sua formulação tradicional? "Não matarás" indica como a violência, a chantagem, a manipulação, a tirania, a intimidação e o abuso de poder – "há tantas maneiras de esmagar o outro" (Levinas)[76] – são eticamente repreensíveis, não apenas na vida social,

---

[75] THÉVENOT, Xavier. *Souffrance, bonheur, éthique. Conférences spirituelles*. Mulhouse: Salvator, 1990, p. 77.

[76] ROBBINS, Jill (ed.).*"Is It Righteous to Be?" Interviews with Emmanuel Levinas*. Stanford, CA: Stanford University Press, 2001, p. 53.

mas também nas relações íntimas. A proibição não se aplica apenas às formas físicas, psicológicas, sexuais e relacionais de violência. É por isto que o movimento *#MeToo* tem lutado desde 2017: resistência emancipatória contra comportamentos sexualmente transgressores – intimidação sexual, agressão, abuso. O paradoxo da proibição de matar é que ele só nos diz o que não fazer, e não o que fazer, ou seja, respeitar a vida do outro. A proibição "Não mentirás" é contrária a dizer inverdades e mentir para as pessoas a fim de enganá-las. Em relação aos contatos sexuais e às relações íntimas, isso implica a rejeição a todas as formas de falsidade, inconfiabilidade e suspeita. Mas a proibição não diz como os parceiros devem se tratar um ao outro, com veracidade e honestidade! Isso também se aplica à proibição "Não roubarás". Não pode haver amor duradouro se os parceiros absorverem o que é "devido" ao outro – ou deixarem a própria alteridade ser "roubada". A proibição protege como "condição básica" a cultura da diferença – "meu e teu" –, que implica o reconhecimento do outro como outro, ainda que sejamos iguais. No entanto, a proibição não especifica como a diferença entre parceiros deve se configurar em expressões concretas.

E o que dizer sobre a única norma sexual explícita da segunda tábua dos Dez Mandamentos, "Não cometerás adultério"? O paradoxo é que a proibição apenas cria condições para a fidelidade sexual criativa proibindo o adultério. A proibição só diz o que não se deve fazer, mas não diz quais são os tipos de expressões eróticas e sexuais necessárias para alcançar uma união sexual leal e comprometida. Em que consiste a forma concreta de uma boa vida sexual e relacional como cultura de fidelidade, isso não é – felizmente – normativamente estipulado pela proibição.

A última proibição da segunda tábua dos Dez Mandamentos, como a encontramos no Antigo Testamento, não é mencionada por Jesus na narrativa do jovem rico: "Não cobiçarás [...] coisa alguma do que lhe pertença [ao teu próximo]" (Ex 20,17; Dt 5,21). Essa proibição é de natureza muito diferente das proibições anteriores. Ela não proíbe uma ação concreta, mas se relaciona com o desejo, a alma do nosso agir e amar. Sem negar o significado positivo do desejo, a proibição condena um desejo desenfreado e possessivo, ou seja, o desejo de reduzir o outro ao meu próprio interesse. A proibição cria condições para um "desejo civilizado", sem, no entanto, prescrever as expressões de tal desejo civilizado. A esse respeito, ela permanece uma interdição, proibindo o negativo sem determinar e prescrever o positivo. O questionamento sobre o desejo possessivo apenas afirma que o outro seja reconhecido como outro, mas não determina como esse reconhecimento deve ser feito concretamente.

O que as proibições – comportamentais – têm a ver com "*minus bonum*", o "bem menor"? Uma vez que não prescrevem ações concretas, mas apenas indicam regras de delimitação como condições para as relações humanas, elas podem ser amplamente e até universalmente aplicáveis. Aplicam-se não apenas à aliança do amor de amizade no matrimônio e na família, mas também a todas as assim chamadas relações "irregulares" ou "divergentes", não apenas heterossexuais, mas também homossexuais, não apenas conjugais, mas também pré-pós-e-não-conjugais, tanto dos jovens como dos adultos. Isso não diz respeito apenas ao "comportamento divergente", mas também ao "comportamento heterodoxo", ou seja, ao agir que se baseia numa "visão divergente". Os assim chamados comportamentos "irregulares" podem ser expressões de escolha e convicção pessoal. As pessoas podem estar convencidas de que seu comportamento é eticamente responsável e até desejável, mesmo que não atenda ao "padrão ético eclesial" da aliança do amor de amizade heterossexual no matrimônio. Portanto, é mais correto rotular essas formas de amar como "comportamentos heterodoxos", na medida em que não apenas "divergem" da visão da Igreja, mas também expressam "convicções vividas" que motivam comportamentos divergentes. Os jovens também podem estar convencidos de que seu comportamento sexual e relacional é permitido, mesmo que não haja garantia alguma de que seu julgamento e discernimento tenham sido suficientemente desenvolvidos e amadurecidos. Em todos os casos de comportamento divergente e heterodoxo, aplicam-se as regras limitantes da segunda tábua dos Dez Mandamentos. Tais normas criam as condições para o crescimento, o que faz com que o comportamento sexual e/ou relacional ainda não duradouro possa, mesmo assim, tornar-se um "*minus bonum*" que não estagna em si mesmo, mas se torna um processo de aprendizagem ou mesmo de evolução na direção de um "duradouro amor de amizade", que encarna ou espelha a aliança de amor matrimonial. Isso significa, em outras palavras, que as proibições da segunda tábua dos Dez Mandamentos abrem espaço para uma "ética sexual e relacional consistente" para todas as relações amorosas.

Essa ética de crescimento sexual e relacional consistente não deve de forma alguma levar à equiparação axiológica – ou nivelação – de todas as formas de vida sexual e relacional com a aliança conjugal, como afirma o próprio Papa Francisco: "Devemos reconhecer a grande variedade de situações familiares que podem fornecer certa regra de vida, mas as uniões de fato ou entre pessoas do mesmo sexo, por exemplo, não podem ser simplesmente equiparadas ao matrimônio. Nenhuma união precária ou fechada à transmissão da vida garante o futuro da sociedade".[77]

Mas, não obstante esse reconhecimento da diferença, uma ética cristã de crescimento que queira ser educativa e pastoral deverá enfrentar o desafio de desenvolver diretrizes não apenas para aqueles que assumem a vocação do amor integral de amizade na aliança conjugal, mas igualmente para aqueles que, intencionalmente inspirados por sua convicção pessoal – mesmo se "heterodoxa" –, entram numa forma diferente de relação sexual ou de vínculo, e até mesmo para aqueles que entram em relações temporárias ou experimentais quanto à intimidade sexual – como acontece entre os jovens, embora a maioria deles anseie por "amor eterno". Surpreendentemente, é o texto antigo do Decálogo, ou seja, a segunda tábua citada por Jesus ao jovem rico como "caminho para a vida", que nos inspira a extrair o novo do antigo (Mt 13,52).

2.4 Das proibições ao amor virtuoso e a "estética da ética"

O crescimento só é possível se fizermos a transição das proibições para as virtudes. O curioso, o paradoxal, no entanto, é que a própria proibição ética torna essa transição possível. As proibições não excluem uma ética positiva. Descobrimos isso tentando articular as proibições de forma positiva. Essa tentativa nos leva a uma conclusão notável: há uma

[77] AL 52.

mudança de um comportamento para uma norma atitudinal ou disposicional - como já apareceu acima no esboço das proibições individuais. Se tentarmos interpretar positivamente uma proibição que soa negativa, não chegaremos a uma ação ou comportamento, mas a uma atitude ou disposição. Trata-se de uma qualidade dos seres humanos que agem eticamente - uma qualidade também chamada de "virtude", em oposição ao "vício". Essa qualidade ética geralmente se expressa em uma "norma disposicional", ou seja, uma norma ética que prescreve uma atitude ou "valor" básico, como amor, ternura, justiça, honestidade, fidelidade, sem determinar o conteúdo do próprio comportamento.[78]

As normas disposicionais - atitudinais - não dizem o que fazer; elas não especificam como devemos agir, mas apenas como devemos ser enquanto pessoas eticamente qualificadas. Isso é próprio da "ética das virtudes", que não se refere primariamente ao comportamento, mas à "personalidade moral" ou ao "caráter moral" da pessoa como fonte de um determinado "estilo de vida" ético e de "sensibilidades" éticas específicas, que podem - e devem - ser desenvolvidas em qualidades permanentes ou "virtudes morais".[79] É tarefa do ser humano, ou melhor, faz parte da criatividade ética da pessoa descobrir - através do "discernimento" (*phronèsis*) - como as atitudes e as sensibilidades básicas ou as "virtudes" podem se transformar em formas concretas de comportamento.[80] É somente através desse "sábio" comportamento concreto que elas se tornam virtudes morais reais e eficazes que, por sua vez, motivam e inspiram um novo comportamento qualitativo: realizar-se numa interminável dinâmica de crescimento.

Ilustremos isso por meio das quatro normas ou proibições comportamentais - negativas - citadas da segunda tábua dos Dez Mandamentos. Se tentarmos formular a proibição comportamental "não matar"

---

[78] JANSSENS, Louis. Norms and Priorities in a Love Ethics. *Louvain Studies* 6/3 (1977): 207-238.

[79] MACINTYRE, Alasdair. *Depois da Virtude. Um estudo em teoria moral.* Bauru: EDUSC, 2001; SPOHN, William C. The Return of Virtue Ethics. *Theological Studies* 53/1 (1992): 60-75; KEENAN, James F. Virtue Ethics and Sexual Ethics. *Louvain Studies* 30/3 (2005): 180-197 (Capítulo 1 deste livro, p. 13-37).

[80] AL 151.

positivamente, não chegaremos a uma norma positiva de conduta, mas à qualidade do "respeito à vida", respeito e reconhecimento da outra pessoa na sua dignidade, no cuidado com as pessoas, na prática da ternura. São todos "valores" que "orientam" não tanto ações, mas "modos de ser", não apenas em nível social, mas também pessoal. Isso também se aplica à proibição de "mentir" (ou "não levantar falso testemunho"). Se interpretada de forma positiva, chegamos à atitude básica de "honestidade" e "sinceridade" – uma "virtude" que deve resultar em ações concretas sem que sejam prescritas. O mesmo pode ser dito a respeito do "*não* roubar", que expressa positivamente o respeito pela propriedade, tanto própria quanto alheia, não apenas em nível material, mas também relacional. Não roubar significa, portanto, reconhecer e promover a individualidade e a diferença de cada pessoa, particularmente no amor de amizade. Trata-se, mais uma vez, de uma atitude básica que não diz como realizar o reconhecimento da diferença em ações e expressões concretas. Para isso precisamos da virtude do "discernimento" (*phronèsis – prudentia*). A mesma dinâmica paradoxal entre o exterior e o interior aplica-se à proibição de "cometer adultério". A interpretação positiva de uma proibição formulada negativamente apela à opção fundamental e à atitude de exclusividade e fidelidade – sexuais – duradouras, sem determinar como essa fidelidade exclusiva pode ser assumida como "fidelidade criativa". Mais uma vez, descobrimos como o lado interior positivo, ou a "alma" do comportamento proibido, por sua vez, não é um comportamento, mas uma qualidade ou virtude, a saber, a virtude do amor, que é realizada pela pessoa com todo o seu ser: "de todo o teu coração e toda a tua alma, com toda a tua força e com todo o teu entendimento" (Lc 10,26).

Embora as pessoas sejam eticamente desafiadas a moldar criativamente as normas disposicionais e as virtudes correspondentes que expressam o amor na sua diversidade, elas não devem ser deixadas à própria sorte – sob o fardo da sua liberdade solitária. Isso é especialmente verdade para os jovens, pois eles anseiam por crescer na direção de um "amor integral" como a aliança do amor de amizade. Por isso, focamos a "estética da ética". Os jovens não precisam de normas comportamentais que ditem como devem agir de forma amorosa. Pelo contrário, eles precisam de exemplos sugestivos, modelos inspiradores, testemunhos e experiências qualitativas, pessoas que "mostram" de forma atraente como isso pode ser feito, sem que seja imposto normativamente e, portanto, sem moralizar. Como sabiamente diz o ditado popular: "exemplos falam mais alto do que palavras". Ou, parafraseando Max Scheler, "não há nada neste mundo que, ao mesmo tempo, original, imediata e necessariamente traga as pessoas a si a fim de que se tornem boas do que a contemplação clara e adequada de outra boa pessoa na sua bondade".[81] O modo como as pessoas encarnam em ação concreta as normas disposicionais de reconhecimento e cuidado, honestidade e sinceridade, respeito a si próprio e à alteridade do outro, lealdade e fidelidade fala mais do desejo e da imaginação do que da obrigação de agir de uma maneira particular. Então o bem aparece como algo belo, a ponto de nos interpelar e atrair.

Isso nos leva à ideia de "comunidade de participação" ética, também chamada de "comunidade moral".[82] O processo de iniciação e aprendizagem ética não passa principalmente pela discursividade e argumentação, embora essas sejam certamente úteis e necessárias para formar uma consciência ética empoderada e crítica. Como membros de famílias, grupos e comunidades de todos os tipos, os jovens participam da vida ética que faz parte dessas comunidades como uma forma de "costume" ou "tradição". Os jovens – como todos nós – são seres dialógicos, sociais e intergeracionais, que aprendem uns com os outros e desenvolvem sensibilidades éticas e – por meio de tentativas e erros – aprendem a perceber o que é eticamente bom e certo e, na perspectiva aqui abordada, o significado de um amor íntimo e duradouro. Os jovens dependem de seus "antecessores" para serem capazes de crescer em direção à sensibilidade moral, à verdade e à práxis.

Vale recordar o que o Papa Francisco diz na *Amoris Laetitia* sobre a educação da virtude moral para o amor na família: "É preciso maturar hábitos. Os próprios hábitos adquiridos em criança têm uma função

---

[81] SCHELER, Max. *Der Formalismus in der Ethik und die materiale Wertethik [1913-1916]*. 5th ed. Bern/München: Kösel Verlag, 1965, p. 560.

[82] VAN GERWEN, Jef. *Niet uit eigen macht: De Kerk als morele gemeenschap.* Tielt: Lannoo, 1987.

positiva, ajudando a traduzir em comportamentos externos sadios e estáveis os grandes valores interiorizados. Uma pessoa pode possuir sentimentos sociáveis e uma boa disposição para com os outros, mas, se não foi habituada durante muito tempo, por insistência dos adultos, a dizer "por favor", "com licença", "obrigado", a tal boa disposição interior [a virtude] não se traduzirá facilmente nestas expressões. O fortalecimento da vontade e a repetição de determinadas ações constroem a conduta moral; mas, sem a repetição consciente, livre e elogiada de determinados comportamentos bons, nunca se chega a educar tal conduta. As motivações ou a atração que sentimos por um determinado valor, não se tornam uma virtude sem estes atos adequadamente motivados".[83] Assim, "palavras", proferidas no momento certo e da maneira certa, tornam-se "obras" ou, mais ainda, atos virtuosos ou hábitos éticos. Ninguém se torna eticamente sensível e ativo, nenhum jovem se torna "competente" no amor duradouro de amizade sem ter participado, quando criança e adolescente, do esforço que outros fazem para amar do modo mais ético possível.[84] Quem não pode "compartilhar" valores, modos de comportamento e vida – e isso no duplo sentido de "coexperiência" e "coconstrução" –, nunca poderá adquirir sensibilidade e gosto para o que é uma vida amorosa significativa, no que se refere tanto à alegria quanto ao sofrimento que dela fazem parte.

Esse processo de aprendizagem ética participativa é apoiado pelas narrativas e testemunhos, partilhas e discussões na comunidade de vida e aprendizagem, o que significa que a comunidade de participação ética

---

[83] AL 266. Sobre as três palavras-chave, ver também: AL 133.

[84] "A complexa realidade social e os desafios que a família é chamada a enfrentar atualmente exigem um empenhamento maior de toda a comunidade cristã na preparação dos noivos para o matrimônio. É necessário lembrar a importância das virtudes. Dentre elas, resulta ser condição preciosa para o crescimento genuíno do amor interpessoal a castidade. A respeito desta necessidade, os Padres sinodais foram concordes em sublinhar a exigência de um maior envolvimento de toda a comunidade, privilegiando o testemunho das próprias famílias, e a exigência ainda de uma radicação da preparação para o matrimônio no caminho da iniciação cristã, sublinhando o nexo do matrimônio com o batismo e outros sacramentos. Da mesma forma, evidenciou-se a necessidade de programas específicos de preparação próxima para o matrimônio que sejam verdadeira experiência de participação na vida eclesial e aprofundem os vários aspectos da vida familiar". AL 206. Francisco cita, aqui, a *Relatio Synodi*, n. 39.

também é uma "comunidade narrativa".[85] Uma comunidade ética narrativa é uma comunidade em que não só as pessoas podem contar sua história, mas as histórias "fundacionais" - que preservam a sabedoria experiencial das gerações anteriores - são também recontadas e celebradas com sinais, modalidades e rituais simbólicos. "A educação moral é cultivar a liberdade através de propostas, motivações, aplicações práticas, estímulos, prêmios, exemplos, modelos, símbolos, reflexões, exortações, revisões do modo de agir e diálogos que ajudem as pessoas a desenvolver aqueles princípios interiores estáveis que movem a praticar espontaneamente o bem. A virtude é uma convicção que se transformou em um princípio interior e estável do agir".[86] Apenas a vida ética compartilhada é real e capaz de tornar-se frutífera! É justamente graças à vida comunitária ancorada no espaço e no tempo que a estética da ética se revela e acontece. A comunidade ética de participação - que também é uma comunidade narrativa e discursiva - permite que as pessoas - particularmente as que estão crescendo - descubram e "provem" como o bom e o belo estão intimamente conectados. Desse modo, elas também são colocadas no caminho do bom e do verdadeiro: "*bonum, pulchrum et verum convertuntur*", "o bom, o belo e o verdadeiro convergem".

Considerações finais: vida virtuosa como efeito colateral do crescimento no amor

Nossa busca pelos passos de desenvolvimento de uma ética de crescimento sexual e relacional para os jovens a caminho não só nos levou às ideias de "*minus bonum*" e discernimento como sabedoria prática para buscar aquilo que é possível, mas também às regras limitantes ou proibições da segunda tábua dos Dez Mandamentos como alavancas para "crescer no amor".[87] É paradoxal como o negativo dessas proibições abre as portas para uma positiva ética das virtudes, a saber, para um amor virtuoso, que se esforça para chegar a um amor de amizade duradoura,

[85] HAUERWAS, Stanley. *Vision and Virtue. Essays in Christian Ethical Reflection.* Notre Dame, IN: Notre Dame University Press, 1974.

[86] AL 267.

[87] AL 29, 36, 47, 207, 208.

que tem, na aliança conjugal – fundamento da família – sua expressão mais singular.

Na tradicional ética das virtudes, a "*eudaimonia*", ou seja, o florescimento e o bem-estar da pessoa virtuosa, recebe atenção central. A partir da interpretação relacional da ética das virtudes, como emergiu neste ensaio, gostaríamos de acrescentar um comentário crítico. Ao focar a "felicidade" da pessoa virtuosa, a ética das virtudes parece desvelar uma dinâmica egocêntrica, cujo objetivo é apenas o florescimento da pessoa. Contudo, no amor, algo "diferente" acontece, no sentido de que não o eu, mas o amor, a saber, o amor pelo outro e com o outro, ocupa o centro. No amor, toda a atenção vai para a relação com o outro, e não para o próprio bem-estar. Porque quero que o outro seja feliz, desenvolvo todos os tipos de qualidades e formas de amar. Que eu fique feliz com o resultado e me torne uma pessoa virtuosa é "um bônus agradável", mas não é a minha preocupação principal. O amor de amizade – como o descrevemos no início desta reflexão, isto é, como um "objetivo significativo e desejável" a ser alcançado – preocupa-se com o reconhecimento e a apreciação do outro, simplesmente por amor, tão lindamente descrito na 1Cor 13.[88] Que ele faça de mim uma pessoa virtuosa, uma pessoa amável, isso é apenas um efeito colateral não intencional.

Isso nos faz recordar como o famoso logoterapeuta Viktor Frankl (1905-1997) descreveu a felicidade: como subproduto da rendição pessoal a outro ser.[89] As pessoas querem ser felizes, mas, quanto mais se esforçam pela felicidade, menos felizes elas se tornam. Portanto, em vez disso, devemos procurar uma "razão" para sermos felizes, porque, havendo uma razão para ser feliz, a felicidade vem naturalmente. E essa razão tem tudo a ver com a dedicação pessoal a uma causa maior do que a própria ou a entrega de si a uma pessoa que não seja a si mesmo. A felicidade não pode ser perseguida; ela deve acontecer. A pessoa tem de deixar que a felicidade aconteça sem se importar muito com ela! Mas, justamente quando não há razão para ser feliz, a pessoa fará de tudo para

---

[88] AL 90-119.

[89] FRANKL, Viktor E. *Em busca de sentido: um psicólogo no campo de concentração*. 39 ed. Petrópolis: Vozes, 2016, p. 10.

diretamente consegui-la, o que significa que sente falta dela. A busca forçada e direta pela felicidade se transforma em seu próprio oposto. À medida que a pessoa se concentra diretamente na busca da felicidade, ela perde de vista a razão da felicidade, de modo que o efeito da felicidade não pode mais ser alcançado.

Mutatis mutandis, isso se aplica também ao amor virtuoso. Quando a busca do amor se concentra em se tornar virtuoso ou eticamente excelente ("santo"), destrói-se o próprio amor. Apenas quando a pessoa foca o amor, a realização do amor em si mesmo, isto é, o outro e a conexão com o outro, a virtude vem à luz, não como um objetivo explícito, mas como um resultado não intencional. No entanto, se a pessoa se concentra apenas na sua própria virtude ética, ela bloqueia o amor na sua autenticidade. A esse respeito, a busca intencional da "*eudaimonia*" no amor funciona como um bumerangue. Como o bumerangue, que retorna àquele que o jogou apenas quando errou seu alvo, assim são as pessoas em busca da virtude ou da excelência ética quando perdem o alvo de tal virtude, a saber, amar o outro. Quanto mais a pessoa foca o amor, menos ela se preocupa em se tornar virtuosa, ou seja, menos ela se preocupa com a própria realização ética e o próprio florescimento pessoal. Investindo tudo no amor pelo outro e com o outro, a pessoa recebe involuntariamente o dom da "*eudaimonia*", a saber, felicidade e florescimento. Em outras palavras, torna-se virtuosa por não querer tornar-se virtuosa, mas por amar e crescer no amor!

Referências

BONNY, Johan; BURGGRAEVE, Roger; VAN HALST, Ilse. *"Please? Thank you! Sorry...". A Dialogue on Love, Marriage and Family Life in the Light of Pope Francis" Logic of Mercy and Discernment (Amoris Laetitia).* Antwerp: Gompel & Svacina, 2021.

BURGGRAEVE, Roger. *An Ethics of Mercy. On the Way to Meaningful Living and Loving.* Leuven: Peeters, 2016.

BURGGRAEVE, Roger. De uma sexualidade responsável a uma sexualidade significativa: uma ética de crescimento como ética de misericórdia pelos jovens nesta era de AIDS. In: KEENAN, James F. (org.). *Eticistas católicos e prevenção da AIDS.* São Paulo: Loyola, 2006, p. 309-323.

BURGGRAEVE, Roger. Blocos históricos de construção para uma consistente ética relacional e sexual. In: KEENAN, James F. (org.). *Ética teológica católica. Passado, presente e futuro. A Conferência de Trento.* Aparecida: Santuário, 2015, p. 131-142.

BURGGRAEVE, Roger. Meaningful Living and Acting. An ethical and Educational-Pastoral Model in Christian Perspective. *Louvain Studies* 13/1 (1988): 3-26; 13/2 (1988): 137-160.

BURGGRAEVE, Roger. Une éthique de miséricorde. *Lumen Vitae. Revue Internationale de Catéchèse et de Pastorale* 49/3 (1994): 281-296.

BURGGRAEVE, Roger. From "Lesser Evil" to "Lesser Good": Christian Ethics as an Ethics of Salvation. *Hekima Review. Journal of Hekima College, the Jesuit School of Theology* (Nairobi) 28 (2002): 8-25.

BURGGRAEVE, Roger. Paradigmes pour une éthique pastorale. L' éthique sexuelle chrétienne entre doctrine et réalité. *Chemchem. Bulletin Annuel des Instituts de Philosophie et de Théologie des Salésiens de Don Bosco au Congo* (Lubumbashi, RDC) 15-16 (2016): 217-237.

BURGGRAEVE, Roger. The "Sacred Ground of the Other": Landmarks for a Christian Ethics of Gradualness as an Ethics of Mercy. In: KNIEPS-PORT LE ROI, Thomas; BRENNINGMEIJER-WEHRHAHN, Aldegonde (eds.). *Authentic Voices, Discerning Hearts. New Resources for Church on Marriage and Family.* Zürich: LIT-Verlag, 2016, p. 61-77.

CONGREGAÇÃO PARA A EDUCAÇÃO CATÓLICA. *Orientações educativas sobre o amor humano. Linhas gerais para uma educação sexual.* São Paulo: Salesiana Dom Bosco, 1984.

DOCUMENTOS DO CONCÍLIO ECUMÊNICO VATICANO II (1962-1965). 3 ed. São Paulo: Paulus, 1997.

FRANCISCO, Papa. *Amoris Laetitia.* Exortação Apostólica Pós-Sinodal sobre o amor na família. São Paulo: Loyola, 2016.

FRANCISCO, Papa. *Evangelii Gaudium.* Exortação Apostólica sobre o anúncio do Evangelho no mundo atual. São Paulo: Paulus/Loyola, 2013.

FRANKL, Viktor E. *Em busca de sentido: um psicólogo no campo de concentração.* 39 ed. Petrópolis: Vozes, 2016.

HAUERWAS, Stanley. *Vision and Virtue. Essays in Christian Ethical Reflection.* Notre Dame, IN: Notre Dame University Press, 1974.

JANSSENS, Louis. Norms and Priorities in a Love Ethics. *Louvain Studies* 6/3 (1977): 207-238.

JOÃO PAULO II, Papa. *Familiaris Consortio.* Exortação Apostólica sobre a missão da família cristã no mundo de hoje. 15 ed. São Paulo: Paulinas, 2001.

JOÃO PAULO II, Papa. *Veritatis Splendor.* Carta Encíclica sobre algumas questões fundamentais do ensinamento moral da Igreja. São Paulo: Loyola, 1993.

KEENAN. Ética das Virtudes e Ética Sexual. In: ZACHARIAS, Ronaldo (org.). *Sexualidade e virtudes. Por uma ética da sexualidade à luz das virtudes.* Aparecida: Santuário, 2024, p. 13-37.

KEENAN, James F. Virtue Ethics and Sexual Ethics. *Louvain Studies* 30/3 (2005): 180-197.

MACINTYRE, Alasdair. *Depois da Virtude. Um estudo em teoria moral.* Bauru: EDUSC, 2001.

PIO XI, Papa. *Casti Connubii.* Carta Encíclica sobre o matrimônio cristão. In: DOCUMENTOS DE PIO XI (1922-1939). São Paulo: Paulus, 2004, p. 207-271.

ROBBINS, Jill (ed.). *"Is It Righteous to Be?" Interviews with Emmanuel Levinas.* Stanford, CA: Stanford University Press, 2001.

SCHELER, Max. *Der Formalismus in der Ethik und die materiale Wertethik* [1913-1916]. 5th ed. Bern/München: Kösel Verlag, 1965.

SPOHN, William C. The Return of Virtue Ethics. *Theological Studies* 53/1 (1992): 60-75.

THÉVENOT, Xavier. *Souffrance, bonheur, éthique. Conférences spirituelles*. Mulhouse: Salvator, 1990.

VAN GERWEN, Jef. *Niet uit eigen macht: De Kerk als morele gemeenschap*. Tielt: Lannoo, 1987.

Cap. 10

OBJETIFICAÇÃO E BEM-ESTAR DAS MULHERES: UM ENTENDIMENTO ENTRE FEMINISMO E PORNOGRAFIA À LUZ DAS VIRTUDES

Karen Peterson-Iyer[1]

Ao longo dos séculos, um fluxo incessante de controvérsias e repreensões deixou muitas pessoas se sentindo desmotivadas e céticas sobre a ética sexual. Os jovens, em particular, parecem ter trocado a pesada ética do "você não deve", de um passado cristão tradicionalista, por uma ética mais moderna e convidativa do "você deve", que muitas vezes beira o liberalismo sexual, prontamente acolhido na cultura ocidental contemporânea.[2] Desta forma, por mais louvável que seja, o afastamento do proibicionismo sexual deixou enormes estratos da sociedade ocidental sem muita orientação concreta sobre o que conduz, do ponto de vista sexual, ao florescimento humano. É justamente aqui que a ética feminista tem algo importante a dizer. Com um olhar crítico para as experiências contextualizadas das mulheres, a ética feminista das virtudes

[1] **Karen Peterson-Iyer** é Doutora em Ética Teológica – Estudos Religiosos (Yale University - New Haven, CT – USA), Docente na Santa Clara University (Santa Clara, CA – USA) e membro da Catholic Theological Ethics in the World Church. Tradução do inglês: Tarcísio dos Santos, sdb.

[2] Ver: LEBACQZ, Karen. Appropriate Vulnerability: A Sexual Ethic for Singles. In: ELLISON, Marvin M.; DOUGLAS, Kelly Brown (eds.). *Sexuality and the Sacred: Sources for Theological Reflection,* 2nd ed. Louisville, KY: Westminster John Knox Press, 2010, p. 272-277; FULLAM, Lisa. Thou Shalt: Sex Beyond the List of Don'ts. *Commonweal* (20 April 2009). Disponível em: https://www.commonwealmagazine.org/thou-shalt. Acesso em: 10 out. 2023. Para uma mais completa articulação de tais conceitos, ver: FULLAM, Lisa. Sex in 3-D: A Telos for a Virtue Ethics of Sexuality. *Journal of the Society of Christian Ethics* 27/2 (2007): 151-170.

oferece uma alternativa decisiva e essencial tanto às pesadas proibições sexuais do passado quanto ao liberalismo sexual cada vez mais comum no Ocidente.

Na reflexão que segue, examinarei a natureza da contribuição feminista para a ética das virtudes, particularmente quando se refere à *objetificação* sexual, em geral, e à difícil questão da pornografia digital, em particular. Repensarei o projeto de ética sexual à luz da insistência feminista sobre a importância do contexto social e da natureza relacional do próprio sexo. Estou convencida de que uma análise feminista virtuosa da pornografia dominante revela sua natureza nociva e sugere maneiras genuinamente libertadoras de abordá-la – maneiras que evitam as normas sexuais antifeministas que muitas vezes caracterizaram a ética sexual cristã no passado. Ao promover a plenitude do agir sexual das mulheres e o bem-estar holístico como componentes da justiça, procurarei pavimentar um caminho fundamentado nas virtudes para além de um foco filosoficamente redutivo do consentimento, por um lado, e uma consideração excessivamente restritiva e desatualizada da castidade – e da "pureza" sexual –, por outro. Concluirei apresentando sugestões concretas sobre o que isso pode implicar para as principais formas de pornografia predominantes no mundo de hoje.

1. Ética das Virtudes e Feminismo

1.1 A Ética Sexual no mundo real

Podemos dizer que o retorno às virtudes como um *locus* de investigação moral tem sido uma correção necessária às diretrizes do passado, centradas no ato. Em nenhum "lugar" isso ressoa mais profundamente do que na ética sexual. A ética das virtudes descreve a moralidade não simplesmente em termos do que um indivíduo ou uma comunidade deve fazer – ou não fazer –, mas, mais amplamente e talvez mais fundamentalmente, quem nós, como indivíduos e comunidades, devemos aspirar a *ser*. Em princípio, podemos entender essa guinada para as virtudes como um desenvolvimento bem-vindo e há muito esperado. Afinal, para aqueles que se fundamentam na tradição bíblica, o sexo é parte da criação "muito boa" de Deus e, portanto, central para a personalidade humana (Gn 1,31): belo, frutífero e fundamentalmente propício ao desabrochar humano. Entender o sexo, em primeiro lugar, como caracterizado pelo *pecado* é aceitar o proverbial "que a cauda abana o cão". Em outras palavras, preocupar-nos com as maneiras de nos envolvermos erroneamente no sexo, sem também afirmar as maneiras pelas quais o sexo pode edificar as pessoas e até mesmo convidá-las a versões melhores de si mesmas, muitas vezes leva à culpa, à vergonha e ao ódio de si.

James Keenan articulou cuidadosamente algumas das possíveis maneiras pelas quais a compreensão da ética sexual na perspectiva das virtudes pode iluminar como os cristãos deveriam entender a realização sexual. Para ele, a virtude da castidade não é suficiente.[3] Tampouco o são as clássicas virtudes "cardeais", tradicionalmente apresentadas por Tomás de Aquino, pois, entre outras coisas, se baseiam numa antropologia ultrapassada, por ser insuficientemente relacional. Keenan, por sua vez, propõe as virtudes da justiça, da fidelidade, do autocuidado e da prudência, todas informadas pela misericórdia, para descrever uma vida sexual/relacional fiel, amorosa e gratificante.[4] Na mesma perspectiva, a eticista católica das virtudes Lisa Fullam descreve o *telos* da sexualidade como caracterizado por um tríplice bem: encarnação humana, intimidade relacional e profunda conexão com as experiências espirituais e relacionais.[5]

Tenho grande simpatia por essas abordagens. O sexo virtuoso precisa ser elaborado numa perspectiva mais positiva e relacional. O sexo virtuoso não é simplesmente uma questão de aperfeiçoar o

---

[3] KEENAN, James F. Virtue Ethics and Sexual Ethics. Louvain Studies 30/3 (2005): 181-182 (Capítulo 1 deste livro, p. 13-37). Keenan reconhece que, positivamente, a norma da castidade pode ajudar-nos a integrar a sexualidade na personalidade; e, negativamente, que ela pode sugerir um realismo corretivo sobre os desafios da sexualidade na sociedade contemporânea. No entanto, segundo ele, uma ênfase excessiva na castidade pode enfraquecer o sentido de dom que a caracteriza. Na minha opinião, a castidade como norma está desatualizada e é funcionalmente prejudicial como lente analítica para compreender o sexo. Historicamente, ela tem sido aplicada de forma desproporcional a meninas e mulheres e, com isso, aumentado tanto a vergonha quanto a compreensão social de que o sexo é um tabu na Igreja e na sociedade.

[4] KEENAN, James F. Ética das Virtudes e Ética Sexual, p. 22-34 deste livro.

[5] FULLAM. Sex in 3-D: A Telos for a Virtue Ethics of Sexuality.

indivíduo, mas, sim, de incorporar caminhos de amor e justiça num mundo histórico e complicado. Além disso, a ética sexual precisa levar em conta, de forma mais honesta do que já fez, as pessoas e as comunidades às quais se refere – suas alegrias, esperanças, aspirações e, sobretudo, suas lutas. De fato, quando os pensadores cristãos negligenciam considerar a experiência humana vivida pelas pessoas, o efeito equivale a algo como "um pôr do sol pintado por quem não enxerga".[6]

E aqui reside o problema: grande parte da ética sexual cristã passou tanto tempo dizendo aos indivíduos o que fazer – ou, mais frequentemente, o que não fazer –, que falhou em abordar as maneiras pelas quais a própria sociedade impactou as *reais* experiências humanas do sexo. O florescimento sexual diz respeito não apenas ao que os indivíduos fazem ou não fazem, nem aos seus objetivos e aspirações, nem mesmo apenas à qualidade de seu caráter. O florescimento também diz respeito às sociedades em que vivemos. Simplesmente apresentar a *castidade* ou o *matrimônio* – como a maioria das tradições cristãs tem feito – como pontos de referência para se definir uma "boa" vida sexual é lamentavelmente inadequado numa sociedade na qual o matrimônio é frequentemente marcado por desigualdade, violência doméstica e até mesmo estupro; o casamento é cada vez mais adiado – ou evitado completamente – e as taxas de divórcio são altas; a idade média do primeiro contato com a pornografia é entre 11 e 14 anos de idade; e quase todas as mulheres em idade universitária regularmente experimentam objetificação sexual direta e explícita. Embora as normas sociais não definam o projeto ético, elas certamente devem situar nossos esforços para dar sentido ao que conta como sexo "bom" no mundo real. E o mundo real é marcado pela complexidade, pela desordem e, infelizmente, por uma pesada dose de injustiça.

---

[6] JOHNSON, Luke Timothy. *The Revelatory Body: Theology as Inductive Art.* Grand Rapids, MI: William. B. Eerdmans Publishing Co., 2015, p. 25. Ver também: JOHNSON, Luke Timothy. A Disembodied Theology of the Body: John Paul II on Love, Sex, and Pleasure. *Commonweal* (June 4, 2004). Disponível em: https://www.commonwealmagazine.org/disembodied-theology-body. Acesso em: 10 out. 2023.

1.2 Feminismo e Ética Sexual

Em sua articulação mais básica, o feminismo foi ironicamente definido como "a noção radical de que as mulheres são pessoas".[7] O feminismo insiste que as escolhas, o bem-estar e a autoridade das mulheres precisam ser levados tão a sério quanto os de qualquer outra pessoa. A eticista católica Margaret Farley também descreve o feminismo como "uma convicção e um movimento oposto à discriminação baseada no gênero".[8] É claro que tal definição não evidencia a enorme complexidade que caracteriza o pensamento teológico/filosófico feminista contemporâneo e o ativismo político. O ponto importante aqui, no entanto, é que o feminismo considera fundamental a alegação de que as mulheres merecem igual poder social e respeito, e que esse poder e respeito são, na prática, negados a elas – tanto interpessoal quanto institucionalmente – em quase todas as sociedades. De acordo com a presente discussão, o feminismo se recusa a ignorar as experiências de desigualdade, desempoderamento e violência que as mulheres enfrentam diariamente, muitas delas relacionadas à esfera sexual. O feminismo insiste que as mulheres não são verdadeiramente entendidas como "dignas" se essa dignidade não se traduzir em acesso equivalente aos bens necessários a uma vida plena, a um senso igual e significativo de autonomia pessoal e a estruturas sociais necessárias para formar relacionamentos significativos e empoderadores.

As primeiras compreensões do feminismo foram corretamente criticadas por uma ênfase desproporcional nas experiências das mulheres brancas. Teologias mulheristas, feministas e outras teologias interseccionais destacaram como o feminismo tendeu a privilegiar as vozes brancas, efetivamente silenciando as várias perspectivas das

[7] SHEAR, Marie. Media Watch: Celebrating Women's Words. *New Directions for Women* 15/3 (1986): 6.

[8] FARLEY, Margaret A. Feminist Ethics. In: CHILDRESS, James F.; MACQUARRIE, John (eds.). *The Westminster Dictionary of Christian Ethics*. Philadelphia: Westminster Press, 1986, p. 229.

mulheres BIPOC[9] e preconcebendo a teologia de uma maneira que marginaliza suas experiências.[10] De fato, o contexto social do racismo branco, do colonialismo e do heterossexismo informa uma análise feminista contemporânea. Isso é particularmente verdadeiro na ética sexual, uma vez que a violência sexual impactou desproporcionalmente as comunidades de cor, as pessoas de herança indígena e as pessoas que se identificam como LGBTQ+. Além disso, os nefastos estereótipos dessas comunidades traduzem-se não apenas em violência explícita, mas também em injustiças quotidianas, grandes e pequenas, que comprometem a dignidade humana e impedem o autêntico florescimento.

De modo geral, a ética sexual cristã não tem levado suficientemente em conta as injustiças cometidas contra as mulheres, incluindo, especialmente, as mulheres minorizadas. Quanto à virtude da *castidade*, sua ênfase tem sido frequentemente interpretada como uma elevação cultural da "pureza" sexual para mulheres e meninas. A "cultura da pureza", presente nos círculos católicos e protestantes, exalta a virgindade antes do casamento (heterossexual), particularmente para mulheres e meninas. No catolicismo, a veneração de Maria – precisamente pela sua virgindade – traduz-se não raramente em desdém por mulheres e meninas reais que ficam aquém desse ideal.[11] A "pureza", contrastada com o *status* de

[9] O termo BIPOC tem sido usado nos últimos anos para indicar Negros (black), Indígenas (Indigenous) e (outras) Pessoas de Cor (People of Color). O termo tenta evitar a fusão de categorias e o correspondente apagamento das identidades. Embora tenham sido levantadas críticas quanto a esse termo, eu o assumo aqui, deliberadamente. Ver: HARMON, Amy. BIPOC or POC? Equity or Equality? The Debate Over Language on the Left. *The New York Times (*November 1, 2021). Disponível em: https://www.nytimes.com/2021/11/01/us/terminology-language-politics.html. Acesso em: 10 out. 2023.

[10] Ver, por exemplo, as críticas feitas em: WILLIAMS, Delores S. *Sisters in the Wilderness: The Challenge of Womanist God-Talk.* Maryknoll, NY: Orbis Books, 1993, especialmente, p. 178-203; ISASI-DÍAZ, Ada María. *En La Lucha: Elaborating a Mujerista Theology,* 10th Anniversary Edition. Minneapolis: Fortress Press, 2004; ISASI-DÍAZ, Ada María (ed.). Roundtable Discussion: Mujeristas: Who We Are and What We Are About. *Journal of Feminist Studies in Religion* 8/1 (1992): 105-125; SCHÜSSLER FIORENZA, Elisabeth; TOWNES, Emilie Maureen (eds.). Roundtable Discussion: What's In a Name? *Journal of Feminist Studies in Religion* 11/1 (1995): 111-136.

[11] Ver, por exemplo, JOÃO PAULO II, Papa. *Redemptoris Custos.* Exortação Apostólica sobre a figura e a missão de São José na vida de Cristo e da Igreja. Petrópolis: Vozes, 1989, n. 7. João Paulo II refere-se, aqui, a Paulo VI, Alocução ao Movimento "Equipes de Nossa Senhora" (04.05.1970), n. 7.

"mulher decaída", popularmente atribuído a Eva, contaminou a interpretação cristã da sexualidade das mulheres e resultou numa perigosa dicotomia – virgem/prostituta – na cultura sexual de forma mais ampla. Basta considerar que as sobreviventes de assédio ou agressão sexual são acusadas de "atrair" seus perpetradores vestindo-se ou agindo de maneiras que os fazem cair em armadilhas sexuais.[12] A ênfase na pureza sexual é particularmente destrutiva para grupos de mulheres com uma terrível história de escravidão e abuso. Como teólogas mulheristas há muito acusam, os padrões de pensamento cultural ocidentais tendem a projetar a pureza e a inocência na branquitude, e a promiscuidade e o vício, na negritude. Desse modo, a dicotomia virgem/prostituta se torna racializada. O nefasto resultado social tem sido limitar, objetificar, desconsiderar e colocar em risco a vida e o bem-estar das mulheres negras de maneiras especialmente hediondas.[13]

A ética sexual feminista visa corrigir esse olhar, referindo-se a tais injustiças com honestidade. Enquanto a ética sexual tende a se concentrar num ideal abstrato de como uma pessoa deve fazer ou ser, a ética feminista reorienta o olhar para vidas reais, concretas, históricas e socialmente situadas, e como essas vidas foram impactadas pela injustiça social. No caso das mulheres, isso engloba os modos como foram discriminadas, desconsideradas e prejudicadas pelas sociedades sexistas, incluindo como esse tratamento comprometeu sua autonomia, diminuiu sua posição social igualitária e impactou negativamente sua autocompreensão.[14] Este ponto deve ser enfatizado: levar seriamente em conta a experiência humana deve incluir *essas* dimensões da experiência. Muitas vezes, a

---

[12] Na verdade, a equação cultural do valor moral das mulheres com as suas escolhas sexuais foi descrita pela crítica feminista Jessica Valenti com uma marcante precisão. VALENTI, Jessica. *The Purity Myth: How America's Obsession with Virginity Is Hurting Young Women.* Berkeley, CA: Seal Press, 2010.

[13] Ver: DOUGLAS, Kelly Brown. More than Skin Deep: The Violence of Anti-Blackness; COPELAND, Shawn M. White Supremacy and Anti-Black Logics in the Making of U.S. Catholicism, ambos em: LLOYD, Vincent W.; PREVOT, Andrew (eds.). *Anti-Blackness and Christian Ethics.* Maryknoll, NY: Orbis Books, 2017, p. 3-18 e 61-74, respectivamente. Ver também: WILLIAMS. *Sisters in the Wilderness.*

[14] JÜTTEN, Timo. Sexual Objectification. *Ethics* 127 (October 2016): 27-49.

"experiência" invocada pela teoria ética, sutilmente ou não, reflete e abrange principalmente a experiência de homens brancos e heterossexuais.

As feministas aprenderam – não sem dificuldades – que é impossível generalizar até mesmo o que é a experiência *das* mulheres. Especificar as condições do florescimento humano é complicado; as condições de bem-estar são, pelo menos em parte, cultural e subculturalmente dependentes, e nós generalizamos demais, e isso pode ser um risco para a reflexão ética. Mais ainda, se a ética sexual, incluindo a ética sexual baseada nas virtudes, pretende ser relevante num mundo de tantas dificuldades e injustiças, ela não pode se dar ao luxo de desistir do esforço. Como argumentei numa outra publicação, a ética feminista deve procurar "articular uma compreensão mais historicizada e matizada do bem-estar humano que salvaguarde espaço para a diferença sem renunciar completamente às reivindicações normativas".[15] Parte do projeto da ética feminista deve consistir em articular diretrizes normativas, flexíveis e autênticas – por mais provisórias que sejam – para informar a tomada de decisões sexuais, a educação e a elaboração de políticas. É importante ressaltar que tais diretrizes devem, honestamente, levar em conta as reais *injustiças* sexuais que constituem as "águas" usuais em que todos nadamos.

2. Uma compreensão contemporânea da objetificação sexual digital

2.1 Conceituando "objetificação"

No caso da experiência vivida pelas mulheres, essas "águas" são definitivamente caracterizadas por uma generalizada objetificação sexual/corporal – na maioria das vezes feita por homens e, mais geralmente, pelas culturas sociais patriarcais nas quais muitos de nós vivemos.[16]

---

[15] PETERSON-IYER, Karen. *Reenvisioning Sexual Ethics: A Feminist Christian Account*. Washington, DC: Georgetown University Press, 2022, p. 16.

[16] Como observou sucintamente a teórica jurídica feminista Catharine MacKinnon, "todas as mulheres vivem na objetificação sexual como os peixes vivem na água". MACKINNON, Catharine A. Sexuality, Pornography, and Method: Pleasure Under Patriarchy. *Ethics* 99/2 (1989): 340.

Talvez o exemplo mais comum de tal objetificação seja encontrado nos comentários e comportamentos sexuais indesejados que quase todas as mulheres jovens experimentam em algum momento de sua vida. De acordo com um estudo de 2011, por exemplo, 94% das mulheres universitárias estadunidenses relataram experimentar essa forma de objetificação pelo menos uma vez por semestre. Ainda mais assustadora é a alta taxa de violência física e sexual que caracteriza a vida das mulheres: a Organização Mundial da Saúde estima que cerca de uma em cada três mulheres em todo o mundo já sofreu violência física ou sexual do seu parceiro íntimo, ou violência sexual mesmo sem ter um parceiro.[17] Esses números indicam não apenas uma realidade terrível para aquelas que são diretamente impactadas; eles têm um efeito pavoroso na vida de praticamente todas as meninas e mulheres do planeta.

Teorizar a natureza de tais formas variadas de objetificação não é tarefa fácil, embora filósofos e cientistas sociais continuem a tentar. Um exemplo particularmente notável é o das psicólogas Barbara L. Fredrickson e Tomi-Ann Roberts, que, na década de 1990, definiram objetificação como "a experiência de ser tratada como um corpo ou coleção de partes do corpo valorizadas predominantemente por seu uso ou consumo por outros".[18] Segundo elas, as mulheres são socializadas para internalizar a perspectiva de si mesmas como corpos que existem para o prazer do observador masculino. Embora nem todas as mulheres sejam impactadas ou respondam do mesmo modo, emergem semelhanças perniciosas – incluindo a tendência da maioria das meninas e mulheres de se envolverem no automonitoramento habitual de sua aparência externa. Muitas vezes, isso resulta em vergonha por não atender aos padrões culturais de beleza, em ansiedade sobre a aparência e a segurança e em perda de foco e lucidez, afetando negativamente a motivação e o sentido

[17] WORLD HEALTH ORGANIZATION. Violence against Women (09.03.2021). Disponível em: https://www.who.int/news-room/fact-sheets/detail/violence-against-women. Acesso em: 10 out. 2023.

[18] FREDRICKSON, Barbara L.; ROBERTS, Tomi-Ann. Objectification Theory: Towards Understanding Women's Lived Experiences and Mental Health Risks. *Psychology of Women Quarterly* 21 (1997): 174.

de prazer. A pesquisa conecta esses padrões com depressão, disfunção sexual e transtornos alimentares.[19]

Nem todos concordam com as conclusões da teoria da objetificação. A filósofa Martha Nussbaum, por exemplo, argumenta que a objetificação não deve ser entendida como errada ou destrutiva em todos os casos. Para ela, a objetificação em si pode ser ruim ou boa, dependendo de sua forma e contexto. Nussbaum condena a objetificação que instrumentaliza outra pessoa, a ponto de negar-lhe autonomia. No entanto, em sua opinião, algumas formas de objetificação podem ser humanizadoras, especialmente quando empreendidas no contexto do respeito mútuo e da igualdade social.[20]

A filósofa feminista Ann J. Cahill, por sua vez, rejeita como problemática a própria linguagem da objetificação, substituindo a ideia de que o que é prejudicial é a "derivação" das mulheres. De acordo com Cahill, as mulheres não são tanto tratadas como objetos, mas são transformadas em "meros reflexos ou projeções" de desejos masculinos - *derivados*.[21] Cahill faz questão de evitar aviltar o corpo; pois, em sua opinião, prestar atenção ao corpo às vezes pode ser um ato profundamente afirmativo.[22] Baseando-se em Maurice Merleau-Ponty, ela argumenta que um sujeito é *sempre* simultaneamente ativo e passivo. Assim, o problema não é quando as mulheres são tratadas como "coisas" passivas ou quando elas mesmas assumem o manto da passividade e da objetificação. O problema, antes, é quando as mulheres, sob as condições da "heterossexualidade hegemônica", são tratadas como nada mais do que uma projeção do desejo masculino, de modo que outros elementos de sua subjetividade são desconsiderados. Em síntese, para Cahill, a pergunta-chave, em qualquer

---

[19] FREDRICKSON; ROBERTS. Objectification Theory, p. 189.

[20] NUSSBAUM, Martha. Objectification. *Philosophy and Public Affairs* 24/4 (1995): 249-291. Nussbaum identifica, por exemplo, uma forma aceitável de objetificação sexual nos escritos de D. H. Lawrence; ela sustenta que o contexto da objetificação sexual retratada por Lawrence faz com que essa funcione como um veículo de autonomia e autoexpressão (p. 276-277).

[21] CAHILL, Ann J. *Overcoming Objectification: A Carnal Ethics.* New York: Routledge, 2011.

[22] CAHILL. *Overcoming Objectification,* p. xii–xiii.

prática, é: "Havia duas pessoas aqui? Ou apenas uma?". Ou seja, a questão importante não é se uma mulher está sendo tratada como um corpo; é, sobretudo, se os corpos das mulheres estão sendo tratados como "locais dinâmicos de possibilidades e sensações sexuais que não são redutíveis às possibilidades e sensações dos corpos masculinos heterossexuais".[23] Dessa forma, Cahill afirma interações que são fundamentalmente dialógicas, e não monológicas, isto é, caracterizadas por uma vontade de ser transformadas pelo encontro.[24]

2.2 A forma da objetificação na era digital

Apesar de reconhecer as limitações da terminologia, usarei "objetificação" para me referir a práticas que incluem as vontades, os desejos e a autêntica autocompreensão das mulheres nas linhas gerais de uma agenda patriarcal heterossexual. Tais práticas moldam mulheres, homens e sociedades de maneiras reais e significativas – uma preocupação central da ética das virtudes. No restante deste ensaio, investigarei mais especificamente como isso ocorre na pornografia dominante, especialmente porque é afetada pelo crescimento explosivo da internet. As "guerras" pornográficas do final do século XX, incluindo debates sobre a potencial censura de imagens sexualmente explícitas, provaram ser desagregadoras e até amargas entre as feministas. Não pretendo voltar a insistir em tais questões, até mesmo porque a questão é discutível num mundo em que a pornografia na internet é praticamente onipresente. No entanto, a meu ver, a natureza e a extensão da objetificação, especialmente dos corpos das mulheres, só pioraram nos anos seguintes. Portanto, acho importante investigar mais profundamente as experiências de objetificação das mulheres, em busca de uma ética feminista das virtudes que seja relevante para as sensibilidades atuais.

É difícil superestimar a magnitude das mudanças provocadas pela era digital na autocompreensão das pessoas, em geral, bem como

[23] CAHILL. *Overcoming Objectification*, p. 141 e 155, respectivamente.

[24] CAHILL. *Overcoming Objectification*, p. 46–47.

as maneiras pelas quais essas mudanças moldaram a pornografia na internet, em particular. A onipresença dos telefones celulares; a explosão das redes sociais; a interpretação da vida pública através de fontes *on-line* cada vez mais balcanizadas; o crescimento simultâneo de uma cultura de performatividade e observação: tudo isso junto molda profundamente como os seres humanos experimentam a si mesmos, os outros e a vida social como um todo. Uma ética sexual cristã que procura promover o bem-estar genuíno e holístico das mulheres - e de todas as pessoas - deve procurar articular uma interpretação baseada nos valores que esse bem-estar exige. Além disso, como guias, as normas cristãs tradicionais da castidade e do matrimônio têm se mostrado insuficientes para promover o bem-estar das mulheres no contexto das atuais mudanças sociais. Por outro lado, a ética feminista das virtudes é bem adequada para abordar essas experiências a partir de uma perspectiva que destaca o florescimento das mulheres como uma preocupação central.

O erotismo existe desde sempre. Muitas vezes entrelaçadas com sistemas de valores religiosos, representações de nudez humana e sexualidade em grande escala não devem ser confundidas com as compreensões modernas do pornográfico. Traçar uma linha nítida entre os dois pode ser deveras difícil, mas a maioria concorda que há uma diferença. Enquanto o "erótico" celebra a sexualidade no contexto mais holístico do desejo mútuo e da amplitude da emoção humana, o "pornográfico" erotiza a própria dominação - ainda que sutil ou explicitamente. A poetisa e ensaísta Audre Lorde opõe diretamente o erótico ao pornográfico. Ela descreve pornografia como "uma negação direta do poder do erótico, pois representa a supressão do sentimento verdadeiro".[25] Tal abordagem é encontrada no documento de 1988 da Igreja Presbiteriana estadunidense sobre pornografia. Nele, a pornografia é entendida como um sinal da queda humana e do distanciamento de Deus e dos outros, uma "total distorção do poder"

[25] LORDE, Audre. Uses of the Erotic: The Erotic as Power. In: LORDE, Audre. *Sister Outsider: Essays and Speeches.* Freedom, CA: The Crossing Press, 1984, p. 54.

que está em oposição direta às descrições de prazer sexual mútuo – retratadas, por exemplo, no relato bíblico do *Cântico dos Cânticos*.[26]

Quão difuso é o uso da pornografia? Embora as estatísticas variem drasticamente, parece claro que a exposição precoce e frequente à pornografia é muito comum nos dias de hoje. De acordo com uma análise do *Pew Research Center*, 12% dos usuários adultos de internet nos Estados Unidos assistiram a conteúdo sexualmente explícito em 2013. No entanto, um estudo de 2008, publicado no *Journal of Adolescent Research*, revelou que 87% dos homens jovens (entre 18 e 26 anos) e 31% das mulheres jovens usavam pornografia.[27] Segundo consta, tal uso aumentou acentuadamente com o acesso fácil e privado proporcionado pela internet. Em 2018, o *Pornhub* – um dos sites mais acessados para pornografia – computou 33,5 bilhões de visitas ao longo do ano; o número subiu para 42 bilhões em 2019, totalizando uma média de 115 milhões de visitas por dia. Apesar de os Estados Unidos liderarem a lista dos países com mais visitantes, a lista é global, abrangendo a Europa, o Japão, o Sul e o Sudeste Asiático e vários países da América do Sul. O Brasil é o número onze na lista do *Pornhub*.[28]

Há uma certa discordância sobre a idade média em que as pessoas são expostas à mídia pornográfica. Para a escritora e ativista antipornografia Gail Dines, a idade média é de 11 anos. Para a estudiosa de mídia

---

[26] THORSON-SMITH, Sylvia. *Pornography: Far from the Song of Songs.* A study paper adopted by the 200th General Assembly. Louisville, KY: The Office of the General Assembly of the Presbyterian Church (USA), 1988.

[27] TARRANT, Shira. *The Pornography Industry: What Everyone Needs to Know.* New York: Oxford University Press, 2016, p. 72; CARROLL, Jason S.; PADILLA-WALKER, Laura M.; NELSON, Larry J.; OLSON, Chad D.; BARRY, Carolyn McNamara; MADSEN, Stephanie D. Generation XXX: Pornography Acceptance and Use Among Emerging Adults. *Journal of Adolescent Research* 23/1 (2008): 6-30.

[28] BIGGS, John. The annual PornHub year in review tells us what we're really looking like online. TechCrunch+ (December 13, 2018). Disponível em: https://techcrunch.com/2018/12/13/the-annual-pornhub-year-in-review-tells-us-what-were-really-lookin-g-at-online/. Acesso em: 10 out. 2023; GRIFFITH, Eric. Pornhub Reveals Explicit Traffic Numbers. PC Mag (December 20, 2019). Disponível em: https://www.pcmag.com/news/pornhub-reveals-explicit-traffic-numbers. Acesso em: 10 out. 2023. Ver também: PORNHUB. The 2019 Year in Review. PornHub Insights (December 11, 2019). Disponível em: https://www.pornhub.com/insights/2019-year-in-review. Acesso em: 10 out. 2023.

Shira Tarrant, a idade de 14 anos é mais precisa (14,3 para meninos e 14,8 para meninas).[29] De qualquer forma, é claro que a facilidade de acesso abre caminho para uma exposição mais precoce hoje do que no passado, quando o uso de pornografia dependia da obtenção de mídia impressa, muitas vezes adquirida furtivamente em livrarias para adultos. Hoje, basta clicar em sites de fácil entrada e geralmente gratuitos para acessar grande parte da pornografia dominante.

A pornografia dominante e gratuita – que constitui a maior parte de toda a pornografia produzida – é caracterizada por uma heteronormatividade esmagadora, bem como por altos níveis de agressão (verbal e física). Não é surpreendente que os perpetradores dessa agressão sejam geralmente do sexo masculino, e os alvos, do sexo feminino. Além disso, as atrizes frequentemente reagem à agressão masculina com neutralidade e até mesmo demostrando sentir prazer.[30] Mais ainda, os tipos de corpos e comportamentos "ideais" exibidos pela pornografia dominante geralmente estão em conformidade com estereótipos racistas, sexistas, etários, capacitistas e heterossexistas. Embora a maioria dos artistas pornográficos seja de adultos, um dos termos de pesquisa mais populares para pornografia *on-line* é "adolescente", e entre os sites pornográficos mais visitados estão aqueles que anunciam atores profissionais adultos fingindo, diante das câmeras, ser jovens amadores.[31] Tais padrões são extremamente preocupantes, considerando que a pornografia retratando crianças é ilegal e moralmente proibida na maioria dos lugares. É um dado de fato que a recente ascensão da pornografia feminista *indie* e *queer*[32] desafia muitas dessas normas, exibindo frequentemente uma diversidade de tipos de corpos e relacionamentos,

[29] DINES, Gail. *Pornland: How Porn Has Hijacked Our Sexuality*. Boston: Beacon Press, 2010, p. xi; TARRANT. *The Pornography Industry*, p. 146.

[30] BRIDGES, Ana; WOSNITZER, Robert; SCHARRER, Erica; SUN, Chyng; LIBERMAN, Rachael. Aggression and Sexual Behavior in Best-Selling Pornography Videos: A Content Analysis Update. *Violence Against Women* 16/10 (2010): 1065-1085.

[31] TARRANT. *The Pornography Industry*, p. 62.

[32] Nota do editor: Pornografia *indie* é a pornografia conhecida como independente ou amadora; pornografia *queer* é aquela que retrata artistas com várias identidades de gênero e orientações sexuais.

visando ao empoderamento tanto dos artistas quanto dos espectadores. No entanto, essas formas mais recentes ainda compõem um segmento muito pequeno – mas crescente – do mercado global.

2.3 A objetificação sexual digital é prejudicial?

Qualquer relato ético preocupado com o florescimento humano deve enfrentar o que talvez seja a questão central envolvendo a mídia pornográfica: a quem ela pode, clara e irrefutavelmente, *causar danos*? Por mais ampla que seja, essa questão envolve não apenas danos aos indivíduos, mas também mudanças sociais que afetam negativamente a todos. Talvez essa seja parte da razão pela qual os cientistas sociais discordaram veementemente sobre a pornografia causar ou não danos: é difícil até mesmo definir com precisão o que se quer dizer com *dano* em si. No entanto, uma abordagem feminista das virtudes, atenta ao contexto social, não pode se dar ao luxo de ignorar os custos concretos da pornografia, ou as mudanças provocadas pela mídia pornográfica como um todo.

Consideremos as experiências das mulheres envolvidas com a pornografia dominante. Não são poucas as que assumem uma perspectiva "positiva" sobre o sexo e, por isso, negam que a pornografia seja, em última análise, prejudicial. Muitas atrizes pornô consideram o trabalho que fazem como agradável e até libertador, assegurando que a escolha de se envolver com esse tipo de atividade é "pró-sexo". Para elas, as afirmações contrárias apenas as patronizam, reduzindo-as a vítimas e negando, dessa forma, sua capacidade de agir por conta própria.

Além disso, a mídia para adultos é, de fato, o único campo em que as mulheres sempre ganham mais do que os homens. É preciso considerar, ainda, que pode ser muito difícil obter outras formas de trabalho menos estigmatizadas depois de ter tido relações sexuais diante das câmeras.[33] Eliminar a pornografia como fonte de renda pode prejudicar enormemente os meios de subsistência de muitas mulheres, tanto a curto quanto a longo prazo, assim como os esforços para proibir a pornografia adulta podem levar sua prática para o campo da

[33] TARRANT. *The Pornography Industry*, p. 68.

clandestinidade, tornando-a menos segura para as pessoas envolvidas, impulsionando-as para formas mais perigosas de trabalho sexual, como a prostituição de rua.

Devemos ainda considerar que o dano individual – muitas vezes grave – é característico da experiência de várias atrizes pornô. Em 1980, a ex-atriz pornô Linda Lovelace publicou uma autobiografia retratando o que sofreu nas mãos daquele que, na época, era seu marido, Chuck Traynor: estupro, abuso, prisão e coerção.[34] Em geral, desde a ascensão da pornografia *gonzo*[35] na década de 1990, o que antes era considerado pornografia *hardcore*[36] é muito comum hoje em dia. A maior parte da pornografia dominante inclui algum nível de humilhação e violência, e essa degradação não pode deixar de afetar os artistas nela envolvidos. Uma análise feita em 2010 sobre os vídeos pornográficos mais vendidos constatou altos níveis de agressão, tanto verbal (xingamento) quanto física (espancamento, amordaçamento, bofetada), dirigida principalmente contra mulheres; formas físicas de agressão foram documentadas em quase 90% das cenas.[37] Além das práticas violentas, a pornografia dominante, em geral, retrata as mulheres como se estivessem "sempre prontas para o sexo e [...] entusiasmadas em fazer o que os homens querem, independentemente de quão doloroso, humilhante ou prejudicial seja o ato".[38]

Os defensores da pornografia argumentam que esse retrato é fantasioso e que os espectadores são capazes de separar a fantasia da realidade. Será que são mesmo? Na realidade, isso depende, em parte, de cada espectador. Estudos encontraram uma associação positiva

[34] LOVELACE, Linda. *Ordeal: A Memoir*. New York: Citadel Press, 1980.

[35] Nota do editor: Pornografia *gonzo* é aquela que situa o espectador diretamente na cena, muitas vezes com um ou mais dos participantes filmando e realizando atos sexuais.

[36] Nota do editor: Pornografia *hardcore* é aquela que contém sexo explícito; difere da pornografia *softcore*, que foca mais a sensualidade e a nudez do que o ato sexual explícito.

[37] BRIDGES et. al. Nem todos os estudos concordam sobre a extensão dessa violência. Ver, por exemplo: KLAASSEN, Marleen J. E.; PETER, Jochen. Gender (In)equality in Internet Pornography: A Content Analysis of Popular Pornographic Internet Videos. *The Journal of Sex Research* 52/7 (2015): 721-735.

[38] DINES. *Pornland*, p. xxiii.

entre o uso de pornografia e as atitudes dos indivíduos que apoiam a violência contra as mulheres. Embora a correlação seja mais forte com a pornografia violenta, ela também está presente na pornografia não violenta. A associação é mais forte em pessoas que já estão em alto risco de agressão sexual e parece aumentar com a frequência do uso de pornografia.[39] A filósofa feminista Amia Srinivasan chama a atenção para as conclusões gerais de tais estudos: "Os homens que assistem a pornografia com frequência são menos propensos a apoiar ações afirmativas para as mulheres e a ter empatia com as vítimas de estupro; eles também relatam ser mais propensos ao estupro e a cometer agressões sexuais. Por sua vez, as mulheres que assistiam a pornografia eram menos propensas a intervir quando viam outras mulheres sendo agredidas sexualmente".[40]

Além da violência, as evidências sugerem que o uso excessivo de pornografia diminui a satisfação psicossexual e física dos homens que a usam, tornando mais difícil para eles ter relacionamentos autênticos e agradáveis com mulheres reais. Disfunção erétil, pressão sobre o desempenho, autocrítica, ansiedade e outros transtornos de humor estão correlacionados com o "problemático" uso de pornografia *on-line*.[41] Basta considerar, por exemplo, que uma recente reportagem de capa da *Time* descreve a situação de homens cujo crescente uso de pornografia inibiu

---

[39] MALAMUTH, Neil M.; HALD, Gert Martin; KOSS, Mary. Pornography, Individual Differences in Risk and Men's Acceptance of Violence Against Women in a Representative Sample. *Sex Roles* 66 (2012): 427-439. Ver também: HALD, Gert Martin; MALAMUTH, Neil M.; YUEN, Carlin. Pornography and Attitudes Supporting Violence Against Women: Revisiting the Relationship in Nonexperimental Studies. *Aggressive Behavior* 36/1 (2010): 14-20; MALAMUTH, Neil; ADDISON, Tamara; KOSS, Mary. Pornography and Sexual Aggression: Are There Reliable Effects and Can We Understand Them? *Annual Review of Sex Research* 11 (2000): 26-91; BREM, Meagan J.; GARNER, Alisa R.; GRIGORIAN, Hannah; FLORIMBIO, Autumn Rae; WOLFORD-CLEVENER, Caitlin; SHOREY, Ryan C.; STUART, Gregory L. Problematic Pornography Use and Physical and Sexual Intimate Partner Violence Perpetration Among Men in Batterer Intervention Programs. *Journal of Interpersonal Violence* (November 21, 2018).

[40] SRINIVASAN, Amia. *The Right to Sex: Feminism in the Twenty-First Century.* New York: Picador, 2021, p. 43.

[41] ALARCÓN, Ruben de; IGLESIA, Javier I. de la; CASADO ESPADA, Nerea M.; MONTEJO, Angel L. Online Porn Addiction: What We Know and What We Don't – A Systemic Review. *Journal of Clinical Medicine* 8/91 (2019): 1-20.

sua capacidade de desfrutar o sexo com pessoas reais, na vida real.[42] Além de as imagens apresentadas na pornografia não serem tão reais se comparadas com as relações que as pessoas vivem, as mulheres da pornografia heterossexual dominante não fazem nenhum tipo de exigência aos homens, se comparadas com as mulheres reais, que têm necessidades, desejos, limitações e carências.

Ainda mais pertinente para uma abordagem feminista, o uso de pornografia certamente afeta *cada uma das mulheres*, embora muitos discordem sobre *como* elas são impactadas. De acordo com um estudo de 2013, citado pela eticista cristã Kate Ott,[43] um número significativo de mulheres gosta de usar pornografia e parece se beneficiar dela – em termos de entretenimento e prazer sexual. Isso é particularmente verdadeiro para as mulheres mais jovens, que, em geral, usam pornografia com mais frequência do que as mulheres mais velhas. Se, por um lado, as mulheres heterossexuais são mais frequentemente impactadas negativamente pelo uso de pornografia heterossexual masculina, por outro, alguns pesquisadores também argumentam que o uso de pornografia feminina está associado a *uma maior* qualidade sexual feminina, ao menos em alguns aspectos.[44]

Numa perspectiva mais ampla, no entanto, tais conclusões podem ser atenuadas por nuances interpretativas. Por exemplo, a ativista antipornografia Dines acredita que a pornografia socializa as meninas para que *se vejam* como objetos sexuais legítimos, a serem usados e abusados.[45] De fato, um estudo de 2019 revelou que quase um quarto das mulheres adultas estadunidenses relatou ter sentido medo durante o sexo. Embora tal medo não possa ser atribuído apenas à pornografia, temos de convir que a pornografia tem muito a ver com isso.[46] Não é difícil perceber, no

---

[42] LUSCOMBE, Belinda. Porn and the Threat to Virility. *Time* (March 31, 2016).

[43] OTT, Kate. Sex, *Tech, and Faith: Ethics for a Digital Age.* Grand Rapids: William B. Eerdmans Publishing Company, 2022.

[44] POULSEN, Franklin O.; BUSBY, Dean M.; GALOVAN, Adam M. Pornography Use: Who Uses It and How It Is Associated with Couple Outcomes. *Journal of Sex Research* 50/1 (2013): 72-83 apud OTT. *Sex, Tech, and Faith,* p. 32, n. 16.

[45] DINES. *Pornland,* p. 99-119.

[46] EMBA, Christine. *Rethinking Sex: A Provocation.* New York: Sentinel, 2022.

entanto, que tais números geralmente fazem referência à pornografia heterossexual e dominante. De fato, Ott argumenta que os jovens *queer* não experimentam os mesmos resultados negativos que os adolescentes heterossexuais experimentam com o uso de pornografia.[47] Mais pesquisas precisam ser feitas, e muito mais poderia ser dito. Mas, por enquanto, parece ser uma conclusão razoável que os resultados negativos para as mulheres estão pelo menos parcialmente ligados aos comportamentos e valores heteronormativos que são perpetuados por grande parte da atual pornografia dominante.

Além dos impactos da pornografia, como avaliar, em geral, a experiência que as mulheres fazem em relação à objetificação midiática? A Associação Americana de Psiquiatria concluiu, em 2007, que a sexualização de meninas e mulheres na mídia é, em parte, responsável por sua baixa autoestima, aumento da depressão, distúrbios alimentares e um enfraquecimento geral da confiança em si mesmas. Além disso, a exposição de meninas adolescentes à mídia objetificante resulta na diminuição do uso de preservativo e da assertividade sexual.[48] É importante ressaltar que esses efeitos não são apenas atribuídos à objetificação direta em si, mas também à *auto- objetificação*, que resulta de expectativas internalizadas. O pesquisador Peter Koval e seus colaboradores apresentaram essa conclusão em 2019, sustentando que a exposição a eventos objetificantes na vida diária está fortemente ligada, para as mulheres, à

---

[47] OTT. *Sex, Tech, and Faith*, p. 32; Ver também: LIONG, Mario; CHENG, Grand H-L. Objectifying or Liberating? Investigation of the Effects of Sexting on Body Image. *The Journal of Sex Research* 56/3 (2019): 337-344.

[48] AMERICAN PSYCHOLOGICAL ASSOCIATION. Report of the APA Task Force on the Sexualization of Girls. Washington, DC: American Psychological Association, 2007. Formas mais explícitas de objetificação sexual – por exemplo, avanços sexuais indesejados – estão associadas a níveis mais elevados de ansiedade e a níveis mais baixos de autoestima. O autossilenciamento como estratégia de desconexão também pode resultar dessas formas de objetificação. Ver: SAEZ, Gemma; VALOR-SEURA, Inmaculada; EXPOSITO, Francisca. Interpersonal Sexual Objectification Experiences. Psychological and Social Well-Being Consequences for Women. *Journal of Interpersonal Violence* 34/4 (2019): 741-762.

auto-objetificação, prevendo que, a longo prazo, aumentariam as emoções negativas e a má consciência de si.[49]

É claro que correlação não é sinônimo de causalidade e, por isso, existe um desacordo substancial sobre a extensão do dano direto e individual causado pela objetificação sexual, pornográfica ou não. Como a ética feminista das virtudes não está preocupada simplesmente com o dano individual direto, ela também considera enfaticamente os danos *sociais* perpetuados pela objetificação das mulheres, inclusive pela pornografia. Todas as mulheres, *como* mulheres, são convidadas a internalizar as representações muitas vezes nocivas da sociedade, entendendo a si mesmas não tanto como sujeitos desejantes, mas como objetos desejados. A objetificação sexual das mulheres, portanto, faz com que se apresentem negativamente, resultando numa visão negativa da própria liberdade e igualdade social. De acordo com o filósofo Timo Jutten, "a objetificação sexual é uma ameaça à autonomia das mulheres, porque convida os homens (e outras mulheres) a vê-las como objetos sexuais, cujo valor é definido pelos interesses sexuais dos homens, e não como sujeitos autônomos".[50] Em outras palavras, a objetificação sexual - seja por meio de representação pornográfica, do assédio sexual ou de coisa ainda pior - comunica a *todas* as mulheres que elas são valorizadas de uma maneira particular, isto é, de acordo com sua aparência; e, na maioria das vezes, implica o correlato de que as mulheres são socialmente inferiores aos homens. As mulheres ficam, portanto, comprometidas em sua capacidade de se apresentar como quiserem, e os homens - todos os homens - acabam vendo as mulheres como aquelas que devem servir aos interesses e desejos dos homens heterossexuais. Segundo Jutten, a força cumulativa que isso tem "transforma a representação em realidade", reforçando a desigualdade social.[51] Se quisermos interpretar o dano da

---

[49] KOVAL, Peter; HOLLAND, Elise; ZYPHUR, Michael J.; STRATEMEYER, Michelle; KNIGHT, Jennifer Makovec; BAILEN, Natasha H.; THOMPSON, Renee J.; ROBERTS, Tomi-Ann; HASLAM, Nick. How Does It Feel to Be Treated Like an Object? Direct and Indirect Effects of Exposure to Sexual Objectification on Women's Emotions in Daily Life. *Journal of Personality and Social Psychology* 116/6 (2019): 885-898.

[50] JÜTTEN. Sexual Objectification, p. 38.

[51] JÜTTEN. Sexual Objectification, p. 40.

objetificação com precisão, devemos avaliar esse dano indireto imposto a todas as mulheres.

Esse ponto leva diretamente a outro ainda mais crítico e sistêmico: a objetificação sexual através da pornografia dominante contribui para a cultura do estupro. Como vimos, as imagens da pornografia dominante, de modo geral, erotizam a submissão, a degradação e até mesmo a violência contra as mulheres. O consumo generalizado de pornografia em idades cada vez mais jovens não apenas reflete e expressa normas sociais, mas também as molda. Desse modo, a questão não é apenas se as mulheres (ou os homens) desfrutam ou não da pornografia, ou mesmo se os indivíduos são diretamente impactados por ela; é impossível que os indivíduos estejam *totalmente* livres do *script* social expresso e perpetuado pela pornografia. Catharine MacKinnon tem insistido vigorosamente sobre isso nas últimas décadas: a pornografia é um meio primário pelo qual a sexualidade é socialmente construída. Para ela, emerge claramente da pornografia o que os homens querem: "Mulheres amarradas, mulheres agredidas, mulheres torturadas, mulheres humilhadas, mulheres degradadas e pervertidas, mulheres mortas. Ou, para ser justo com o *softcore*, mulheres sexualmente disponíveis, que estejam à mão, querendo ser levadas e usadas, com talvez apenas um toque de sadomasoquismo".[52] Recentemente, Srinivasan descreveu a posição de MacKinnon desta forma: "A pornografia ensina os homens a ouvir "sim" quando as mulheres dizem "não"; a desacreditar das mulheres que se dizem assediadas ou estupradas; a considerar resistência como timidez e timidez como convite".[53] Dessa forma, a pornografia molda sutilmente as normas sociais, bem como os desejos pessoais, e o faz de maneiras que particularmente privilegiam os homens brancos heterossexuais. Algumas mulheres podem apoiar ou até desejar esse *script*; mas o *script* em si é, no entanto, uma forma de dominação e sujeição.

[52] MACKINNON. Sexuality, Pornography, and Method.

[53] SRINIVASAN. *The Right to Sex*, p. 53. Srinivasan descreve a posição de MacKinnon conforme expressa no seu livro Only Words (Cambridge: Harvard University Press, 1996). A própria Srinivasan aceita algumas partes da abordagem de MacKinnon e rejeita outras, acreditando que não é possível uma divisão nítida entre os campos "antipornografia" e "pró-pornografia" (p. 55)

Outro aspecto a ressaltar é que a questão do dano resulta particularmente enfraquecida quando vista da perspectiva da raça. A maioria dos produtores de pornografia dominante são brancos. Artistas de cor geralmente ganham menos dinheiro e têm menos oportunidades do que artistas brancos. As mulheres negras, por exemplo, ganham apenas entre 50 e 75% do que as mulheres brancas recebem por um filme *hardcore*.[54] Além disso, os estereótipos raciais abundam. As mulheres negras são frequentemente tipificadas como "Jezebéis" hipersexualizadas, e as mulheres asiáticas são geralmente retratadas como subservientes.[55] Alguns estudiosos de cor traçaram a conexão entre tais retratos e a opressão das mulheres BIPOC ao longo da história. Patricia Hill Collins, por exemplo, argumenta que a objetificação estereotipada, na pornografia, dos corpos das mulheres negras como animalescos e conquistáveis – muitas vezes através do uso de chicotes e correntes – é diretamente fundada no tratamento hediondo dos corpos das mulheres negras na sociedade europeia do século XIX e no sistema estadunidense de escravização e posse de seres humanos e seus descendentes como propriedade (*American Chattel Slavery*).

Tal exploração, na visão de Collins, exige a passividade das mulheres BIPOC e serve aos interesses materiais e políticos da cultura branca e capitalista.[56] Da mesma forma, o historiador Gregory D. Smithers entende que a pornografia capitalizou os estereótipos das mulheres indígenas como sexualmente acessíveis – constituindo uma forma de violência colonial. Para ele, "a pornografia *on-line* continua uma tradição colonial predatória de naturalizar imagens sexuais [...] e esse conteúdo pornográfico não é de forma alguma entretenimento inocente; ele povoa espaços digitais numa época em que há uma epidemia de violência e exploração sexual contra mulheres, meninas, pessoas trans e pessoas indígenas de dois-espíritos em

[54] TARRANT. *The Pornography Industry*, p. 52.

[55] DINES. *Pornland*, p. 124-131.

[56] COLLINS, Patricia Hill. The Sexual Politics of Black Womanhood. In: COLLINS, Patricia Hill. *Black Feminist Thought*, 30th Anniversary Edition. New York: Routledge, 2022, p. 160-192.

comunidades indígenas nos Estados Unidos e no Canadá".[57] De acordo com tais abordagens, o dano da pornografia dominante vai muito além da esfera individual e do sexismo denunciado por tantas feministas da segunda onda do feminismo. Mais ainda, o dano da pornografia é de natureza social e interseccional e não pode ser separado das forças maiores do racismo branco e do colonialismo de ocupação.

3. Uma ética feminista antiobjetificação numa era digital

O que uma ética feminista das virtudes pode oferecer, particularmente diante das diversas experiências que as mulheres têm com a pornografia? A noção de consentimento por si só não é suficiente. A livre escolha é, de fato, central para a vivência adulta da personalidade, e não é preciso dizer que o não-consentimento é extremamente problemático – especialmente para as mulheres para as quais o consentimento sexual é tão rotineira e notoriamente negado. Mas entender a ética da pornografia apenas em termos de consentimento individual significa desconsiderar as maiores forças sociais de objetificação descritas acima. Não devemos abordar os desafios levantados pela pornografia apenas erradicando indivíduos verdadeiramente abusivos – o que já seria bom – ou encorajando as pessoas a serem mais castas – o que seria implausível, na melhor das hipóteses, e imensamente prejudicial para as mulheres, praticamente falando. Pelo contrário, devemos visar a outros bens que sustentem uma experiência mais humanizadora da sexualidade. Esses bens incluem o empoderamento de meninas e mulheres, o respeito mútuo e a igual consideração entre todos os parceiros sexuais e a saúde física e psicológica subjacente ao bem-estar humano em geral. Procurarei, aqui, analisar as implicações que derivam desses valores, tanto em geral quanto aplicados à pornografia.

Ao contrário das interpretações filosoficamente refinadas de consentimento livre, uma compreensão feminista da ação humana deve incluir não apenas formas negativas de liberdade, mas também o

[57] SMITHERS, Gregory D. Predatory Colonialism: Indigenous Women and the Violence of Objectification in the United States. *Journal of the History of Sexuality* 30/2 (2021): 253-278.

empoderamento necessário para permitir essa liberdade. No caso da pornografia, esse empoderamento inclui o fortalecimento do agir sexual das meninas e mulheres, embora não se limite a ele. Uma mais adequada educação sexual integral nas escolas, nas organizações cívicas e nas igrejas é vital para alcançar esse objetivo. As igrejas podem ter um enorme impacto nessa tarefa. No entanto, é lamentável que muitas igrejas promovam a educação "somente para a abstinência" – uma forma de "educação" sexual que faz muito pouco para diminuir a incidência de gravidez indesejada ou reduzir as chances de infecções sexualmente transmissíveis (IST).[58] Além disso, a educação somente para a abstinência tende a perpetuar a associação de moralidade com virgindade, especialmente nas meninas, alimentando o mito da "virgem/prostituta". Os adolescentes devem ter a oportunidade de uma educação sexual profunda que inclua não apenas informações sobre reprodução, IST e contracepção, mas também os encoraje positivamente a explorar seus próprios desejos e necessidades e a se expressar com respeito em relação à sexualidade e às relações humanas. As igrejas são lugares oportunos para isso, se puderem transcender uma visão restrita de castidade com vista a uma orientação para a justiça e autodeterminação das mulheres e meninas.

Mas até mesmo essa educação e o empoderamento que ela promove não são suficientes. A objetificação sexual, em primeiro lugar, tem a ver com pessoas e forças sociais que *produzem objetificação*. As normas sociais patriarcais e a masculinidade tóxica pavimentam o caminho para uma experiência dominadora e unidirecional do sexo, destrutiva para todos os envolvidos. Elas formam meninos e homens heterossexuais de um modo muito problemático, isto é, partem do princípio de que eles têm um fundamental direito ao sexo e de que as mulheres e as meninas devem estar disponíveis para satisfazê-los. Elas silenciam os desejos das

---

[58] Ver, por exemplo: STANGER-HALL, Kathrin F.; HALL, David W. Abstinence-Only Education and Teen Pregnancy Rates: Why We Need Comprehensive Sex Education in the US. Plos One (October 14, 2011). Disponível em: https://journals.plos.org/plosone/article?id=10.1371/journal.pone.0024658. Acesso em: 10 out. 2023; BRÜCKNER, Hannah; BEARMAN, Peter. After the Promise: The STD Consequences of Adolescent Virginity Pledges. *Journal of Adolescent Health* 36/4 (2005): 271-278; FORTENBERRY, J. Dennis. The Limits of Abstinence-Only in Preventing Sexually Transmitted Infections. *Journal of Adolescent Health* 36/4 (2005): 269-270.

mulheres e amplificam os desejos unilaterais dos homens, de modo que o próprio sexo heterossexual é muitas vezes caracterizado pela dominação e submissão que se enquadram nas linhas usualmente definidas de gênero. Além disso, esses aspectos da cultura moderna operam para desconectar a atividade sexual das emoções humanas mais profundas, bem como a vulnerabilidade e a intimidade relacional, que, em última análise, dão ao sexo seu poder e significado para tantas pessoas de qualquer gênero. E a pornografia dominante - devemos enfatizar - não faz *nada* para interromper esses padrões e expectativas; pelo contrário, ela os fortalece.

Em contrapartida, uma ética feminista das virtudes promove o respeito mútuo e a igual consideração como componentes da virtude da justiça. O sexo - sexo verdadeiramente bom e humanizador - deve abranger a plena capacidade de fazer com que ambos estejam em harmonia. Na concepção de Cahill, um não pode "derivar" do outro; ambos devem querer ser fundamentalmente transformados, pois, "com uma pessoa "derivada", nenhum diálogo real é possível, mas apenas monólogo".[59] A mutualidade requer um autêntico dar e receber, em que cada parte se envolve em receptividade ativa e atividade receptiva.[60] Embora esse dar e receber certamente admita graus, ele todavia depende de algum nível razoável de igual consideração um do outro; pois, na ausência de igual consideração, as relações sexuais acabam se subordinando à vontade e aos desejos de pelo menos uma das partes.

É aqui que a distinção entre "pornográfico" e "erótico", descrita acima, se torna particularmente relevante. Se o pornográfico envolve a atitude de domínio e a supressão do sentimento, o erótico está profundamente enraizado na reciprocidade entre parceiros e na celebração da emoção. Como afirma Audre Lorde, "em contato com o erótico, eu me torno menos disposta a aceitar impotência, ou [...] resignação, desespero, autoapagamento, depressão, abnegação".[61] O pornográfico é, fundamentalmente, *de*sumanizador, enquanto o erótico celebra a conexão

[59] CAHILL. *Overcoming Objectification*, p. 52.

[60] FARLEY, Margaret A. *Just Love: A Framework for Christian Sexual Ethics*. New York, Continuum, 2006, p. 221.

[61] LORDE. Uses of the Erotic, p. 58.

autêntica que pode estar presente na sexualidade humana, uma conexão que constrói em vez de destruir.

Promover a reciprocidade na sexualidade humana implica, portanto, interromper e redirecionar a formação de meninos e homens para longe de padrões de abuso, dominação e desrespeito da plena capacidade de agir livremente que as meninas e mulheres têm. Implica, ainda, rejeitar as tendências de culpabilização das vítimas da cultura do estupro – por exemplo, o policiamento severo das roupas de mulheres e meninas como se fossem um "convite" para serem agredidas –, colocando o ônus principal da responsabilidade sobre aqueles que as agrediriam. Essa mudança reformula ativamente a maneira pela qual a ética sexual é ensinada. Em vez de confiar em estereótipos datados que estigmatizam as mulheres como passivas, igrejas, famílias e organizações cívicas devem promover a plena capacidade das mulheres de agir livremente e seu igual acesso aos bens sociais. Simplificando, as normas de justiça – incluindo o consentimento afirmativo, mas não se limitando a ele – devem substituir as de abstinência, castidade e, de modo especial, a sutil mentalidade de "meninos agem assim mesmo", que atualmente predomina em espaços religiosos e não religiosos.

Uma abordagem feminista das virtudes dará maior ênfase ao bem-estar físico e psicológico das mulheres – não apenas daquelas diretamente envolvidas com a pornografia, mas de *todas* as mulheres e meninas. É escandaloso e inaceitável que grande parte da pornografia dominante seja caracterizada pela dominação, humilhação e abuso de mulheres. Um encontro sexual *on-line* é um encontro corporal, pois, além de envolver os corpos de artistas reais, ele visa estimular espectadores reais. A segurança física e psíquica dos modelos pornográficos deve, portanto, ser de alta prioridade. Essa é uma das razões pelas quais, do ponto de vista da prudência, a censura generalizada da pornografia é uma resposta limitada para a prática. A censura, provavelmente, tornará os modelos menos seguros, já que a indústria como um todo atua na clandestinidade, podendo forçar muitos deles a recorrer a novas e ainda mais perigosas formas de trabalho sexual. Como Srinivasan pergunta incisivamente: "As dezenas de milhares de mulheres recentemente desempregadas, sem-teto e sem plano de saúde que recorreram à pornografia estariam numa melhor situação se também estivessem infringindo a lei?".[62] Tendo tudo isso presente, formas de expressão pornográfica que conduzem à degradação explícita das mulheres, ou que promovem estereótipos racistas ou coercitivos – mesmo se simulados –, devem ser combatidas tanto em nível individual como político, pois tais mídias deformam a personalidade dos sujeitos e promovem relações sociais injustas. A resistência pode ocorrer por meio da educação individual e pública, através de requisitos de licenciamento e aplicação de multas que desincentivem as formas mais vis de pornografia.

Nada disso deve ser interpretado como um argumento a favor de um puritanismo baseado na vergonha. Também não partilho da ideia de que o desejo de ser observado pelo outro de forma segura e humanizadora seja intrinsecamente errado. Formas alternativas de erotismo que fundamentalmente *contestem* esses tratamentos mais humilhantes e acabem com estereótipos heteronormativos, racistas e sexistas podem ser uma opção em relação à pornografia dominante e, no mínimo, evitar seus danos mais graves.

Sexo *explícito* não é o problema fundamental; mas violência, humilhação e degradação, sim. A expressão erótica que faz jus à plena capacidade de expressão sexual das mulheres – como o fazem muitas versões da pornografia feminista e *queer* – apresenta considerações significativamente diferentes das versões nocivas e objetificantes que predominam no mercado hoje.[63]

Considerações finais

Em última análise, é evidente que as soluções a longo prazo para os problemas associados à objetificação pornográfica devem se estender para além da mídia e visar à melhoria das condições materiais de vida das mulheres. Oportunidade de empregos mais humanizadores, moradia a

[62] SRINIVASAN. *The Right to Sex*, p. 61.

[63] O espaço, aqui, impede um exame completo dessas formas alternativas de erotismo. Trata-se de um subconjunto crescente do que é comumente referido como "pornografia", embora ainda seja ofuscado por outras manifestações mais prejudiciais.

preços acessíveis, igualdade salarial quando se trata do mesmo trabalho, oposição forte e significativa à violência sexual e doméstica e responsabilidade partilhada pelo cuidado das crianças, tudo isso é necessário para que as mulheres possam desfrutar de uma autêntica capacidade de agir livremente tanto nas suas escolhas de emprego como na vivência da própria sexualidade.[64] Além disso, tais condições materiais se cruzam com o empoderamento de meninas e mulheres à medida que buscam resistir aos danos psicológicos que resultaram da objetificação extrema, tal como a pornografia dominante. Em outras palavras, as mulheres que são mais estáveis do ponto de vista material também estão mais bem preparadas para recuperar sua plena capacidade de expressão sexual e seu poder num mundo em que isso lhes é rotineiramente negado.

Embora a pornografia dominante não seja a pior forma de objetificação sexual que existe no mundo de hoje, ela também está muito longe de ser inofensiva. Avaliações que praticamente ignoram os possíveis danos – argumentando, por exemplo, a partir de um ponto de vista descontextualizado de liberdade de escolha, por um lado, ou de uma maior promoção da castidade, por outro – são inadequadas do ponto de vista da justiça.

Argumentei que reformular a ética sexual a partir da perspectiva das virtudes, com uma insistência feminista no contexto social e relacional, é o melhor caminho para abordar as preocupações sobre a pornografia levantadas pelos defensores do bem-estar das mulheres. A visão e as normas que a ética feminista promove – tais como um profundo sentido do agir sexual, do respeito mútuo, da igual consideração e do bem-estar físico e psicológico – representam um passo em direção a um mundo melhor, não apenas para as mulheres, mas para todas as pessoas.

Referências

ALARCÓN, Ruben de; IGLESIA, Javier I. de la; CASADO ESPADA, Nerea M.; MONTEJO, Angel L. Online Porn Addiction: What We Know and What We Don't – A Systemic Review. *Journal of Clinical Medicine* 8/91 (2019): 1-20.

[64] CARSE, Alisa L. Pornography: An Uncivil Liberty? *Hypatia* 10/1 (1995): 172-173.

AMERICAN PSYCHOLOGICAL ASSOCIATION. Report of the APA Task Force on the Sexualization of Girls. Washington, DC: American Psychological Association, 2007.

BIGGS, John. The annual PornHub year in review tells us what we're really looking like online. *TechCrunch+* (December 13, 2018). Disponível em: https://techcrunch.com/2018/12/13/the-annual-pornhub-year-in-review--tells-us-what-were-really-looking-at-online/. Acesso em: 10 out. 2023.

BREM, Meagan J.; GARNER, Alisa R.; GRIGORIAN, Hannah; FLORIMBIO, Autumn Rae; WOLFORD-CLEVENER, Caitlin; SHOREY, Ryan C.; STUART, Gregory L. Problematic Pornography Use and Physical and Sexual Intimate Partner Violence Perpetration Among Men in Batterer Intervention Programs. *Journal of Interpersonal Violence* (November 21, 2018).

BRIDGES, Ana; WOSNITZER, Robert; SCHARRER, Erica; SUN, Chyng; LIBERMAN, Rachael. Aggression and Sexual Behavior in Best-Selling Pornography Videos: A Content Analysis Update. *Violence Against Women* 16/10 (2010): 1065-1085.

BRÜCKNER, Hannah; BEARMAN, Peter. After the Promise: The STD Consequences of Adolescent Virginity Pledges. *Journal of Adolescent Health* 36/4 (2005): 271-278.

CAHILL, Ann J. *Overcoming Objectification: A Carnal Ethics*. New York: Routledge, 2011.

CARROLL, Jason S.; PADILLA-WALKER, Laura M.; NELSON, Larry J.; OLSON, Chad D.; BARRY, Carolyn McNamara; MADSEN, Stephanie D. Generation XXX: Pornography Acceptance and Use Among Emerging Adults. *Journal of Adolescent Research* 23/1 (2008): 6-30.

CARSE, Alisa L. Pornography: An Uncivil Liberty? *Hypatia* 10/1 (1995): 155-182.

COLLINS, Patricia Hill. The Sexual Politics of Black Womanhood. In: COLLINS, Patricia Hill. *Black Feminist Thought*, 30th Anniversary Edition. New York: Routledge, 2022, p. 160-192.

COPELAND, Shawn M. White Supremacy and Anti-Black Logics in the Making of U.S. Catholicism. In: LLOYD, Vincent W.; PREVOT, Andrew (eds.). *Anti-Blackness and Christian Ethics*. Maryknoll, NY: Orbis Books, 2017, p. 61-74.

DINES, Gail. *Pornland: How Porn Has Hijacked Our Sexuality*. Boston: Beacon Press, 2010.

DOUGLAS, Kelly Brown. More than Skin Deep: The Violence of Anti--Blackness. In: LLOYD, Vincent W.; PREVOT, Andrew (eds.). *Anti-Blackness and Christian Ethics*. Maryknoll, NY: Orbis Books, 2017, p. 3-18.

EMBA, Christine. *Rethinking Sex: A Provocation*. New York: Sentinel, 2022.

FARLEY, Margaret A. *Just Love: A Framework for Christian Sexual Ethics*. New York, Continuum, 2006.

FARLEY, Margaret A. Feminist Ethics. In: CHILDRESS, James F.; MACQUARRIE, John (eds.). *The Westminster Dictionary of Christian Ethics*. Philadelphia: Westminster Press, 1986, p. 229-231.

FORTENBERRY, J. Dennis. The Limits of Abstinence-Only in Preventing Sexually Transmitted Infections. *Journal of Adolescent Health* 36/4 (2005): 269-270.

FREDRICKSON, Barbara L.; ROBERTS, Tomi-Ann. Objectification Theory: Towards Understanding Women's Lived Experiences and Mental Health Risks. *Psychology of women Quarterly* 21 (1997): 173-206.

FULLAM, Lisa. Thou Shalt: Sex Beyond the List of Don'ts. *Commonweal* (20 April 2009). Disponível em: https://www.commonwealmagazine.org/thou-shalt. Acesso em: 10 out. 2023.

FULLAM, Lisa. Sex in 3-D: A Telos for a Virtue Ethics of Sexuality. *Journal of the Society of Christian Ethics* 27/2 (2007): 151-170.

GRIFFITH, Eric. Pornhub Reveals Explicit Traffic Numbers. *PC Mag* (December 20, 2019). Disponível em: https://www.pcmag.com/news/pornhub-reveals-explicit-traffic-numbers. Acesso em: 10 out. 2023.

HALD, Gert Martin; MALAMUTH, Neil M.; YUEN, Carlin. Pornography and Attitudes Supporting Violence Against Women: Revisiting the Relationship in Nonexperimental Studies. *Aggressive Behavior* 36/1 (2010): 14-20.

HARMON, Amy. BIPOC or POC? Equity or Equality? The Debate Over Language on the Left. *The New York Times* (November 1, 2021). Disponível em: https://www.nytimes.com/2021/11/01/us/terminology-language-politics.html. Acesso em: 10 out. 2023.

ISASI-DÍAZ, Ada María. *En La Lucha: Elaborating a* Mujerista *Theology*, 10th Anniversary Edition. Minneapolis: Fortress Press, 2004.

ISASI-DÍAZ, Ada María (ed.). Roundtable Discussion: *Mujeristas*: Who We Are and What We Are About. *Journal of Feminist Studies in Religion* 8/1 (1992): 105-125.

JOÃO PAULO II, Papa. *Redemptoris Custos.* Exortação Apostólica sobre a figura e a missão de São José na vida de Cristo e da Igreja. Petrópolis: Vozes, 1989.

JOHNSON, Luke Timothy. *The Revelatory Body: Theology as Inductive Art.* Grand Rapids, MI: William. B. Eerdmans Publishing Co., 2015.

JOHNSON, Luke Timothy. A Disembodied Theology of the Body: John Paul II on Love, Sex, and Pleasure. *Commonweal* (June 4, 2004). Disponível em: https://www.commonwealmagazine.org/disembodied-theology-body. Acesso em: 10 out. 2023.

JÜTTEN, Timo. Sexual Objectification. *Ethics* 127 (October 2016): 27-49.

KEENAN. Ética das Virtudes e Ética Sexual. In: ZACHARIAS, Ronaldo (org.). *Sexualidade e virtudes. Por uma ética da sexualidade à luz das virtudes.* Aparecida: Santuário, 2024, p.13-37.

KEENAN, James F. Virtue Ethics and Sexual Ethics. *Louvain Studies* 30/3 (2005): 180-197.

KLAASSEN, Marleen J. E.; PETER, Jochen. Gender (In)equality in Internet Pornography: A Content Analysis of Popular Pornographic Internet Videos. *The Journal of Sex Research* 52/7 (2015): 721-735.

KOVAL, Peter; HOLLAND, Elise; ZYPHUR, Michael J.; STRATEMEYER, Michelle; KNIGHT, Jennifer Makovec; BAILEN, Natasha H.; THOMPSON, Renee J.; ROBERTS, Tomi-Ann; HASLAM, Nick. How Does It Feel to Be Treated Like an Object? Direct and Indirect Effects of Exposure to Sexual Objectification on Women's Emotions in Daily Life. *Journal of Personality and Social Psychology* 116/6 (2019): 885-898.

LEBACQZ, Karen. Appropriate Vulnerability: A Sexual Ethic for Singles. In: ELLISON, Marvin M.; DOUGLAS, Kelly Brown (eds.). *Sexuality and the Sacred: Sources for Theological Reflection*, 2nd ed. Louisville, KY: Westminster John Knox Press, 2010, p. 272-277.

LIONG, Mario; CHENG, Grand H-L. Objectifying or Liberating? Investigation of the Effects of Sexting on Body Image. *The Journal of Sex Research* 56/3 (2019): 337-344.

LLOYD, Vincent W.; PREVOT, Andrew (eds.). *Anti-Blackness and Christian Ethics*. Maryknoll, NY: Orbis Books, 2017.

LORDE, Audre. Uses of the Erotic: The Erotic as Power. In: LORDE, Audre. *Sister Outsider: Essays and Speeches*. Freedom, CA: The Crossing Press, 1984, p. 53-59.

LOVELACE, Linda. *Ordeal: A Memoir*. New York: Citadel Press, 1980.

LUSCOMBE, Belinda. Porn and the Threat to Virility. *Time* (March 31, 2016).

MACKINNON, Catharine A. Sexuality, Pornography, and Method: Pleasure Under Patriarchy. *Ethics* 99/2 (1989): 314-346.

MALAMUTH, Neil M.; HALD, Gert Martin; KOSS, Mary. Pornography, Individual Differences in Risk and Men's Acceptance of Violence Against Women in a Representative Sample. *Sex Roles* 66 (2012): 427-439.

MALAMUTH, Neil; ADDISON, Tamara; KOSS, Mary. Pornography and Sexual Aggression: Are There Reliable Effects and Can We Understand Them? *Annual Review of Sex Research* 11 (2000): 26-91.

NUSSBAUM, Martha. Objectification. *Philosophy and Public Affairs* 24/4 (1995): 249-291.

OTT, Kate. *Sex, Tech, and Faith: Ethics for a Digital Age.* Grand Rapids: William B. Eerdmans Publishing Company, 2022.

PETERSON-IYER, Karen. *Reenvisioning Sexual Ethics: A Feminist Christian Account.* Washington, DC: Georgetown University Press, 2022.

PORNHUB. The 2019 Year in Review. *PornHub Insights* (December 11, 2019). Disponível em: https://www.pornhub.com/insights/2019-year-in-review. Acesso em: 10 out. 2023.

POULSEN, Franklin O.; BUSBY, Dean M.; GALOVAN, Adam M. Pornography Use: Who Uses It and How It Is Associated with Couple Outcomes. *Journal of Sex Research* 50/1 (2013): 72-83.

SAEZ, Gemma; VALOR-SEURA, Inmaculada; EXPOSITO, Francisca. Interpersonal Sexual Objectification Experiences. Psychological and Social Well-Being Consequences for Women. *Journal of Interpersonal Violence* 34/4 (2019): 741-762.

SCHÜSSLER FIORENZA, Elisabeth; TOWNES, Emilie Maureen (eds.). Roundtable Discussion: What's In a Name? *Journal of Feminist Studies in Religion* 11/1 (1995): 111-136.

SHEAR, Marie. Media Watch: Celebrating Women's Words. *New Directions for Women* 15/3 (1986): 6.

SMITHERS, Gregory D. Predatory Colonialism: Indigenous Women and the Violence of Objectification in the United States. *Journal of the History of Sexuality* 30/2 (2021): 253-278.

SRINIVASAN, Amia. *The Right to Sex: Feminism in the Twenty-First Century.* New York: Picador, 2021.

STANGER-HALL, Kathrin F.; HALL, David W. Abstinence-Only Education and Teen Pregnancy Rates: Why We Need Comprehensive Sex Education in the US. *Plos One* (October 14, 2011). Disponível em: https://journals.plos.org/plosone/article?id=10.1371/journal.pone.0024658. Acesso em: 10 out. 2023.

TARRANT, Shira. *The Pornography Industry: What Everyone Needs to Know*. New York: Oxford University Press, 2016.

THORSON-SMITH, Sylvia. *Pornography: Far from the Song of Songs*. A study paper adopted by the 200th General Assembly. Louisville, KY: The Office of the General Assembly of the Presbyterian Church (USA), 1988.

VALENTI, Jessica. *The Purity Myth: How America's Obsession with Virginity Is Hurting Young Women*. Berkeley, CA: Seal Press, 2010.

WILLIAMS, Delores S. *Sisters in the Wilderness: The Challenge of Womanist God-Talk*. Maryknoll, NY: Orbis Books, 1993.

WORLD HEALTH ORGANIZATION. Violence against Women (09.03.2021). Disponível em: https://www.who.int/news-room/fact-sheets/detail/violence-against-women. Acesso em: 10 out. 2023.

Cap. 11

A VIOLÊNCIA SEXUAL CONTRA MULHERES, O PECADO SOCIAL E A VIRTUDE DA RESISTÊNCIA

Suzanne Mulligan[1]

A reflexão que segue explora a conexão entre virtude, pecado social e violência sexual contra mulheres. Na tradição teológica católica, a atenção dedicada às questões de moralidade sexual tem sido grande, apesar de o foco, muitas vezes, centrar-se no ato sexual. Os eticistas, hoje, estão ajudando a promover a reflexão sexual numa outra direção: consideram como o contexto socioeconômico e cultural afeta a vivência da sexualidade, avaliam mais plenamente a qualidade do relacionamento e compreendem a escolha sexual no contexto mais amplo da experiência de vida da pessoa. Por essa razão, a ética das virtudes atua como um valioso interlocutor com a ética sexual.

Dividirei este capítulo em cinco partes. Na primeira, descreverei alguns dos fatores que contribuem para a violência de gênero em todo o mundo; na segunda, analisarei a forma como narrativa social e virtudes estão conectadas e, em particular, como a narrativa social negativa pode contribuir para a violência contra as mulheres; na terceira, examinarei a ideia de pecado social e, na quarta, argumentarei que a virtude da resistência desempenha um papel fundamental na mudança de práticas sexuais injustas. Por fim, na quinta parte, delinearei algumas implicações para a ética sexual católica hoje.

---

[1] **Suzanne Mulligan** é Doutora em Teologia (St Patrick's Pontifical University – Maynooth, Co. Kildare – Irlanda), Docente na mesma Universidade e membro da Catholic Theological Ethics in the World Church. Tradução do inglês: Tarcísio dos Santos, sdb.

1. Violência contra mulheres

Em 12 de janeiro de 2022, Ashling Murphy foi correr ao longo do Grande Canal, perto de Tullamore, na Irlanda. Ela tinha 23 anos de idade e estava começando sua carreira como professora de escola primária. Ashling foi correr à tarde, numa área normalmente cheia de caminhantes, corredores e amantes de cães. Às 16h, foi assassinada.

O assassinato violento de Ashling provocou indignação em toda a Irlanda. Dezenas de milhares de pessoas realizaram vigílias nos dias seguintes. Sua morte ganhou cobertura da mídia internacional e, à medida que a descrença se transformou em raiva, as pessoas marcharam nas ruas da Irlanda e da Inglaterra para protestar contra os crescentes níveis de violência de gênero.

Vigílias e protestos são formas valiosas de expressar solidariedade e podem atuar como um mecanismo de catarse pessoal e/ou nacional. Mas, muito tempo depois que os protestos cessaram e as velas da vigília se apagaram, a violência contra mulheres continua sendo um problema sistêmico na Irlanda. Um relatório da *Women's Aid*, de 2020, afirmou que uma em cada cinco mulheres jovens na Irlanda foi submetida a relações íntimas abusivas e que 51% das mulheres jovens afetadas sofreram tal tipo de abuso antes dos 18 anos de idade. A maioria dessas mulheres também sofreu abuso emocional. As estatísticas sobre as taxas globais de feminicídio revelam um fato ainda mais perturbador: aproximadamente, 137 mulheres são assassinadas todos os dias por alguém de sua família. Isso equivale a mais de 50.000 mulheres morrendo nas mãos de um membro da família a cada ano. Na Irlanda, desde 1996, 249 mulheres morreram em circunstâncias violentas. Destas, 63% foram assassinadas em suas próprias casas, 55% foram assassinadas por um parceiro ou ex-parceiro, e quase nove em cada dez mulheres conheciam seu assassino.[2]

A violência infligida a Ashling Murphy não acontece apenas na Irlanda. Mulheres em todo o mundo enfrentam perigo, discriminação

---

[2] WORLD HEALTH ORGANIZATION (WHO). *Violence Against Women* (09 March 2021). Disponível em: https://www.who.int/news-room/fact-sheets/detail/violence-against-women. Acesso em: 10 out. 2023. Para versão em língua portuguesa: OPAS/OMS. *Violência contra as mulheres*. Disponível em: https://rb.gy/79svla.

e morte todos os dias. A Organização Mundial da Saúde define a violência contra as mulheres como "qualquer ato de violência de gênero que resulte ou possa resultar em danos ou sofrimentos físicos, sexuais ou mentais para as mulheres, inclusive ameaças de tais atos, coação ou privação arbitrária de liberdade, seja em vida pública ou privada".[3] Além disso, a "violência por parte do parceiro se refere ao comportamento de um parceiro ou ex-parceiro que causa danos físicos, sexuais ou psicológicos – incluindo agressão física, coerção sexual, abuso psicológico e comportamentos de controle".[4] A violência sexual, por sua vez, refere-se a "qualquer ato sexual, tentativa de consumar um ato sexual ou outro ato dirigido contra a sexualidade de uma pessoa por meio de coerção, por outra pessoa, independentemente de sua relação com a vítima e em qualquer âmbito. Compreende o estupro [...], tentativa de estupro, toque sexual indesejado e outras formas sem contato".[5]

Os dados da Organização Mundial da Saúde indicam que, entre 2000 e 2018, em 161 países, quase uma em cada três mulheres (30%) foi submetida a violência física e/ou sexual por um parceiro íntimo ou não íntimo, ou por ambos. Mais de um quarto das mulheres com idade entre 15-49 anos sofreu violência física e/ou sexual por um parceiro íntimo pelo menos uma vez na vida.[6] Essa violência é muitas vezes extrema; aproximadamente 38% de todos os assassinatos de mulheres em todo o mundo são cometidos por um parceiro íntimo.[7]

A violência de gênero[8] é o resultado de uma miríade de fatores, incluindo baixos níveis de educação, histórico de violência familiar, abuso

[3] WHO. *Violence Against Women.*

[4] WHO. *Violence Against Women.*

[5] WHO. *Violence Against Women.*

[6] WHO. *Violence Against Women.*

[7] WHO. *Violence Against Women.*

[8] A violência de gênero pode acontecer com qualquer pessoa de qualquer gênero, mas normalmente as mulheres e as meninas são vítimas de tal violência numa escala mais frequente e elevada. Utilizo, aqui, o termo "violência de gênero" em relação às mulheres vítimas de violência. Ver: UNITED NATIONS. UNiTE! Activism to End Violence Against Women & Girls! Disponível em: https://www.un.org/en/observances/ending-violence-against-women-day?gclid=EAIaIQobChMI8cC6_bvd_AIViu_tCh0XKg6yEAAYBCAAEgKPNvD_BwE. Acesso em: 10 out. 2023.

de substâncias e atitudes que toleram a violência em geral. Além disso, a falta de independência econômica das mulheres, incluindo a falta de acesso a um emprego remunerado, aumenta a sua vulnerabilidade sexual. Mais ainda, a violência de gênero continua a ser uma realidade em grande parte invisível e silenciada na maioria das comunidades.[9] Normas culturais e religiosas que reforçam nocivos estereótipos de gênero agravam a situação. Em algumas culturas, por exemplo, noções profundamente arraigadas de honra familiar ou pureza sexual são usadas para justificar a violência contra as mulheres. Atitudes que promovem um senso de direito sexual masculino, bem como penalidades legais inadequadas para a violência sexual, servem apenas para piorar o problema.[10]

As consequências para a saúde de mulheres e meninas são devastadoras. Gravidezes indesejadas, lesões ginecológicas graves e infecções sexualmente transmissíveis são comuns após encontros sexuais violentos. Além disso, a violência física durante a gravidez aumenta a chance de abortos espontâneos, natimortos ou partos prematuros. Como sempre, a violência sexual, muitas vezes, leva à depressão, transtorno de estresse pós-traumático, dificuldades de sono, distúrbios alimentares e tentativas de suicídio entre mulheres e meninas.[11]

A violência sexual é uma das razões pelas quais constatamos um desequilíbrio na incidência de doenças, especialmente infecções sexualmente transmissíveis, nas populações. Por exemplo, em 2021, 54% de todas as pessoas vivendo com HIV eram mulheres e meninas. Esse ponto é reforçado quando se considera que, em média, 4.900 jovens com idades compreendidas entre 15 e 24 anos foram infectadas pelo HIV todas as semanas. Na África Subsaariana, 6 em cada 7 novas infecções por HIV entre pessoas de 15 a 19 anos se dão entre as meninas. E as mulheres com idade entre 15 e 24 anos são duas vezes mais propensas a serem HIV positivas do que os homens na mesma faixa de idade. Além disso,

[9] WHO. *Violence Against Women.*

[10] WHO. *Violence Against Women.*

[11] WHO. *Violence Against Women.*

mulheres e meninas representaram 63% de todas as novas infecções por HIV na África Subsaariana, em 2021.[12]

A falta de igualdade econômica, cultural e social coloca as mulheres em risco de exploração sexual. As mulheres raramente desfrutam de paridade econômica com os homens: não é incomum que elas sejam empregadas com salários mais baixos, muitas vezes trabalhando mais horas e com menos proteções legais; são elas também que realizam a maioria dos trabalhos de cuidado não remunerados.[13] As mulheres têm menos direitos políticos e são mais propensas a depender de um parente ou cônjuge do sexo masculino para segurança financeira. Em muitos casos, as mulheres não são ouvidas quanto ao seu futuro sexual e reprodutivo, além de serem incapazes de negociar sexo seguro com um parceiro ou cônjuge. Desse modo, a violência e os desequilíbrios de poder nos relacionamentos são uma das razões para o aumento das infecções sexualmente transmissíveis em mulheres, especialmente as mais pobres.

Além disso, o casamento infantil continua assolando o mundo. Aproximadamente 12 milhões de meninas são forçadas a se casar, a cada ano, antes dos 18 anos de idade. E sabemos que a própria casa é muitas vezes o lugar mais perigoso para as mulheres. As Nações Unidas relatam que 13% das mulheres entre as idades de 15 a 49 anos sofreram violência por parceiro íntimo nos últimos 12 meses, e que 1 em cada 3 mulheres sofrerá violência física e/ou sexual pelo menos uma vez na vida. Aproximadamente 47 mil mulheres morreram em 2020 nas mãos de um parceiro ou membro da família. A pobreza, juntamente com a falta de empoderamento social e cultural, está forçando as mulheres a permanecerem em relacionamentos abusivos e perigosos.[14] É importante reconhecer que a misoginia e o sexismo também são impulsionadores da violência de gênero. Onde o desempoderamento das mulheres e a

[12] WHO. *Violence Against Women.*

[13] Ver: BRAZAL, Agnes. Ethics of Care in *Laudato Si'*: A Postcolonial Ecofeminist Critique. *Feminist Theology* 29/3 (2021): 223.

[14] Ver: UNWOMEN. Facts and Figures. Ending Violence Against Women. Disponível em: www.unwomen.org/en/what-we-do/ending-violence-against-women/facts-and-figures. Acesso em: 10 out. 2023.

masculinidade tóxica se juntam, o abuso físico e sexual de mulheres e meninas é mais prevalente. Embora esse tema esteja além do escopo desta reflexão, sabemos que as mulheres enfrentam muitos outros sofrimentos devido às mudanças climáticas. Isso pode aumentar sua vulnerabilidade sociopolítica e econômica e resultar em deslocamento forçado e exposição aos riscos do tráfico de pessoas.[15]

2. Narrativa social e virtudes

Se quisermos combater a violência de gênero, devemos considerar como a narrativa social afeta nossa compreensão sobre personalidade e dignidade humana. Uma profunda mudança social precisa acontecer, incluindo um reexame completo das narrativas sociais predominantes e do sistema de valores que as sustenta. Para Anne Patrick, "a narrativa [...] desempenha um papel educativo fundamental, comunicando e reforçando os valores e as virtudes estimados por uma cultura. Além disso, a narrativa também serve para criticar certas concepções de valor e virtude, uma vez que seu *status* privilegiado numa sociedade é visto como ambíguo. O papel crítico da narrativa, de fato, é uma parte importante da dinâmica de mudança no que diz respeito ao valor e à virtude".[16]

Para Aristóteles, a virtude é um traço de caráter que é bom para a pessoa possuir. No entanto, quem decide quais traços de caráter são importantes precisa de um escrutínio atento e constante. Nossa capacidade de crescer em virtude é influenciada por nossos grupos sociais e pelas narrativas que os sustentam. Essas narrativas podem nos nutrir ou nos tornar moralmente cegos.[17] Patrick afirma que a narrativa católica contribuiu para a marginalização das mulheres por causa do paradigma patriarcal que dominou a tradição católica romana. Isso contribuiu para padrões de pensamento e ação que são caracterizados pela misoginia: "Esse paradigma [...] articula muitos ideais de caráter, mas presume que

---

[15] Para uma abordagem mais completa, ver: BRAZAL. Ethics of Care in *Laudato Si'*.

[16] PATRICK, Anne. Narrative and the Social Dynamic of Virtue. In: CURRAN, Charles E.; FULLAM, Lisa A. (eds.). *Virtue*. New York: Paulist Press, 2011, p. 79.

[17] PATRICK. Narrative and the Social Dynamic of Virtue, p. 80.

seja apropriado atribuir a eles maior ênfase dependendo do gênero e do *status* social de cada um".[18]

Em contrapartida, Patrick advoga por um "paradigma igualitário" que reconheça a igualdade radical entre os sexos. O controle é substituído pelo respeito por todos os seres humanos. É um paradigma que valoriza o corpo e a humanidade das mulheres. Acolhe o conhecimento de que a sexualidade e a justiça social estão conectadas, e que a sexualidade não é apenas uma questão de virtude pessoal. Deve, portanto, incluir um compromisso com o bem-estar pessoal e dos outros, bem como o compromisso de estabelecer relações sociais baseadas na reciprocidade, no respeito e na igualdade.[19] Além disso, Patrick acredita que um paradigma igualitário leva em conta o impacto dos desequilíbrios de poder há muito estabelecidos nas relações, o que pode prejudicar a dignidade e a ação das mulheres em particular.[20]

Para ajudar a ilustrar como a narrativa às vezes enfraquece nossa capacidade de ver os parâmetros morais de uma situação, Patrick relata o assassinato de uma freira católica Marie-Clementine Anuarite Nengapeta, por soldados durante a guerra civil do Zaire. A Ir. Marie preferiu morrer a entregar sua virgindade aos agressores. Ao defender sua canonização, o Papa João Paulo II elogiou o "valor primordial concedido à virgindade", levantando a questão sobre o porquê de a virgindade dever ser considerada um valor mais importante do que a vida de uma mulher.

Há outras características incômodas nessa história. Por exemplo, João Paulo II não se deu conta do perigo em que a Ir. Marie se encontrava. Como vimos acima, a violência sexual é descarregada sobre as mulheres diariamente e, ainda assim, não encontramos nenhuma consideração sobre isso no parecer de João Paulo II. O assassinato da Ir. Marie teria sido uma oportunidade para um papa conscientizar sobre a violência de gênero e se solidarizar firmemente com as mulheres em situações perigosas, mas, ao invés, a prioridade foi reforçar as "virtudes femininas

[18] PATRICK. Narrative and the Social Dynamic of Virtue, p. 82.

[19] PATRICK. Narrative and the Social Dynamic of Virtue, p. 83.

[20] PATRICK. Narrative and the Social Dynamic of Virtue, p. 84.

tradicionais", como obediência, docilidade e submissão.[21] A aparente falta de compreensão de como tais virtudes colocam as mulheres em risco de violência sexual foi uma grave falha da parte de João Paulo II. Além disso, ele perdoou o homem que cometeu o assassinato. Esse aspecto do caso demonstra mais uma vez como a narrativa pode distorcer nossas sensibilidades morais, especialmente quando valores como pureza sexual e virgindade parecem prevalecer sobre a segurança pessoal das mulheres. Para Patrick, "numa sociedade patriarcal, as mulheres não precisam de exortações à humildade e ao autossacrifício, ou de histórias de santos que preferiram a morte ao estupro. Pelo contrário, as mulheres precisam de novos modelos de virtudes e de novas histórias que os comuniquem. [O que é necessário] são novas narrativas que vão além da crítica e teoria para fornecer modelos que demonstrem – com um poder que a prosa acadêmica nunca pode alcançar – a bondade e a beleza das vidas governadas pelo paradigma igualitário das virtudes".[22] Desse modo, uma apreciação mais profunda do impacto da narrativa, da expectativa social e das normas culturais sobre nossos costumes sexuais enriqueceria o ensino magisterial sobre sexualidade. Um ponto crucial seria ouvir as vozes e experiências das mulheres.

3. A violência sexual como pecado social

A narrativa social e o pecado social estão muitas vezes intimamente ligados. As narrativas legitimam nosso senso de identidade, dão sentido à nossa vida e moldam nossa visão de mundo. Mas, é claro, algumas narrativas são destrutivas da dignidade humana. "Estruturas de violência",[23] ou o que chamamos de "pecado estrutural" ou "social" no linguajar teológico, aumentam o risco de doença e morte prematura entre os pobres, contribuem para a exploração sexual de mulheres e meninas e legitimam normas de gênero que causam danos às mulheres. Se as "estruturas de

---

[21] PATRICK. Narrative and the Social Dynamic of Virtue, p. 85.

[22] PATRICK. Narrative and the Social Dynamic of Virtue, p. 91.

[23] Essa expressão é emprestada de: FARMER, Paul. Women, Poverty, and AIDS. In: FARMER, Paul; CONNORS, Margaret; SIMMONS, Janie (eds.). *Women, Poverty, and AIDS: Sex, Drugs, and Structural Violence.* Maine, US: Common Courage Press, 2011, p. 26.

violência" são tanto construídas como mantidas pelos seres humanos – e como Paul Farmer afirmou de forma provocativa –, essas estruturas precisam de seus apologistas.[24]

Em *Towards a Politics of Communion,* Anna Rowlands oferece-nos um sólido relato sobre o pecado estrutural, inspirando-se na teologia da libertação, no trabalho de João Paulo II e nos ensinamentos do Papa Francisco.[25] O pecado estrutural é mais do que simples estruturas sociais, políticas e leis que oprimem as pessoas; refere-se também a uma *cultura pervasiva* que apoia expressões formais de injustiça, exclusão e intolerância. Refere-se à criação de uma cultura, um modo de ver e viver que legitima a opressão dos outros. Discorrendo sobre a situação dos migrantes, Rowlands argumenta que, se quisermos corrigir nosso fracasso moral, devemos primeiro reconhecer o que ela chama de "desorientação" moral. Em outras palavras, devemos adquirir a capacidade de primeiro reconhecer nossa cegueira moral antes de podermos desmantelar estruturas pecaminosas.[26] A conversão moral é a companheira do crescimento moral.

Rowlands destaca uma série de omissões na forma como o Magistério lida com o pecado social, incluindo os pecados de racismo e abuso infantil. Segundo ela, "falar da dignidade humana no âmbito das doutrinas do pecado e da salvação e não abordar essa questão em suas dimensões sociais e estruturais é inconcebível. A crise dos abusos é manifestamente um exemplo de pecado social voltado para dentro, e vivemos ainda com a ausência de uma linguagem totalmente adequada para abordar essa realidade".[27] Além disso, eu diria que uma cultura generalizada de misoginia e sexismo na Igreja ainda não foi totalmente reconhecida. Sabemos que o pecado social depende de culturas e ideologias que desculpam, e até

[24] FARMER. Women, Poverty, and AIDS, p. 26.

[25] Ver: ROWLANDS, Anna. *Towards a Politics of Communion: Catholic Social Teaching in Dark Times.* London: T&T Clark, 2021, especialmente o Capítulo 4.

[26] ROWLANDS. *Towards a Politics of Communion,* p. 85. Para uma excelente abordagem da aplicação do "pecado estrutural" à crise migratória, ver: HEYER, Kristin E. *Kinship Across Borders: A Christian Ethic of Immigration.* Washington: Georgetown University Press, 2012, Capítulo 2.

[27] ROWLANDS. *Towards a Politics of Communion,* p. 109.

encorajam, a injustiça para com os outros. E uma cultura de misoginia, que milita contra a dignidade das mulheres, deve ser claramente rejeitada.

Outros como Kristin Heyer, Daniel Finn e Bryan Massingale também estão desenvolvendo a teologia do pecado social. Embora seu trabalho seja focado principalmente na crise migratória, as percepções de Heyer sobre o pecado social são muito úteis para discussões sobre questões sexuais. Para Heyer, a teologia católica reconhece a maneira pela qual as nefastas relações estruturais impedem boas tomadas de decisão e como elas contribuem para corromper os sistemas de valores. Ideologias como o racismo, o sexismo e a xenofobia contribuem para a cegueira moral individual e coletiva.[28] Para Finn, as estruturas sociais resultam da atividade dos indivíduos; no entanto, essas também afetam suas escolhas, que, embora livres, são sempre condicionadas.[29] Desse modo, quando parcialidade e preconceito distorcem nosso senso do que é certo, torna-se mais difícil fazer escolhas verdadeiramente morais. O pecado social pode encorajar os indivíduos a agirem mal, inibindo-lhes a capacidade de reconhecerem a dignidade dos outros ou de entrarem no caos de suas vidas. Massingale escreve extensivamente sobre as maneiras pelas quais as culturas pervasivas do pecado destroem nosso senso de justiça e nossa capacidade de persegui-lo, com foco particular no pecado do racismo.[30]

Por tudo isso é que Kate Ward refere-se à fragilidade das virtudes.[31] Os seres humanos, por sua própria natureza, são frágeis; somos

[28] HEYER, Kristin. Social Sin and Immigration: Good Fences Make Bad Neighbors. *Theological Studies* 71/2 (2010): 410-436; Migration, Social Sin, and Solidarity. In: PHAN, Peter (ed.). *Christian Theology in the Age of Migration: Implications for World Christianity*. Lanham, Maryland: Lexington Books, 2020, p. 185-200.

[29] FINN, Daniel K. What is a Sinful Social Structure? *Theological Studies* 77/1 (2016): 136-164; Sin and the Social World. *Modern Theology* 39/1 (2023): 114-120.

[30] MASSINGALE, Bryan. The Welcome Table: The Table Fellowship of Jesus and Its Implications for Racial Justice. In: COVER, Michael B.; THEIDE, John; BURNS Joshua Ezra (eds.). *Bridging Scripture and Moral Theology*. Lexington Books: Rowman Press, 2019, p. 23-38; The Erotics of Anti-Blackness: Police Sexual Violation of Black Bodies. In: LLOYD, Vincent W.; PREVOT, Andrew (eds.). *Antiblackness in Christian Ethics*. Maryknoll, NY: Orbis Books, 2017, p. 173-194.

[31] WARD, Kate. Virtue and Human Fragility. *Theological Studies* 81/1 (2020): 150-168.

criaturas mutáveis, que caminham para uma maior autocompreensão. Essa autocompreensão, quase sempre falha e incompleta, é também suscetível a padrões externos de pensamento que podem distorcer nossa percepção de mundo. Se quisermos crescer na virtude, precisamos de maturidade pessoal e autoconsciência, bem como contar com contextos sociais que permitam o autêntico florescimento humano. Como veremos a seguir, Karen Peterson-Iyer também argumenta que ambientes seguros e de apoio são cruciais para o desenvolvimento da integridade emocional, algo que, por sua vez, é essencial para o autocuidado sexual.

Se aceitarmos que as normas sociais e culturais moldam profundamente nosso senso do que é certo, como então a ética das virtudes, em geral, e a virtude da resistência, mais especificamente, podem nos ajudar a enfrentar as injustiças sociais, incluindo a violência de gênero? Volto minha atenção, agora, a essas questões.

4. A virtude da resistência

A violência sexual, em todas as suas formas, é uma expressão do pecado social, bem como do pecado individual, pois sua aceitação pode ser incorporada ao *ethos* de uma comunidade, assim como o fracasso em abordar suas causas pode ser o resultado de uma educação inadequada e de carência de proteções legais para as mulheres. Mas esses problemas, embora talvez profundamente enraizados na sociedade, podem ser enfrentados. Entendida dessa forma, a resistência pode ser vista como uma virtude.

Na tradição católica, desde o Concílio de Trento, a teologia moral tem sido moldada pela perspectiva, pelo tom e pelo foco legalista dos Manuais, que tratavam da moralidade normativa, concentrando-se em ações morais como se fossem coisas diferentes. No entanto, após a renovação da teologia moral, e, em particular, desde o Concílio Vaticano II, tivemos um retorno a uma abordagem da ética teológica mais centrada na pessoa e mais relacional. E o ressurgimento da ética das virtudes tem desempenhado um papel significativo na forma como entendemos a moralidade e suas implicações para a pessoa.

Eticistas como James Keenan têm estado na vanguarda dessa abordagem. Ele argumentou que a ética das virtudes nos direciona para questões fundamentais sobre a caminhada humana.[32] A ética das virtudes centra-se no cultivo e na prática das virtudes – aqueles traços de caráter que são considerados bons para uma pessoa ter e que permitem que as pessoas tomem boas decisões *de forma consistente*. Sendo a formação do caráter moral uma preocupação fundamental da ética das virtudes, a pergunta mais importante é "quem devo me tornar?", e não tanto "o que devo fazer?". Em outras palavras, ela se preocupa mais com uma ética *do ser* do que com uma *ética do fazer*.

Keenan propõe três questões que constituem o ponto de partida da ética das virtudes: Quem somos nós? Quem devemos nos tornar? Como vamos chegar lá?[33] Elas favorecem a entrada na discussão sobre os relacionamentos sexuais e os valores que os sustentam, uma vez que a ética das virtudes nos direciona para a autocrítica, o crescimento pessoal e a avaliação dos nossos relacionamentos. Sendo centrada na pessoa, a ética das virtudes nos convida a nos vermos como somos e a reconhecermos o potencial do que podemos nos tornar. Para Keenan, "a ética das virtudes abrange toda a nossa vida. Ela considera cada momento como possibilidade de adquirir ou desenvolver uma virtude".[34] Ou, como afirma Daniel Daly, as ações morais devem ser julgadas pela forma como respeitam a dignidade humana e melhoram as *relações* humanas.[35] De forma peculiar, Keenan propõe um conjunto de virtudes cardeais que, segundo ele, nos permitem dialogar transculturalmente sobre a qualidade das relações humanas. São elas: justiça, fidelidade, autocuidado e prudência.[36] O espaço não permite um exame aprofundado de cada uma dessas virtudes e, por

[32] KEENAN, James F. Virtue Ethics and Sexual Ethics. *Louvain Studies* 30/3 (2005): 180-197 (Capítulo 1 deste livro p. 13-37).

[33] KEENAN. Ética das Virtudes e Ética Sexual, p. 16 deste livro.

[34] KEENAN. Ética das Virtudes e Ética Sexual, p. 19 deste livro.

[35] DALY, Daniel. Virtue Ethics. In: WINRIGHT, Tobias (ed.). *T&T Clark Handbook of Christian Ethics*. London: T&T Clark, 2021, p. 63 (itálico nosso).

[36] KEENAN. Ética das Virtudes e Ética Sexual, p. 22-34 deste livro.

isso, vou me concentrar na virtude da resistência e sua importância para o autocuidado e a responsabilidade sexuais.

4.1. A virtude da resistência

Prudência, ou sabedoria prática, é a virtude pela qual podemos discernir, em qualquer momento, o que é a coisa justa. Também nos ajuda a discernir como deve ser o autocuidado e a melhor forma de alcançá-lo.[37] Resistir a narrativas sociais perniciosas é um passo vital para o autocuidado sexual. Patrick explica que a realização do autocuidado pode, por vezes, exigir o afastamento estratégico dos órgãos institucionais ou organizacionais que são experimentados como prejudiciais, embora a separação definitiva nem sempre seja necessariamente o melhor ou mais desejado objetivo.[38] Para ela, a virtude da coragem é crucial para uma ética da "responsabilidade criativa": "A responsabilidade criativa distingue-se pela disposição de pensar profunda e originalmente sobre as situações que nos confrontam e de assumir riscos apropriados para promover o bem e minimizar o mal".[39] A coragem é acompanhada pela misericórdia de Deus, assim como pela virtude da humildade, e desempenha um papel essencial na resistência à injustiça.

Uma vez que a virtude da resistência nasce da injustiça, ela não é isenta de riscos. Por essa razão, Daly fala sobre "virtudes opressivas",[40] ou seja, traços de caráter que são considerados positivos em certas circunstâncias, mas que podem, simultaneamente, ser ruins para a pessoa suportar. As virtudes opressivas impactam negativamente o bem-estar do indivíduo e podem ter um alto custo pessoal.

As virtudes opressivas são virtudes que, num mundo melhor, não precisaríamos ter de exibir. A raiva de quem se opõe à injustiça é um exemplo de uma virtude opressiva. Isso não é diferente do que Massingale

---

[37] KEENAN. Ética das Virtudes e Ética Sexual, p. 25-26; 32-34 deste livro.

[38] PATRICK, Anne E. Getting Ready for Voice Lessons: Towards a Catholic Feminist Ethics of Spirituality. In: HOGAN, Linda; OROBATOR, A. E. (eds.). *Feminist Catholic Theological Ethics: Conversations in the World Church.* New York: Orbis Books, 2014, p. 258-268.

[39] PATRICK. Getting Ready for Voice Lessons, p. 264.

[40] DALY. Virtue Ethics, p. 69.

chama de "solidariedade conflitiva".[41] Massingale usa esse termo para mostrar como a solidariedade com os oprimidos pode implicar dificuldades e sacrifícios. Da mesma forma, Mauricio Alarcón Burbano analisa como a virtude da fortaleza emerge dentro das comunidades migrantes que lutam para sobreviver.[42]

Apesar do aprofundamento teológico, Daly insiste que a ética das virtudes ignorou amplamente as experiências dos mais oprimidos, aqueles que estão no lado inferior da história, aqueles que mais frequentemente carregam o peso das virtudes opressivas. A ética das virtudes precisa "basear-se em relatos mais consistentes do que constitui uma estrutura social [...] se quiser ser relevante para todos os cristãos, e não apenas para aqueles que desfrutam dos privilégios sociais".[43] Sarah MacDonald e Nicole Symmonds partilham do mesmo ponto de vista.[44] Elas citam o trabalho de Nancy Snow, que afirma que as abordagens ocidentais das virtudes contribuíram para a opressão das mulheres. Isso se deve, em grande medida, a uma ênfase na diferença de gênero, que reduziu o agir moral das mulheres em muitas situações. Não se quer dizer com isso que a teoria das virtudes seja opressiva em si mesma, mas, sobretudo, que a sua apresentação e abordagem muitas vezes contribuíram para a opressão das mulheres.[45]

É precisamente aqui que a virtude da resistência se torna importante. Será que ela pode ajudar a desmantelar narrativas destrutivas e promover uma melhor compreensão da personalidade, da sexualidade e da relação? Será que ela pode fazer parte de esforços mais

---

[41] *Apud* WARD, Kate. Virtue Ethics in Social Contexts. In: HEYER, Kristin E.; KEENAN, James F.; VICINI, Andrea (eds.). *Building Bridges in Sarajevo: The Plenary Papers from CTEWC 2018.* New York: Orbis, 2019, p. 101.

[42] ALARCÓN BURBANO, Mauricio. Fortitude in the Midst of Weakness: The Case of Haitian Migrant Associations in Ecuador. In: BRAZAL, Agnes M.; DÁVILA, María Teresa (eds.). *Living With(out) Borders: Catholic Theological Ethics on the Migrations of Peoples.* New York: Orbis Books, 2016, p. 145-153.

[43] DALY. Virtue Ethics, p. 69.

[44] MACDONALD, Sarah; SYMMONDS, Nicole. Rioting as Flourishing? Reconsidering Virtue Ethics in Times of Civil Unrest. *Journal of the Society of Christian Ethics* 38/1 (2018): 25-42.

[45] MACDONALD; SYMMONDS. Rioting as Flourishing?, p. 27.

amplos para criar contextos de autocuidado, engajamento e responsabilidade sexual? Kochurani Abraham explora como deveria ser a virtude da resistência na abordagem que faz da violência contra as mulheres na Índia. Numa cultura em que a modéstia e a submissão das mulheres são glorificadas, as pessoas estão, no entanto, ousando resistir a normas que ameaçam sua dignidade. "Graças aos fundamentos políticos do movimento feminista, as mulheres estão encontrando maneiras e meios de dar vazão à sua raiva contra o que quer que esteja deturpando sua dignidade humana".[46] A situação na Índia é exacerbada por normas culturais que priorizam "virtudes femininas", tais como submissão, autossacrifício e passividade, enquanto as narrativas sociais reforçam a noção de que a preservação da família é principalmente responsabilidade da mulher. Esses estereótipos aumentam a vulnerabilidade feminina, uma vez que fazem com que as mulheres se sintam menos capazes de falar por medo da dissolução familiar. O custo disso para as mulheres é visto de muitas maneiras; para alguns, é total desamparo diante da violência e, para outros, é uma vulnerabilidade crescente à violência dentro do "espaço feminino" do lar.[47]

Mas, por meio da virtude da resistência, as mulheres podem recuperar sua capacidade de agir, sua subjetividade e seu senso de identidade, argumenta Abraham. É por meio da virtude da resistência que as relações de poder são criticadas e até desmanteladas. Abraham acredita que, a fim de desafiar atitudes e estruturas pecaminosas, devemos primeiro desenvolver "uma consciência crítica". Formar essa consciência crítica ajudaria as mulheres a verem que a opressão não é a palavra final, que a resistência oferece esperança e que as injustiças atuais podem ser superadas. Eu diria que essa consciência crítica precisa ser cultivada também pela liderança da Igreja, e que o ensinamento do Magistério sobre a família deve levar mais claramente em conta as profundas injustiças sofridas por mulheres e meninas. Narrativas de dominação precisam ser desmascaradas e rejeitadas. Como mencionado acima, as vozes das mulheres devem

[46] ABRAHAM, Kochurani. Resistance: A Liberative Key in Feminist Ethics. In: HOGAN; OROBATOR. *Feminist Catholic Theological Ethics*, p. 98.

[47] ABRAHAM. Resistance, p. 99.

ser ouvidas e suas experiências levadas a sério se quisermos enriquecer nossa compreensão de como melhor viver num relacionamento correto uns com os outros.

Julie Hanlon Rubio aprofunda a ideia de resistência conectando-a ao empoderamento de grupos vulneráveis, em particular das mulheres de cor nos Estados Unidos.[48] É claro que, normalmente, não incentivamos a cooperação em caso de irregularidades. Mas, em alguns casos, observa Rubio, a cooperação pode ser a única maneira de uma mulher sobreviver. Em outros casos, as mulheres podem optar por resistir à injustiça. Para Rubio, "o compromisso mulherista com a resistência está fundamentado em uma antropologia profundamente social que difere da teologia manualista [...]. Há um forte senso de dever agir, não para evitar a culpabilidade, mas para evitar cooperar com as estruturas sociais que prejudicam as pessoas vulneráveis, cujas conexões comigo são inegáveis".[49] Resistir a normas injustas pode ser, ao mesmo tempo, difícil e perigoso. Assim, por vezes, a cooperação pode ser o caminho prudente de ação. Mas a virtude da resistência continua a ser um instrumento crítico para a mudança social, especialmente para aquelas que são mais afetadas pela injustiça. Ela requer a coragem de resistir aos sistemas estabelecidos de opressão e desafiar os padrões de dominação e controle. E, embora isso traga consigo um enorme risco, vemos mulheres resistindo à injustiça profundamente enraizada de maneiras muito criativas e constantes em todo o mundo.

4.2 Mulheres opressoras

É preciso dizer que as mulheres às vezes contribuem com as próprias estruturas que são opressivas para si mesmas e para os outros. O medo da violência pode levar as mulheres a permanecerem em silêncio diante da injustiça. As mulheres podem, ainda, internalizar "virtudes femininas", como obediência e submissão, o que aumenta ainda mais uma cultura de silêncio. Há mulheres, no entanto, que

---

[48] RUBIO, Julie Hanlon. Cooperation with Evil Reconsidered: The Moral Duty of Resistance. *Theological Studies* 78/1 (2017): 96-120.

[49] RUBIO. Cooperation with Evil Reconsidered, p. 111.

se aproveitam de outras para obter lucro. Basta pensar nas mulheres que atuam nas indústrias do tráfico e do sexo para seu próprio ganho material.

Shawnee M. Daniels-Sykes investiga como mulheres e meninas às vezes contribuem para sua própria opressão.[50] Ela explica que, para as mulheres que vivem em contextos patriarcais - contextos que as oprimem e objetificam -, um ciclo de opressão é gerado; as mulheres são oprimidas e, através dessa opressão, se tornam opressoras de outras mulheres.[51] A desesperança, a aflição, a pobreza, a impotência e a marginalização contribuem para as circunstâncias em que as mulheres permanecem em silêncio diante da opressão ou participam das estruturas pecaminosas que causam sua opressão.[52] Para exemplificar, Daniels-Sykes menciona como as mulheres estão frequentemente envolvidas na organização do tráfico de pessoas, na facilitação da mutilação genital feminina e no *bullying* em relação a outras mulheres. "Para transformar esse ciclo de opressor-opressão internalizada, as pessoas envolvidas devem compreender que um vislumbre do Deus vivo requer um profundo renascimento".[53]

Daniels-Sykes se inspira no trabalho de Paulo Freire e Elizabeth A. Johnson, assinalando que, para Johnson, adquirir as disposições e traços que interromperão o ciclo de opressor-opressão internalizada é vital. Mais uma vez, podemos ver como a virtude da resistência é importante aqui. Da mesma forma, Freire nos diz que devemos "desaprender" e desmantelar o ciclo de opressor-opressão internalizada se quisermos construir relações de reciprocidade, respeito e amor. A redenção do opressor é tão importante quanto libertar os

---

[50] DANIELS-SYKES, Shawnee M. A Feminist Ethical Perspective on Women/Girls as Oppressors: The Cycle of Oppressor-Internalized Oppression. In: HOGAN; OROBATOR. *Feminist Catholic Theological Ethics*, p. 269-279.

[51] DANIELS-SYKES. A Feminist Ethical Perspective on Women/Girls as Oppressors, p. 269.

[52] DANIELS-SYKES. A Feminist Ethical Perspective on Women/Girls as Oppressors, p. 270.

[53] DANIELS-SYKES. A Feminist Ethical Perspective on Women/Girls as Oppressors, p. 270.

oprimidos e, para Daniels-Sykes, isso inclui a conversão das mulheres opressoras.[54]

Disso tudo, emerge um duplo desafio. Primeiro, há a responsabilidade moral de resistir a estruturas sociais injustas num esforço para ajudar a criar comunidades mais justas. É fundamental que indivíduos e grupos cultivem uma "consciência crítica", como afirma Abraham, pois é através dessa consciência crítica que podemos criticar os valores e as práticas da nossa cultura. Além disso, uma consciência crítica habilita os grupos oprimidos a ver que a injustiça pode ser transformada e superada. A virtude da resistência ajuda a contestar relações de poder injustas, e assim, para Abraham, essa virtude se torna parte integrante de qualquer "ética para a mudança".[55]

Em segundo lugar, há também uma dimensão interna, pessoal, na resistência social. Cada um de nós é chamado à conversão moral. Resistir ao pecado social requer transformação interior; requer uma nova maneira de ver e interagir. Paul Wadell descreve a injustiça como um fracasso da imaginação moral, e nossos esforços para *reimaginar* um mundo mais justo inevitavelmente exigirão uma mudança radical e inquietante de atitude da nossa parte.[56] Isso é especialmente crucial quando a opressão das mulheres é consequência das mulheres opressoras. A ética das virtudes, com sua atenção ao crescimento moral, à formação do caráter e à conversão pessoal, tem uma contribuição vital a dar nesse sentido.

A virtude da resistência é um passo crucial para o autocuidado sexual, mas resistir a normas sexuais injustas pode ser difícil. A prudência ajuda a determinar se e quando a resistência é necessária. Cada um de nós tem a responsabilidade de criar comunidades mais justas, propícias ao florescimento de todas as pessoas. A justiça raramente é gratuita. A virtude da resistência, acompanhada de coragem e prudência, desempenha um papel fundamental na transformação

---

[54] DANIELS-SYKES. A Feminist Ethical Perspective on Women/Girls as Oppressors, p. 276.

[55] ABRAHAM. Resistance, p. 105.

[56] WADELL, Paul J. Reimagining the World: Justice. In: CURRAN; FULLAM. *Virtue*, p. 188-210.

social positiva. Mas, como Daniels-Sykes, Wadell e outros reconhecem, a realização do bem-estar sexual e o estabelecimento de relações sexuais justas dependem de uma profunda conversão pessoal, tanto quanto da reforma das estruturas sociais.

5. Implicações para a ética sexual

Quais são, portanto, as implicações para o ensinamento da Igreja sobre sexualidade, e como a ética teológica está respondendo às realidades aqui descritas? Defendo que a liderança da Igreja precisa abordar a violência de gênero mais vigorosamente e condenar mais firmemente práticas e normas que prejudicam o bem-estar das mulheres e das meninas. Além disso, os perigos enfrentados pelas mulheres *dentro* da família representam desafios para o ensinamento da Igreja sobre a santidade do matrimônio. O ensinamento católico oferece alguma esperança para as mulheres em relacionamentos abusivos ou para as mulheres e meninas que são forçadas – muitas vezes precocemente – a se casar?

5.1 O perigo de nocivos estereótipos de gênero

É preocupante a forma como o ensinamento eclesial oficial se baseia em estereótipos de gênero que, como vimos acima, podem, de fato, colocar em risco a saúde e a segurança de mulheres e meninas. Por exemplo, a ênfase no cuidado como uma qualidade feminina pode apresentar problemas para as mulheres, especialmente se o cuidado não for uma escolha livre, mas uma expectativa social imposta. Em muitos contextos, o cuidado é visto quase exclusivamente como uma virtude feminina e, como resultado, pode ser usado para ampliar a divisão de gênero e reduzir a liberdade das mulheres fora de casa.

Há quem considere que o Papa Francisco poderia aprofundar mais a realidade das mulheres em seus documentos, superando concepções romantizadas sobre a feminilidade, concepções essas problemáticas, pois os ideais de feminilidade que enfatizam o autossacrifício dentro de casa criam contextos de perigo para milhões de mulheres e meninas em todo o mundo. E o que dizer das situações em que o cuidado não é uma escolha livre, mas uma imposição feita às mulheres para limitar ainda mais sua capacidade de agir? Para Abraham, a ética feminista nos chama a desestabilizar o *status quo* onde as narrativas sociais oprimem as mulheres e negam a elas sua própria voz.[57] De acordo com Lisa Sowle Cahill, nos documentos do Papa Francisco, "a ação das mulheres é essencializada, romantizada, politicamente subordinada ou totalmente negligenciada".[58] Kristin Heyer, por sua vez, argumenta que, embora o ensinamento de Francisco tenha sinalizado alguns avanços, "permanece certa preocupação com o enfraquecimento das diferenças sexuais, a presença materna e as responsabilidades autossacrificiais das mães".[59] O ensino magisterial sobre a dignidade das mulheres tem um caminho a percorrer, e a questão do empoderamento das mulheres permanece sub-representada nos documentos da Igreja.

Emily Reimer-Barry alega que o ensinamento sexual católico limita a autonomia corporal das mulheres e mina sua capacidade de ação. Fortemente dependente de uma teologia particular sobre "a mulher" que enfatiza desproporcionalmente a "maternidade", esse ensinamento legitima uma compreensão limitada da condição feminina.[60] Além disso, eu diria que o ensinamento oficial não ousa o suficiente na condenação da "masculinidade tóxica" que contribui para a violência

---

[57] ABRAHAM. Resistance, p. 106.

[58] CAHILL, Lisa S. Social Friendship Includes Women, but Social Change Must Engage Women. *Berkley Forum: Fratelli Tutti and the Future of the Catholic Church (October 26, 2020).* Disponível em: https://berkleycenter.georgetown.edu/responses/social-friendship-includes-women-but-social-change-must-engage-women. Acesso em: 10 out. 2023.

[59] HEYER, Kristin. Walls in the Heart: Social Sin and *Fratelli Tutti. Journal of Catholic Social Thought* 19/1 (2022): 38.

[60] REIMER-BARRY, Emily. Women in the Church. Conferência proferida na Pontificia Università Gregoriana durante o Convegno Internazionale di Teologia Morale: "Pratiche pastorali, esperienza di vita e teologia morale: Amoris Laetitia tra nuove opportunità e nuovi cammini" (Roma, 11-14 maggio 2022). Ver o relato feito por mim em: MULLIGAN, Suzanne. Receiving *Amoris Laetitia:* Learning and Listening as a Global Church. *The Furrow* 73/7-8 (2022): 387-394.

de gênero.[61] O que se espera da liderança da Igreja é uma condenação forte e clara do sexismo e da misoginia em todas as suas formas, bem como uma mais abrangente consideração das experiências das mulheres, narradas pelas próprias mulheres.

5.2 Foco nas relações e não apenas nos atos

Há algum tempo, os teólogos têm defendido que o ponto de partida para uma ética sexual que pretenda ser justa deve ser a pessoa humana e a qualidade da relação, e não o ato sexual. Kevin Kelly, por exemplo, criticou uma ética sexual focada excessivamente no ato sexual, sem referência suficiente ao contexto em que o ato se situava. Para ele, a pobreza e a opressão cultural enfraquecem de diversos modos a vivência sexual das pessoas, em particular das mulheres mais pobres.[62] Margaret Farley, por sua vez, elaborou um quadro de referência para uma ética sexual justa em torno de princípios como livre consentimento, mutualidade, igualdade, compromisso, fecundidade e justiça.[63] Outros, como James Keenan, escrevem sobre a importância da participação dos leigos – e especialmente das mulheres – no desenvolvimento do ensino da Igreja sobre família, abuso infantil e sexualidade.[64] E Lisa Fullam reconhece, entre os fins da sexualidade, o bem da humanidade encarnada e o bem da intimidade relacional, destacando o significado profundamente relacional de nossas vidas sexuais.[65]

---

[61] Refiro-me aos estereótipos masculinos que dão prioridade à força física e ao poder, bem como às visões que consideram os homens como dominantes e dominadores. Na melhor das hipóteses, tais estereótipos contribuem para um aumento de atitudes misóginas e sexistas; na pior, contribuem para níveis crescentes de violência e abuso contra mulheres e meninas, muitas vezes provocando danos graves e/ou mortes.

[62] KELLY, Kevin. *New Directions in Sexual Ethics: Moral Theology and the Challenge of AIDS*. London: Geoffrey Chapman, 1998.

[63] FARLEY, Margaret. *Just Love. A Framework for Christian Sexual Ethics.* New York: Continuum, 2006, p. 207-344 (Capítulo 6).

[64] Ver, por exemplo, KEENAN, James F. The Gallant: A Feminist Proposal. In: HOGAN; OROBATOR. *Feminist Catholic Theological Ethics*, p. 219-231.

[65] FULLAM, Lisa. Sex in 3-D: A Telos for a Virtue Ethics of Sexuality. *Journal of the Society of Christian Ethics* 27/2 (2007): 151-170.

Uma ética sexual mais centrada na pessoa e mais relacional exige clara condenação de todas as formas de violência contra as mulheres, mas especialmente da violência dentro do matrimônio. Todos os líderes religiosos precisam se manifestar contra práticas tais como o casamento infantil e a mutilação genital feminina, bem como contra o abuso de mulheres em casa. Para Julie Clague, o ensino da Igreja sobre família é muito limitado, concentrando-se, em grande parte, em questões relativas ao divórcio, aos divorciados recasados e às uniões do mesmo sexo. Consequentemente, não aborda os complexos problemas que as famílias enfrentam, particularmente as mulheres. É justamente por causa dessa limitação que, segundo Clague, abre-se a oportunidade "de ampliar o discurso católico sobre matrimônio e vida familiar e mobilizar a ação católica em prol das famílias mais pobres do mundo e de seus membros mais vulneráveis e vitimizados".[66]

5.3 Considerar a relação entre cultura, consentimento e ação

O ensino sexual católico também deve considerar as maneiras sutis pelas quais a cultura, o consentimento e o agir afetam nossas vidas sexuais. Karen Peterson-Iyer estuda a cultura de conexão entre os jovens (*hookup culture*), o *sexting* entre os adolescentes, o tráfico sexual e a indústria comercial do sexo, por exemplo.[67] Ela explica que o hiperindividualismo e a liberdade de escolha e ação são regularmente citados em defesa da cultura de conexão: "Esse *ethos*, juntamente com o *script* social alimentado pela mídia de que o período de faculdade é ocasião de diversão desenfreada, experimentação e autorreferencialidade, resulta na relutância estudantil amplamente difundida em criticar abertamente as práticas de conexão, individual ou sistemicamente".[68] Para Peterson-Iyer, qualquer crítica à cultura de conexão precisa ser feita com referência às

---

[66] CLAGUE, Julie. *Amoris Laetitia* and the State of the World's Families. In: KOCHUTHARA, Shaji George (ed.). *Vocation and Mission of the Family: Reflections on Chavarul and Amoris Laetitia.* Bengaluru, India: Dharmaram Publications, 2020, p. 260.

[67] PETERSON-IYER, Karen. *Reenvisioning Sexual Ethics: A Feminist Christian Account.* Washington: Georgetown University Press, 2022, especialmente o Capítulo 3.

[68] PETERSON-IYER. *Reenvisioning Sexual Ethics,* p. 55.

atitudes e aos preconceitos socioculturais mais amplos que a sustentam. Inclui-se, aqui, a hipermasculinidade, a objetificação dos corpos das mulheres, o hiperindividualismo, a falta de autocuidado com o próprio corpo ou com os corpos dos outros, que criam expectativas sexuais prejudiciais para as pessoas. Peterson-Iyer afirma que a cultura de conexão pode ser enfrentada através da ênfase no *autêntico* agir humano. Trata-se de "uma versão mais complexa do agir que desafia as múltiplas injustiças sociais que estruturam a cultura de conexão e, simultaneamente, prioriza a liberdade de escolha *e* desejo, mutualidade, equidade e integridade emocional [...] precisamos de uma compreensão holística do desabrochar humano animada pelas exigências da justiça".[69] No seu capítulo, que faz parte desta obra, Peterson-Iyer analisa a objetificação sexual das mulheres, especialmente em relação à indústria pornográfica digital.[70]

O consentimento, com certeza, é complicado e pode ser comprometido de várias maneiras. Comunicação ruim, medo da violência, relacionamento tóxico, pressão mútua e expectativas culturais enfraquecem o consentimento. As expectativas culturais que ativamente promovem, e até mesmo glorificam, a cultura de conexão, e desencorajam particularmente as mulheres de se expressar de modo genuíno são altamente problemáticas.[71] Todos temos de lidar com as tensões provocadas pela cultura em geral, pois dela fazemos parte. Estamos enraizados e pertencemos a um tempo e lugar particulares. Por isso, o sentido que temos de nós mesmos é extremamente condicionado por uma série de fatores que convergem para nos moldar e formar.

Peterson-Iyer é crítica em relação à crescente narrativa cultural em torno da hipermasculinidade, tendo presente como as normas de gênero que a acompanham prejudicam o bem-estar de homens e mulheres. Ela menciona uma metanálise, realizada em 2016, de 78 estudos sobre masculinidade e saúde mental, que concluiu que os homens que valorizam o poder, a força e o domínio sobre as mulheres são mais propensos a

[69] PETERSON-IYER. *Reenvisioning Sexual Ethics*, p. 56.

[70] Capítulo 10: Objetificação e bem-estar das mulheres: um entendimento entre feminismo e pornografia à luz das virtudes, p. 235-267.

[71] PETERSON-IYER. *Reenvisioning Sexual Ethics*, p. 63-64.

sofrer de problemas de saúde mental – tais como depressão e ansiedade –, têm dificuldades com a imagem corporal e, provavelmente, têm maior propensão ao abuso de substâncias.[72] As virtudes do autocuidado e da resistência são muito importantes de ser cultivadas, tanto pelos homens quanto pelas mulheres.

5.4 Cultivar a integridade emocional

Um passo decisivo em direção ao autocuidado sexual é o que Peterson-Iyer chama de integridade emocional. "A integridade emocional convida as pessoas a se verem como núcleos da própria significação, florescendo o mais possível quando todos os aspectos do eu – interior e exterior – são entendidos como entrelaçados num todo indivisível [...]. Não há dúvida alguma de que a integração entre práticas sexuais, valores interiorizados e história pessoal contribui fortemente para a autorrealização e a tomada de decisões empoderadas".[73] Sabemos o quanto isso é crucial para os homens – e também para as mulheres – que têm de lidar com noções tóxicas de masculinidade. A integridade emocional é constitutiva do florescimento humano e requer que todos os aspectos de nossa personalidade sejam integrados em nosso eu, incluindo nossos desejos e práticas sexuais.

Qualquer noção de florescimento humano está histórica e culturalmente situada, e precisa de constante e sólida análise. Tal noção deve pelo menos incluir o reconhecimento da fragilidade humana. E evolui à medida que crescemos numa compreensão mais profunda do que significa ser humano, inclusive da vulnerabilidade e da precariedade que nos unem a todos.[74] Peterson-Iyer argumenta que qualquer ética sexual interessada em estimular uma vivência genuína da sexualidade e promover o florescimento humano deve encorajar ambientes propícios ao discurso sexual maduro e ao verdadeiro autoconhecimento sexual. Em outras palavras, precisamos de contextos de apoio que favoreçam a integração da sexualidade na própria personalidade

---

[72] PETERSON-IYER. *Reenvisioning Sexual Ethics*, p. 69.

[73] PETERSON-IYER. *Reenvisioning Sexual Ethics*, p. 74.

[74] Para aprofundar: KEENAN, James F. The World at Risk: Vulnerability, Precarity, and Connectedness. *Theological Studies* 81/1 (2020): 132-149.

e promovam uma ética do cuidado, tanto pessoal quanto para aqueles com quem compartilhamos nossas vidas sexuais. Uma ética que leve a sério a prática sexual "estimulará as pessoas a considerar seus valores, suas histórias e suas emoções à medida que fazem escolhas sexuais, sendo honestas consigo mesmas sobre seus medos, desejos e objetivos [...]. Uma ética cristã procurará articular e promover o que considera como contextos acolhedores e seguros para o sexo – contextos que promovam a integridade humana e, portanto, o bem-estar emocional, psicológico e espiritual".[75]

Tudo isso tem grandes implicações para o discurso sexual católico, dada sua natureza muitas vezes polarizada e tóxica. O medo de falar abertamente sobre algumas questões sexuais não é propício para a integridade emocional à qual Peterson-Iyer se refere. Uma abordagem madura e adulta da complexidade e fragilidade de nossas vidas sexuais requer um contexto no qual o debate inteligente possa acontecer. Mais crucial ainda é o fato de que o discurso sexual deve ser conduzido com compaixão e gentileza, em vez de ser considerado como uma arma com a qual aniquilar as pessoas numa guerra cultural profundamente danosa.

Considerações finais

Procurei demonstrar, aqui, como virtude, pecado social e violência sexual se interseccionam, pois não podemos entender os fundamentos da violência de gênero sem antes considerar os valores que moldam o mundo em que habitamos. A ética das virtudes, com seu ponto de partida centrado na pessoa, é uma parceira de diálogo de vital importância para a ética sexual católica, uma vez que as virtudes nos capacitam a confrontar, resistir e corrigir a injustiça social. Além disso, o crescimento na virtude exige uma contínua reflexão e conversão moral.

Como indivíduos, todos nós compartilhamos a responsabilidade pelo bem comum e devemos trabalhar para a criação de sociedades mais justas, cuidadoras e inclusivas. Os líderes da Igreja também têm um papel

[75] PETERSON-IYER. *Reenvisioning Sexual Ethics*, p. 75.

urgente a desempenhar, em particular condenando veementemente todas as formas de violência de gênero. Sua mensagem seria reforçada imensamente pela inclusão das vozes e experiências das mulheres. E, como eticistas, devemos acolher o chamado para refletir criticamente sobre o mundo contemporâneo, defender os que estão à margem e imaginar novas possibilidades e novos horizontes de esperança. Devemos identificar as virtudes que libertam as nossas comunidades e os traços de caráter que nos permitem florescer como Deus um dia sonhou em relação a nós.

Referências

ABRAHAM, Kochurani. Resistance: A Liberative Key in Feminist Ethics. In: HOGAN, Linda; OROBATOR, A. E. (eds.). *Feminist Catholic Theological Ethics: Conversations in the World Church*. New York: Orbis Books, 2014, p. 97-107.

ALARCÓN BURBANO, Mauricio. Fortitude in the Midst of Weakness: The Case of Haitian Migrant Associations in Ecuador. In: BRAZAL, Agnes M.; DÁVILA, María Teresa (eds.). *Living With(out) Borders: Catholic Theological Ethics on the Migrations of Peoples*. New York: Orbis Books, 2016, p. 145-153.

BRAZAL, Agnes. Ethics of Care in *Laudato Si'*: A Postcolonial Ecofeminist Critique. *Feminist Theology* 29/3 (2021): 220-233.

CAHILL, Lisa S. Social Friendship Includes Women, but Social Change Must Engage Women. *Berkley Forum: Fratelli Tutti and the Future of the Catholic Church (October 26, 2020)*. Disponível em: https://berkleycenter.georgetown.edu/responses/social-friendship-includes-women-but-social-change-must-engage-women. Acesso em: 10 out. 2023.

CLAGUE, Julie. *Amoris Laetitia* and the State of the World's Families. In: KOCHUTHARA, Shaji George (ed.). *Vocation and Mission of the Family: Reflections on Chavarul and Amoris Laetitia*. Bengaluru, India: Dharmaram Publications, 2020, p. 232-260.

DALY, Daniel. Virtue Ethics. In: WINRIGHT, Tobias (ed.). *T&T Clark Handbook of Christian Ethics*. London: T&T Clark, 2021, p. 59-70.

DANIELS-SYKES, Shawnee M. A Feminist Ethical Perspective on Women/Girls as Oppressors: The Cycle of Oppressor-Internalized Oppression. In: HOGAN, Linda; OROBATOR, A. E. (eds.). *Feminist Catholic Theological Ethics: Conversations in the World Church*. New York: Orbis Books, 2014, p. 269-279.

FARLEY, Margaret. *Just Love. A Framework for Christian Sexual Ethics*. New York: Continuum, 2006.

FARMER, Paul; CONNORS, Margaret; SIMMONS, Janie (eds.). *Women, Poverty, and AIDS: Sex, Drugs, and Structural Violence*. Maine, US: Common Courage Press, 2011.

FINN, Daniel K. What is a Sinful Social Structure? *Theological Studies* 77/1 (2016): 136-164.

FINN, Daniel K. Sin and the Social World. *Modern Theology* 39/1 (2023): 114-120.

FULLAM, Lisa. Sex in 3-D: A Telos for a Virtue Ethics of Sexuality. *Journal of the Society of Christian Ethics* 27/2 (2007): 151-170.

HEYER, Kristin E. *Kinship Across Borders: A Christian Ethic of Immigration*. Washington: Georgetown University Press, 2012.

HEYER, Kristin. Walls in the Heart: Social Sin and *Fratelli Tutti*. *Journal of Catholic Social Thought* 19/1 (2022): 25-40.

HEYER, Kristin. Social Sin and Immigration: Good Fences Make Bad Neighbors. *Theological Studies* 71/2 (2010): 410-436.

HEYER, Kristin. Migration, Social Sin, and Solidarity. In: PHAN, Peter (ed.). *Christian Theology in the Age of Migration: Implications for World Christianity*. Lanham, Maryland: Lexington Books, 2020, p. 185-200.

KEENAN. Ética das Virtudes e Ética Sexual. In: ZACHARIAS, Ronaldo (org.). *Sexualidade e virtudes. Por uma ética da sexualidade à luz das virtudes*. Aparecida: Santuário, 2024, p. 13-37.

KEENAN, James F. Virtue Ethics and Sexual Ethics. *Louvain Studies* 30/3 (2005): 180-197.

KEENAN, James. The Gallant: A Feminist Proposal. In: HOGAN, Linda; OROBATOR, A. E. (eds.). *Feminist Catholic Theological Ethics: Conversations in the World Church*. New York: Orbis Books, 2014, p. 219-231.

KEENAN, James. The World at Risk: Vulnerability, Precarity, and Connectedness. *Theological Studies* 81/1 (2020): 132-149.

KELLY, Kevin. *New Directions in Sexual Ethics: Moral Theology and the Challenge of AIDS*. London: Geoffrey Chapman, 1998.

MACDONALD, Sarah; SYMMONDS, Nicole. Rioting as Flourishing? Reconsidering Virtue Ethics in Times of Civil Unrest. *Journal of the Society of Christian Ethics* 38/1 (2018): 25-42.

MASSINGALE, Bryan. The Welcome Table: The Table Fellowship of Jesus and Its Implications for Racial Justice. In: COVER, Michael B.; THEIDE, John; BURNS Joshua Ezra (eds.). *Bridging Scripture and Moral Theology*. Lexington Books: Rowman Press, 2019, p. 23-38.

MASSINGALE, Bryan. The Erotics of Anti-Blackness: Police Sexual Violation of Black Bodies. In: LLOYD, Vincent W.; PREVOT, Andrew (eds.). *Antiblackness in Christian Ethics*. Maryknoll, NY: Orbis Books, 2017, p. 173-194.

MULLIGAN, Suzanne. Receiving *Amoris Laetitia*: Learning and Listening as a Global Church. *The Furrow* 73/7-8 (2022): 387-394.

PATRICK, Anne. Narrative and the Social Dynamic of Virtue. In: CURRAN, Charles E.; FULLAM, Lisa A. (eds.). *Virtue*. New York: Paulist Press, 2011, p. 79-92.

PATRICK, Anne E. Getting Ready for Voice Lessons: Towards a Catholic Feminist Ethics of Spirituality. In: HOGAN, Linda; OROBATOR, A. E. (eds.). *Feminist Catholic Theological Ethics: Conversations in the World Church*. New York: Orbis Books, 2014, p. 258-268.

PETERSON-IYER, Karen. *Reenvisioning Sexual Ethics: A Feminist Christian Account*. Washington: Georgetown University Press, 2022.

REIMER-BARRY, Emily. Women in the Church. Conferência proferida na Pontificia Università Gregoriana durante o Convegno Internazionale di Teologia Morale: "Pratiche pastorali, esperienza di vita e teologia morale: *Amoris Laetitia* tra nuove opportunità e nuovi cammini" (Roma, 11-14 maggio 2022).

ROWLANDS, Anna. *Towards a Politics of Communion: Catholic Social Teaching in Dark Times*. London: T&T Clark, 2021.

RUBIO, Julie Hanlon. Cooperation with Evil Reconsidered: The Moral Duty of Resistance. *Theological Studies* 78/1 (2017): 96-120.

UNITED NATIONS. UNiTE! Activism to End Violence against Women & Girls! Disponível em: https://www.un.org/en/observances/ending-violence-against-women-day?gclid=EAIaIQobChMI8cC6_bvd_AIViu_tCh0XKg6yEAAYBCAAEgKPNvD_BwE. Acesso em: 10 out. 2023.

UNWOMEN. Facts and Figures. Ending Violence against Women. Disponível em: www.unwomen.org/en/what-we-do/ending-violence-against-women/facts-and-figures. Acesso em: 10 out. 2023.

WADELL, Paul J. Reimagining the World: Justice. In: CURRAN, Charles E.; FULLAM, Lisa A. (eds.). *Virtue*. New York: Paulist Press, 2011, p. 188-210.

WARD, Kate. Virtue and Human Fragility. *Theological Studies* 81/1 (2020): 150-168.

WARD, Kate. Virtue Ethics in Social Contexts. In: HEYER, Kristin E.; KEENAN, James F.; VICINI, Andrea (eds.). *Building Bridges in Sarajevo: The Plenary Papers from CTEWC 2018*. New York: Orbis, 2019, p. 100-106.

WORLD HEALTH ORGANIZATION (WHO). *Violence Against Women* (09 March 2021). Disponível em: https://www.who.int/news-room/fact-sheets/detail/violence-against-women. Acesso em: 10 out. 2023.

TESTEMUNHO

SER VIRTUOSO NO AMOR E NA DOR

J. Filho[1]

"Amar é sempre ser vulnerável.
Ame qualquer coisa,
e seu coração certamente vai doer e talvez partir (...)
O único lugar além do Céu
onde se pode estar perfeitamente a salvo
de todos os riscos e perturbações do amor
é o Inferno".[2]

Relato de uma vida

A primeira infância

Sou o quinto dos seis filhos de meus pais.

Uma irmã, a primogênita, seguida de um menino que morreu quando tinha um ano e oito meses de coqueluche (antigo crupe). Segundo

[1] **J. Filho** é o codinome daquele que, humilde e generosamente, aceitou partilhar sua história como testemunho concreto de que as virtudes se encarnam tanto na vivência do amor quanto da dor; daquele que transitou pelo "inferno", mas nele não permaneceu; daquele que sempre acreditou no "céu", empenhou-se para construí-lo dia a dia, na firme esperança de poder viver nele para sempre.

[2] LEWIS, C. S. *Os quatro amores.* 2 ed. São Paulo: WMF Martins Fontes, 2009, p. 169.

minha mãe, isso causou uma tristeza tão grande ao meu pai, que ele chegou a pensar em suicídio, porque havia perdido o seu menino.

Depois de sua morte, nasceram mais duas meninas. Na sequência, minha mãe sofreu um aborto de um menino, aos oito meses de gestação, devido a um trauma emocional causado pela perda súbita de seu pai. Dois anos depois, eu nasci e, um ano e dois meses mais tarde, nasceu meu irmão, o caçula.

A meu respeito, somente tenho lembranças a partir dos quatro anos, quando chorava muito porque minha mãe me vestia com vestidos de tule, rendas e babados. Reclamava que incomodava e não queria sair para lugar algum vestido daquela maneira. Tinha a testa sempre franzida, os braços cruzados e um grande bico. Sempre quieto e triste pelos cantos.

Lembro-me de que me dava por satisfeito, quando me compravam calças "rancheiras" (brim modelo tipo *jeans*), ainda que vermelhas, laranja ou cor-de-rosa. Ao menos, eram calças. Nos pés, as antigas alpargatas ou Congas, como eram chamadas. Azuis para o meu irmão e vermelhas para mim. Era melhor a Conga vermelha do que os sapatos de verniz com lacinhos na frente.

Eu desejava ter um sapato de amarrar, mas nunca me compraram. Quando meu irmão enjeitou os dele, porque as solas estavam furadas, eu os peguei para mim, passei uma camada de massa de cimento nas solas – ficaram muito pesados – e os engraxei para usá-los dentro do quarto.

As brincadeiras eram sempre as de menino. Adorava futebol, mas, por conta de uma bronquite severa, tinha de me contentar em jogar como goleiro. Meu irmão não jogava, era muito gordinho. Eu era magrelo, ágil, encrenqueiro e muito briguento. O "defensor dos mais fracos". Metia-me em muita confusão, pois me sentia mais homem do que os outros. Talvez fosse essa uma maneira de me impor. Os meninos tinham medo de mim. Quando diziam aos briguentos que iriam me chamar, a briga logo acabava.

Lembro-me apenas de duas vezes que fomos à praia, quando pequenos. Morávamos no norte do Paraná e, até o litoral paulista ou catarinense, a distância era de aproximadamente 800/900 km. Mas eu nunca usei maiô de menina. Minha mãe sabia da choradeira e já comprava duas sungas pretas, uma para cada um dos seus caçulas.

O cabelo, eu nunca deixei crescer. Eu metia a tesoura nele. Então minha mãe já providenciava um corte que chamavam de "à *la garçonne*", que eu não gostava, por causa da franjinha e da impressão que me dava de que tinham colocado uma tigela em minha cabeça e recortado em volta; mas era melhor do que tê-los compridos.

A descoberta sexual, como ocorre com qualquer criança, se deu aos 7-8 anos. Mas sempre como um garoto danado. As primeiras experiências foram com as meninas da escola ou com as da vizinhança. Apesar de procurar me integrar às situações à minha maneira e do jeito que dava, eu era tímido, quieto e sempre muito triste.

Os brinquedos: eu queria muito uma bola, carrinhos, patinete. Mas esses eram para o meu irmão. Eu tinha verdadeira loucura por ter uma bicicleta. Sonhava, pedia, implorava. Porque ela me bastaria como brinquedo. Mas sem chance; vinham mesmo as bonecas. Eu nunca as desprezei. Eu brincava com elas quando estava sozinho, pois eu era o pai que cuidava delas quando a mãe não estava. E, para que fosse assim, a mãe nunca estava. Eu queria sempre ser amigo dos "meus filhos e filhas". Queria o que não tinha.

A maior parte do meu tempo era de brincadeiras na rua. Eu me ajeitava com as coisas da maneira que elas vinham. Sempre dava um jeito de ficar melhor (ou menos ruim). Mas, um dia, ganhei a tão desejada bicicleta, e a vida ficou mais feliz.

A pré-adolescência

A vida foi ficando mais difícil com o passar dos anos. Fui tomando consciência das coisas, e a adequação era mais complicada. Eu não aceitava meu corpo da maneira que era, mas eu nada podia fazer. Gostaria de deitar e dormir e que, ao amanhecer, tudo estivesse diferente. Mas, infelizmente, a cada manhã, tudo era igual, menos o tratamento das pessoas. Começaram as observações sobre o meu comportamento. Eu passava muito tempo fora, na casa de amigas que sabiam da minha dificuldade, e que se revertiam em namoradinhas.

A menstruação chegou aos 12 anos, aproximadamente, e foi um martírio. Uma confirmação do que eu não queria. Ainda bem que nunca passei nenhum vexame, nem as famigeradas cólicas, e tinha muita regularidade. A postura física começou a ficar arqueada, porque os seios começavam a se desenvolver. Eu andava quase corcunda. As dores nas costas eram constantes, por causa da postura errada. Comecei a viver um momento difícil, com situações dolorosas, vexatórias e muita incompreensão.

A adolescência

Dos 14 aos 16-17 anos, tudo ficou mais complicado. Eu já tinha absoluta consciência do que eu era. Eu não era uma garota, mas tinha a minha alma presa dentro de um corpo de garota. Eu sempre fechava os olhos, pensando ver outra imagem. Mas tudo era sonho. As angústias eram grandes e constantes. E me levaram a ficar mais tempo fora de casa. Fazia teatro, era líder estudantil e arrumava sempre um pretexto para passar todos os finais de tarde em barzinhos badalados, usando a droga mais fácil, o álcool. Muitas vezes, bebia tanto, a ponto de ficar sentado nas calçadas das farmácias, esperando que elas abrissem, a fim de tomar glicose na veia para poder voltar para casa. Quantas vezes, ao voltar para casa, vi minha mãe de joelhos na sala, em lágrimas, orando a Deus por minha vida.

Eu queria trabalhar, mas era difícil, pois eu não tinha a aparência que desejavam. Consegui meu primeiro emprego aos 15 anos, na área contábil, em um depósito de material de construção. Sem registro, porque quem fez a concessão foi o contador responsável pela área, em cujas graças nem sei por que cargas d´água, eu caí. Era um jovem casado, que foi meu amigo, me levava para a casa dele, onde podia desfrutar da companhia dele, da esposa e dos dois filhinhos do casal. Respeitavam-me, tratavam-me como ser humano, independentemente do que já era evidente.

Depois, fui trabalhar em uma transportadora, fazendo romaneios de despacho para cargas. Um local onde 95% dos funcionários eram homens. E eu era o centro da gozação e do escárnio. Depois disso, em um banco, emprego arranjado por um amigo de meu pai, onde as coisas não eram diferentes. Foram sempre tantas as humilhações que, na verdade, nem sei como ainda tinha forças para continuar a minha jornada. Um sentimento de inferioridade me invadia muitas vezes, me fazia perder a vontade de viver.

Eu nunca tive boa saúde. Tinha bronquite asmática, reumatismo infeccioso e febre reumática. Eu era vulnerável a quase tudo. Na adolescência, tive uma enfermidade autoimune, muito grave – "púrpura hemorrágica" –, que me tirou de circulação; fui hospitalizado e passei 90 dias internado, sem poder praticamente me mover. Ganhei 31kg pela ingestão de corticoides e, então, fiquei ainda mais triste. As doenças pareciam ser geradas por conta da vulnerabilidade do estado emocional. Não tinha expectativas de vitória. Achei que tudo estava irremediavelmente perdido. Detestava a minha aparência. Os efeitos desse tratamento estão instalados até hoje. Meu metabolismo mudou, e nunca mais fui o magrelo que sempre fora. Não havia terapia disponível, ombro amigo, ou alguém que entendesse um pouco a situação e que oferecesse um abraço, um colo, um consolo.

Depois, tive ainda "sarcoidose", também doença autoimune, que me sacrificou fisicamente com seus efeitos colaterais. Mas isso também passou, apesar da ocorrência de outros episódios, em outras duas ocasiões, quando já tinha mais idade.

As atividades que eu buscava, a fim de dar sentido à minha vida, me tomavam algum tempo, e isso foi me ajudando. Aprendi a tocar violão, participei de festivais da canção, me envolvi com um grupo menos preconceituoso, e isso facilitou um pouco as coisas. Os namoricos, as paixões avassaladoras da adolescência... que a gente pensa ser o amor da vida toda. Isso tudo me ajudava a enfrentar a realidade dura que tanto me angustiava.

A juventude

Mudamo-nos daquela cidade para São Paulo por um ano e, depois, para outra cidade do Paraná, mais ao sudoeste do estado.

O processo recomeçou. Adaptação, novos amigos, novas namoradas, e as esperanças foram nascendo novamente. Tive outros trabalhos – banco, jornal, padaria. Passei oito anos no curso primário. Não tinha concentração, não gostava de estudar, e isso me causou grande atraso escolar. Mas recuperei-me dessa fase, concluí o ensino médio, fiz vestibular para o curso de Letras na Federal do Paraná e fui morar sozinho. Naquela época, trabalhava em um escritório que administrava programas para a televisão e, com isso, cheguei mais perto de literaturas que começaram a me ajudar.

Tive acesso a revistas importadas, com reportagens de fora do Brasil, com casos iguais aos meus e com cirurgias reparadoras; isso começou a alimentar a minha alma. Li algumas reportagens sobre o doutor RF, e isso foi enchendo o meu coração de esperanças. Achei que poderia chegar lá também.

Voltei para casa, buscando a ajuda do meu pai, pois eu não dispunha de nenhuma condição de ir a São Paulo e me consultar com um médico da área. Ele não queria nem ouvir falar disso. Era radical, e a criação que teve – somada à vergonha que sentia, pois ele tinha muita evidência na cidade em que morávamos – o levou a preferir que eu morresse a que fizesse tal coisa. Chegou mesmo a me ameaçar de morte.

Depois do primeiro impulso e da raiva, resolveu levar-me a São Paulo para uma consulta com o doutor RF, que, à época, já enfrentava na justiça alguns processos por lesão corporal e estava ameaçado de ter cassado o seu CRM.

Ouvimos dele o que poderia ser feito e todas as dificuldades implicadas se eu optasse pelo tratamento. Foi um balde de água fria. Diante das dificuldades, meu pai me deu um ultimato: "Desista! Isso é coisa da sua cabeça, não tem jeito e eu não quero que você faça!".

Voltamos para casa, e eu estava desolado. Até o dia em que tive outra crise muito forte de "púrpura hemorrágica", precisando de nova internação. A situação se agravou ainda mais por uma forte crise de asma, pois a região era fria e me fazia mais mal ainda. Comecei o tratamento para a asma com um anestesista. Ele era homossexual, no armário, mas era. E como eu tinha essa aparência diferenciada e essas doenças especiais, ele tratou-me com muito respeito e carinho. Parecia sentir que eu era como ele, só que mais novo. Deveria saber bem a batalha que eu enfrentava. Ele chamou meu pai e disse: "Quer que seu filho viva? Mande-o para uma terra mais quente. Aqui ele não aguentará".

Minha irmã mais velha morava no interior de São Paulo, em uma região quente, e meu pai pediu que eu fosse morar com ela. Tanto ela como meu cunhado permitiram. Eles sabiam de tudo, mas nunca tocaram no assunto. Nessa época, 1974-1978, comecei por conta própria minha caminhada rumo à mudança desejada. Ingressei no Hospital das Clínicas, ocasião em que conheci a doutora DE, a professora B, o psiquiatra doutor RDS, a psicóloga doutora R, e dei início à grande jornada. Mas, devido aos processos, às dificuldades da época, as coisas demoravam para evoluir. Continuei meu acompanhamento com a doutora DE, em seu consultório particular, a fim de não perder o elo e de manter-me informado sobre os novos acontecimentos.

Fui trabalhar em uma empresa multinacional e cursava a faculdade de Direito. Formei-me em 1979. Fiz estágio em um escritório de advocacia bem-conceituado na cidade, e as coisas começaram a ajeitar-se. Tive apoio dos advogados e dos colegas do escritório.

Foram tempos difíceis. O preconceito era grande. E, como eu me vestia como homem, as chacotas eram constantes, em todos os lugares. Minha namorada – hoje minha esposa – sofreu comigo grandes batalhas. Mas Deus é bom, e sempre nos surpreende, trazendo para perto de nós pessoas de valor inestimável, que chegam para somar forças nas lutas e dividir somente sonhos e esperanças.

A doutora DE, somente naquela ocasião, prescreveu-me os hormônios. Eu disse a ela: "Doutora, eu vou morrer de velho e a senhora não vai me receitar esse bendito hormônio? Que mais eu preciso provar e viver para que isso aconteça?". Já era 1982. Naquele dia, saí de lá com a minha primeira receita de Durateston 250mg para a hormonioterapia, com a promessa de cuidar-me, de fazer exames periódicos por causa do fígado. Promessa feita e cumprida. Continuei com o acompanhamento dela e com os exames periódicos.

Providenciei a nova documentação. Foi outra grande batalha. Foi no viés da lei, pois não havia ainda a legalização. Tirei nova certidão de nascimento, novo RG, novo CPF, novo título de eleitor, nova carteira de habilitação e a carteira de reservista (essa quase me matou do coração, no dia em que a recebi, pois morria de medo de ser descoberto e ver tudo ir por água abaixo). Contei com um advogado do escritório onde trabalhava, que era coronel no exército e me ajudou com a dispensa do serviço militar. Era tudo novo. Vida nova. Começando "do zero". Literalmente "DO ZERO". Foram perdidas as experiências profissionais, os cursos, o diploma de Direito, a carteira da OAB, tão suada para tirar. Eu me tornei um "João Ninguém". E assim, de vida nova e sem eira nem beira, um grande desafio se interpôs: o meio de sobrevivência.

O trabalho

Naquela ocasião, os subempregos, os baixos rendimentos, a impossibilidade de utilizar a bagagem adquirida tornaram os tempos muito difíceis. Começamos, eu e minha noiva, a vender roupas. Primeiro para os amigos e conhecidos; depois de porta em porta, até que um dia conseguimos locar uma lojinha numa galeria na Rua Augusta e nos estabelecemos modestamente. Mas era tudo muito difícil. Por isso, nos fins de semana, enchíamos as malas e, de porta em porta, buscávamos nosso sustento.

A família da minha noiva era absolutamente contra nossa união e nos fez enfrentar outro desgaste e tanto sofrimento. Ficávamos divididos entre o respeito a eles e o nosso desejo. Venceu o nosso amor, e isso fez com que, mais tarde, tivéssemos a compreensão e o amor de alguns deles.

A maturidade

Em 1982, fiz a primeira cirurgia, a mamoplastia. Precisei fazer uma segunda, pois, devido aos corticoides, ganhei muito peso e, ao perdê-lo, ganhei muita pele. Fiz as duas cirurgias em São Paulo, com um cirurgião plástico que, além de exímio profissional, era também uma pessoa do bem. Pelas circunstâncias da minha falta de recursos, as fez de forma gratuita.

No mesmo ano, em São José dos Campos, fiz a histerectomia, com outro pioneiro ajudador, guerreiro dessa batalha, tanto nas cirurgias quanto na área legal. Ele se elegeu Deputado Federal e lutou pela legalização de forma incansável. Enfim, eu já conquistara grande parte do meu sonho.

Com as coisas caminhando, nos casamos em 1986. Constituímos nossa família. No mesmo ano, chegou nosso primeiro filho. Um bendito presente de Deus, hoje com 37 anos. Psicólogo, formado pela PUC, excelente profissional, hoje muito respeitado na sua área. Em 1989, chegou nossa filha, linda e preciosa, que se formou Engenheira Ambiental pelas Faculdades Oswaldo Cruz, hoje com 34 anos.

Eu e minha mulher acompanhávamos os avanços da medicina, da legalização, mas as possibilidades financeiras ainda eram mínimas para a conclusão do tratamento, com as cirurgias finais tão desejadas por nós dois.

Com a vida conjugal em andamento e muito bem-sucedida, com filhos, e buscando alternativas para melhorias na área financeira, devido à inestimável perda lá atrás e às prioridades voltadas ao bem-estar dos nossos filhos, nosso foco precisou mudar, pois eu era o provedor da casa, e nenhuma das opções cirúrgicas que surgiram pelo caminho, de forma particular, nos foram possíveis.

Pois bem, com nossos meninos já crescidos e encaminhados, depois de mais de 30 anos de uma união sólida, cheia de respeito, parceria e amor, resolvemos pensar em nós dois, de forma mais acentuada. Buscamos a possibilidade de retorno ao Hospital das Clínicas, pela grande e relevante referência da professora B, bem como pela referência positiva da equipe que, ao longo dos anos, se manteve imparcial e dedicada à área, e ainda pela dificuldade financeira de bancar qualquer transformação ou tratamento cirúrgico que não fosse pelo SUS.

Aos 64 anos, retornei ao HC para tentar a conclusão do tratamento. E cá estou, no alto dos meus 70 anos, um cidadão cumpridor dos seus deveres, lutador, participante da terceira idade, ansioso pelo brinquedo desejado, igual a um adolescente.

Meu desejo maior: o triunfo da minha história, com a finalização do tratamento.

Reflexões sobre a vida

Diante do espelho

A transexualidade, a disforia de gênero, tenha o nome que tiver, é um transtorno na vida de quem ela invade. A gente é o que não é.

Temos as dificuldades, em todas as etapas da vida, que todo mundo tem, sempre de forma duplicada. Todas as situações precisam ter duas soluções e abordagens.

A minha história é antiga. Tem mais de meio século. A bem da verdade, 70 anos. Quando me deparei, ainda bem criança, com essa divergência entre o meu corpo e a minha alma, as coisas ainda eram bem mais difíceis. Vivia-se a incompreensão dos pais, dos professores, dos colegas, da família e até da medicina. Muito pouco se falava. Era, como muitos diziam, uma "aberração".

Fui vivendo um dia após o outro, dando um passo de cada vez, sofrendo meus reveses divergentes em cada fase da vida. A gente cresce e parece que os problemas vão nos afetando ainda mais. O espelho é um vilão. Um grande inimigo. Ele nos mostra uma realidade difícil de engolir.

Quando não se está diante do espelho, você é o que a sua alma diz que você é. Seu comportamento dita as regras. Sua aparência confunde as pessoas. E elas se servem disso para humilhar, zombar, fazer você perder.

Você é um ser humano, tratado com desumanidade por outros humanos iguais a você. A diferença entre nós é apenas a imagem do espelho.

Aos 21 anos, a primeira consulta depois de muita aflição e desconforto.

Aos 24 anos, início da batalha dentro do HC para entender exatamente o tamanho do problema e como resolvê-lo. Tantos exames, tantas consultas, tantas terapias, tantos pareceres e, depois de sete anos, com as demandas judiciais de tantos médicos, com processos e mais processos por lesão corporal e ameaça de proibição do exercício da medicina, as portas foram se fechando lentamente, ficando apenas algumas entreabertas, devido ao coração daqueles profissionais que já haviam entendido o tamanho da nossa dor.

Assim demos início, nos consultórios, ao tratamento de hormonização. Na sequência, da mesma forma, pela generosidade desses profissionais que foram sempre solidários à nossa causa, as primeiras cirurgias em hospitais particulares, sem custo, apenas a bênção desses "anjos de jaleco" que bancaram os custos e os riscos reais.

Com essas etapas vencidas, estar DIANTE DO ESPELHO já não doía tanto. Era como um retrato três por quatro ou meio corpo. Mas o reflexo já não nos fazia desesperar; nascia uma esperança de um dia o sonho se realizar por completo.

Com esses problemas jurídicos, fomos viver a vida como nos era possível. Perda do diploma universitário. Perda do trabalho de gerência em uma multinacional, mudança de endereço e busca de uma alternativa de sobrevivência. Mascatear na rua de porta em porta. O corpo transgênero já possibilitava meia vida normal.

A grande batalha para a mudança de nome. Você tem uma aparência e seu nome o trai. Mais uma batalha vencida. Mudança efetuada. Embora todo histórico trabalhista e escolar tivesse ficado perdido.

Os trabalhos começaram sempre muito precários, devido à falta de carteira profissional assinada. Aos 20-30 anos, sem nenhum histórico escolar ou profissional. O jeito foi dar um jeito.

O sonho continuava vivo. A vida continuou. Veio o casamento, vieram os filhos, e as batalhas passaram a ser outras.

A prioridade

Os filhos, a esposa, a casa. A gente vai ficando para depois. Até porque não se podia fazer mais nada a respeito, devido às dificuldades legais. Fui acompanhando, porque, embora o sonho estivesse sob cinzas, ele ainda era brasa acesa e vermelha.

Os filhos cresceram, formaram-se, deram seu grito de independência. As leis já eram favoráveis à possibilidade de mudança, e o Estado assumia essa realidade dentro do HC. Estava na hora de a brasa sair dos escombros das cinzas.

Voltamos à luta, buscando finalizar a escultura, para me colocar DIANTE DO ESPELHO de corpo inteiro. Chega de ser imagem pela metade! Já que eu sou inteiro, que a imagem também seja!

Pode ser difícil entender por que alguém, aos 64 anos, com a vida vivida, uma família constituída, que conquistou seu espaço na sociedade, que tem uma profissão, que vive uma vida quieta e pacata, quer soprar as cinzas, fazer poeira e recomeçar com essa trajetória de cirurgias. Para quê? Essa deve ser uma questão constante na cabeça de muitos.

Esta foi a minha a resposta: "Sou um homem por inteiro. Sempre fui. Apenas uma deficiência visual ainda faz parte da minha história. Eu não posso apenas ser um homem por inteiro. Eu quero ESTAR um homem por inteiro. O meu sonho está vivo. Quero me colocar DIANTE DO ESPELHO e nunca mais ver minha imagem pela metade. Quero ver a imagem INTEIRA. Com 64, 65, 66, 70, eu não sei. Se estiver vivo, quero minha imagem inteira. Isso faz parte da minha vida, tanto quanto o ar que eu respiro" (foi o que registrei por escrito em 2017).

Hoje, com 70 anos de idade, sorrio para a vida. Eu me sinto feliz! Eu sou feliz! E entendo que não há amor sem dor; mas que o amor supera qualquer dor. Quando não a supera, ajuda-nos a dar um sentido a ela!

Este livro foi composto com as famílias tipográficas Segoe Ui e Patua One
e impresso em papel Offset 63g/m² pela **Gráfica Santuário.**